大学新生入学指导

我的青春我做主

主编●胡化北　钱清
副主编●光善万　方瑛

WO DE QINGCHUN WO ZUO ZHU

图书在版编目(CIP)数据

我的青春我做主——大学新生入学指导/胡华北,钱清主编 .—合肥:合肥工业大学出版社,2010. 12

ISBN 978 - 7 - 5650 - 0343 - 1

Ⅰ.①我… Ⅱ.①胡…②钱… Ⅲ.①大学生—入学教育 Ⅳ.①G645. 5

中国版本图书馆 CIP 数据核字(2010)第 264465 号

我的青春我做主——大学新生入学指导

主　编　胡华北　钱　清　　责任编辑　疏利民　特约编辑　陈　颖

出　版	合肥工业大学出版社	版　次	2010 年 12 月第 1 版
地　址	合肥市屯溪路 193 号	印　次	2010 年 12 月第 1 次印刷
邮　编	230009	开　本	710 毫米×1000 毫米　1/16
电　话	总编室:0551—2903038	印　张	14. 25
	发行部:0551—2903198	字　数	233 千字
网　址	www. hfutpress. com. cn	印　刷	合肥星光印务有限责任公司
E-mail	press@hfutpress. com. cn	发　行	全国新华书店

ISBN 978 - 7 - 5650 - 0343 - 1　　　定价:28. 00 元

序 言

近几年，我国高等教育发展迅速，高校招生规模不断扩大，具有鲜明时代特色的“90后”、“富二代”学生也已经步入校园，入学教育已经引起了全社会的广泛关注。

新生入学教育是大学生进入高校的“第一堂课”，搞好入学教育是使新生熟悉学校环境、适应大学生活，在角色、心理、行为等方面顺利完成由高中生向大学生成功转变的前提和基础。大学新生来自不同地区、有各自的生活成长背景、有充沛的精力和活跃的思维，他们正处在生理、心理急剧变化的时期，也处于人生最美好的时期。同时他们又将要面临市场经济带来的竞争压力，各种考试带来的学习压力，人际交往所带来的情感压力，有的学生还面临家庭贫困所带来的经济压力等等，青年学子如何学会关注自己的健康，学会独立生活，学会自我调适，学会寻求心理援助，把人生成功的钥匙掌握在自己的手中呢？这是摆在每一位高校教育工作者面前不容回避的课题，我们必须加强对大学生入学教育的研究，使他们在科学的引导下，平稳地度过入学关，培养良好的个性心理品质、社会适应能力、承受挫折能力和情绪调节能力，为促进心理素质、文化素质和身体素质的和谐发展打下良好的基础。

积极心理学的教育理念在高校教育教学中的推广与传播，为高校新生入学教育工作注入了新鲜的活力。

当前我国入学教育作为大学阶段教育和管理的重要环节和基础性工作，已经走上了比较正常的轨道。用积极心理学理论来审视当前的入学教育，其中最突出的亮点是新生入学教育的实施主体多元化。这表明了我们的教育管理者“目中有人”，已经从群体层面关注学生的个性化需求，尊重学生主体，完全符合积极心理学所提倡的关注人性积极的一面，重视个体发展的思想。同时，我们也清楚地发现当前入学教育尚有一些需要改进的地方。

积极心理学理论认为入学教育不仅是预防教育和适应教育，还是发展教育、激励教育、成长教育和幸福教育。构建“以人为本”的高等教育理念，不仅要确立以学生为中心的教育理念，还要做到以教师为主体，激发广大师生的积极性和创造性，按照高教发展规律，体现出对学生的人文关怀，创造良好的人文环境。当今教育不再只是扫除愚昧无知的工具，从某种意义上讲，当代教育是在探索全人类幸福的途径，为现在和未来的人们能更好、更幸福地生活开辟道路。

现在刚入学的大学生大部分是独生子女，独立自主能力较差，表现出较强的依赖心理，特别关注自我，对于自己与环境的关系，个人发展的目标，自我生涯的规划等方面的信息非常需要，如何让他们在生活方式上实现“单纯依赖”向“成熟独立”的转变？另外，青春后期的学生也表现出较强的封闭心理，人际交往能力不强，如何引导新生正确处理与同宿舍、同班级同学以及与教师之间的关系，提高人际交往能力？这些问题对于新时期大学生具有普遍性。

改革开放赋予了“90后”大学生更加鲜明的时代特征，在经历了市场经济的迅速发展，经历了社会价值多元化的成长历程，经历了汶川地震的灾难教育，经历了奥运精神和世博风采的洗礼，这些大事件必定在他们心中留下大时代的痕迹，“90后”大学生的思想特点也必将更加丰富多彩。“个性独立、思想早熟、自信张扬”、“非主流”、“火星语”……这些词语在各大媒体上与“90后”紧密联系在了一起。如果我们的入学教育没有了解当代大学生的时代特点，没有深入到学生的内心，没有注意到学生发展的需求点，那么新生一旦碰到问题，依然无法去应对，入学教育的效果自然会大打折扣。他们反对形式、主张开放、崇尚个性的特点，要求我们在入学教育的内容和形式上要有所突破与改变，要摒弃单纯采取“填鸭式”教育方式对刚入学的新生进行单向灌输。入学教育的内容也要与时俱进，密切联系大学生的生活实际，突出较强的针对性。

积极心理学倡导教育的作用重在引导。让学生在外部环境积极因素的引导下通过自我认识、自我教育、自我管理、自我服务，学会解决各种问题的方法，改进思维方式，在应对各种现实问题时才能够举一反三，创造性、针对性地解决问题，从而达到提升自身素质的目的。

积极心理学理念下的教育摒弃了传统教育中教师系统“灌”、学生被动“吸”的教育方式，而是让指导者从尊重学生的学习需要和个体体验出发，抛弃抑制学生情感、认知与能力发展的各种条条框框；给学生以开放的心理空间、思维空间，使学生在教育过程中敢想、敢问、敢做，能够愉悦主动地进行学习；使学生能够有个性地提出问题、多途径地解决问题、大胆能动地探究规律，进而培养学生开放的、多元的、创新的意识。在开放的教育中呈现出学生的真正自主，提高教育的实效性，增强学生今后人生道路上可持续发展的动力，这样才是真正的大学教育。

关于大学生入学教育方面的书籍，国内已有一些版本。它们多是突出“四会”教育（会生存、会学习、会做事、会做人）、“四成”教育（成长、成人、成才、成功），特别笼统，而且通篇多讲大道理，缺乏心理学专业理论指导，难以和学生生活实际产生共鸣。本书在积极心理学理论指导下，运用心理咨询学和健康心理学的最新研究成果，能贴近大学新生入学的生活实际，有针对性地为学生提出问题、分析问题和解决问题。由此可见，本书应当是同类书籍中最新的研究成果。

本书共十章，本着贴近学生、为其服务的宗旨，从适应新生活、安全健康、职业规划、自主学习、课余生活、学习交往、认识贫困、驾驭网络、合理消费、校园恋情10个方面来关注和引导大学新生的健康成长与发展。以大学校园生活为经线，以新生通常面临的问题为纬线，编织大学生健康和谐的校园生活。每章一个主题，先从生活实际出发，给予温馨的指导建议，然后通过“我与学生面对面”环节，回答了学生30个问题，有针对性地运用心理学理论加以分析，提出有实用价值的解决方法，帮助学生提高心理健康水平和适应独立生活的能力。

本书的出版得到了安徽审计职业学院关工委领导的悉心指导和大力支持，在此谨表感谢。

本书适合高等院校大一新生、辅导员以及从事学生管理工作的人员阅读，尤其适合做大学新生入学教育指导的教材。

编　者

2010年10月8日

目　录

第一章 初入大学：新生活，新起点

第一节　我的地盘我做主

大学是人生的关键阶段。进入大学，我们人生中第一次放下高考的重担，开始追逐自己的兴趣、理想；第一次离开家庭生活，参与团体和社会生活；第一次可以有机会在学习理论的同时亲身实践；第一次脱离被动，有足够的自由来处置生活和学习中遇到的各类问题，支配所有属于自己的时间。

离开父母后，我们开始独立，不只是生活上的独立，更重要的是在思想上我们脱离了父母的约束，在理想的天空下任意驰骋，命运把握在我们自己手中。

大学是智慧的象征，是精神的家园，是令人向往和憧憬的圣地；大学是一个舞台，给人展示的机会；大学是一面镜子，让自己认识自己；大学是一个超市，让人各取所需；大学是一个矿藏，等待人们去开采……

在这里，可以尽情地汲取丰富的知识；

在这里，可以自由地漫步林荫小道；

在这里，可以纯真地品尝甜蜜的爱情。

大学，这个无数人向往的象牙塔，一批又一批优秀青年鱼贯而入、比肩而出。

学生从高中走进大学，就如同水滴沿着小溪和江河驶进了大海。“天高任鸟飞，海阔凭鱼跃”，在大学的知识海洋里，大学新生可以尽情地遨游、充分地展现自己。你真的准备好了吗？背起行囊就要出发了吗？

一、入学准备

当火车鸣笛开赴远方，故乡清秀的山水化成了留在月台上一丝淡淡的惆怅。父母远了，恩师远了，母校远了……每一个远行上大学的孩子，就这样略带忧伤地对熟悉的生活作别。新的城市，新的学校，新的朋友……每一个远行上大学的孩子，就这样憧憬着走向新的人生。

如果你是今年考上大学的新生，又是第一次出远门，你是否非常希望路上有人带路有人做伴？来吧，赶快加入我们的行列，带着梦想，带着家人无限的期望，我们一起上路吧！

行前提示一：身上带少量现金＋信用卡

到外地求学，钱是必不可少的，究竟该带多少钱是家长们最发愁的事，带少了怕孩子受苦，带多了又怕路上丢失。给孩子办张银行卡，就放心多了。把学费和生活费都存入银行卡，孩子离家时只需要带上卡和少量现金就行，如果卡丢了的话，挂失再办一张就行，钱不够时，只需要把钱存入孩子的账户就行。现在各银行的信用卡均可异地存取款，但需要收取金额不等的手续费。同时，中国邮政推出的邮政绿卡也很适合大学生，办理时会得到一卡一折，家长与孩子各持有一样，它的优势是异地取款时免加手续费。

行前提示二：车票、机票＋证件材料

儿行千里母担忧，出行是准大学生家长们最放心不下的事，火车学生票可提前10天购买，准大学生可凭入学通知书购买半价学生票。一些准备乘飞机出行的学生，也将会享受到很大的机票折扣优惠。对于准大学生来说带齐相关的证件材料是重要的，如果是团员，应由团籍所在学校团委在团员证上填写转至高校团委并加盖公章；如是党员，则需要所在学校组织开具转出证明。此外，还要携带好自己的相关档案材料。出行前要认真阅读录取通知书中的要求，然后逐一落实，身份证也应随身携带入校。

行前提示三：应季衣服＋生活用品

准大学生们在购买生活用品前，可以列一张购物清单，然后按单逐一购买。如果学校在本地，带少量的衣物即可，如果学校在外地，那么可以在离家前拨打大学所在地的气象咨询电话，再根据当地的季节状况准备衣服。新同学可能会不习惯学校的饮食，所以最好备一套饭盒、筷子等简单餐具，可带一些喜爱易保存的食品，以备初来乍到‘救急’之用。高校都是公寓化管理，所以被、褥等物品是统一购买的，但毛巾、牙刷、牙膏、剪刀、剃须刀等生活必需品，则需要自带，如果担心分量过重，也可到校后就近购买。

二、走进象牙塔

进程一：寻找学校新生接待站

准大学新生，大多数是第一次远离家乡、第一次前往要读大学的城市。他们有点担心一下火车或飞机会迷失方向，不知道下一步该怎样走，不知道学校在哪个方向，不知道离学校还有多远……

这往往是新生入学碰到的第一件困难的事情，不过不必担心，其实各个学校已经做好了充分的准备工作。

在新生报到时，大多数学校会在火车站、汽车站、码头等地方设有新生接待站。你只要在录取通知书上标明的接待时间段内到达，就会有专人接待你。所以到达目的地后，你不用着急，也不必理会那些凑上来给你介绍旅馆、出租车的人，更要小心小偷浑水摸鱼。可以向车站、码头的警察或工作人员求助，找寻自己学校的新生接待站。

找到了自己学校的新生接待站后，基本上就可以放下心来了。一般学校都有专车接送新生，负责接待的人员验证了你的身份后，就会把你送上车，等着车子把你送往你的大学！

进程二：及时办理大学入学基本手续（不同学校略有不同）

1. 招生办：持《入学通知书》验印。

2. 教务处：领取《入校通知单》，填写《学籍卡片》，办理《学生证》及校徽。

3. 财务处：缴纳学杂费、办理校园一卡通。

4. 学生处：填写《学生登记表》、《学生登记卡》。

5. 团委：持《团员证》转入团关系。

6. 党员同学到组织部转入党组织关系。

7. 保卫处：办理户口转入手续。

8. 公寓办：办理住宿手续。

9. 图书馆：办理《借书证》。

10. 校医院：预领体检表格，确定体检时间。

11. 到各院（系）、教务科联合办公处注册。

12. 辅导员：交回《入学通知单》。

一般情况下，大学新生不必为入学手续的繁琐而担忧，当你到达学校后，会有迎新志愿者主动热情地指导你办完入学手续。新生注册也很方便，报到当天，各高校分学院的学生会都会有“迎新”接车，彩旗招展，人声鼎沸。学校会有一定数量高年级志愿者，配有胸卡，在现场维持、引导，如有任何困难可以直接找他们，报到的场面可能稍显杂乱，但是真的很热闹。

外地生如因交通不便，提前几天报到，一般都可以入住学校宿舍，可先用现金买票在校园饭堂吃饭，无需浪费钱在外租住旅店。办理注册后，你的院系、班级、学号、学生证、校徽等都一应落实了。报到后，找到你即将入住的寝室，凭证件领取寝室钥匙等。

进程三：我的寝室我的家

入学手续办完以后，找到为你安排好的寝室。寝室里也许已经有同学先到了，友善地和对方打招呼，也许他（她）就是你今后几年、甚至一辈子中最好的朋友！

把行李放下，稍事休息，就可以开始整理自己的床、打扫卫生了。看看有什么需要添置的，如果是父母陪伴你来的，可以在父母带领下去购买，也可以约上寝室中新认识的同学，一起出去逛逛。一般说来，需要的东西基本上在学校的超市或小卖部就可以购齐，如果要出学校去购买的话，最好先打听清楚路线，或者请师兄师姐、本地的同学带一下路。

入住寝室后，你的大学生活正式开始了。

短镜头

“哎，同学你好，请问503宿舍在哪里啊？”一位漂亮的女生向我打招呼，“啊，你也是503的啊，我也住在503，快点把东西给我，我带你去。”接过她手里的行李箱，我把认识的第二位室友迎入宿舍。“娟子，快点，咱们宿舍又来人了！”里面最先到寝室的是来自云南的壮族女孩，她开始帮忙收拾床铺，陆陆续续的八个姐妹就都凑齐了。寒暄几句后，我们开始天南地北地攀谈起来。大家都很热情，娟子拿出她外婆绣的鞋垫分给大家，大家也把各自带来的特产堆积在一起，并且约着一起出去买生活用品。就这样我们入住了大学的新宿舍，开始了我们的大学生活。

进程四：熟悉校园新环境

对于大学新生来说，离开熟悉的生活学习环境，离开父母每日的叮咛呵护，离开深有感情的老师和同学的指导和帮助，踏入一个全新的环境，心中难免会有几分激动，也会有几分忐忑，如何尽快熟悉并适应新环境是走进象牙塔的首要任务，决定了大学新生能否在这个环境中自在地生活、学习。

首先，要尽快熟悉校园的“地形”。有的新生入校后一安排好行李，马上就到校园的各处熟悉情况，例如，了解教室、图书馆、商店、电话亭在什么地方，食堂什么时候开饭，何时冲开水、洗澡，甚至学校有几个门等等，都在短时间内了解清楚。这样，在办理各种手续、解决各种问题的时候就会比别人更顺利、更节省时间。与此相反的是，一些大学新生在陌生的环境中显得非常拘谨，生怕走远一点儿就会迷路，又不好意思开口向别人寻求帮助，最后不得不尽量少走动、少说话，实在迫不得已就跟在别人的后面。

其次，要多向高年级的同学或者同乡请教。大多数高年级的同学和同乡对待新生都会非常的热情，只要新生问到他们，他们一定愿意把经验传授给新生，以帮助他们尽快适应校园生活，尽量少走弯路。

最后，在班级中担任一定的工作，也能帮助你尽快适应校园生活。对环境适应快的大学新生，很快就能成为班级中的核心人物，并担任一定的班级干部。这样与老师、同学接触得越多，掌握的信息就越多，锻炼的机会也越多，能力提高很快，自信心也就逐渐建立起来了。

在熟悉环境后，不少大学新生对大学生活有“幻灭”之感，因为在入学之前在心中将大学过于美化。入学后抱怨学校教学设备陈旧，图书资料贫乏，开始怀疑自己当初的拼搏是否值得，有些同学甚至有回家的冲动。外在的环境对于大学生的成长有一定的影响，但大学内在的文化环境才是最为珍贵的。虽然这些年高校改革取得了一些成效，但还是赶不上发展的需要，如这几年的“扩招”，使得许多大学校舍和师资非常紧张。在北京、上海的重点大学，八个人一间宿舍也并不少见。面对不尽如人意的现实，更需要新生放弃不切实际的期待，发挥自己的主观能动性，相信环境并不能决定一切，在同样的环境下，人也可以达到不同的发展水平。人才是最美丽的风景，校园的楼再高，寝室再豪华，风景再秀丽，也不如大学里积淀的文化有魅力。

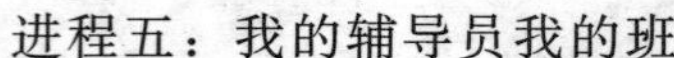

进程五：我的辅导员我的班

首先，记住辅导员的电话号码，主动与他（她）联系。辅导员是大学里最基层的职位，对学生负责。大学辅导员一般是年轻人，同时要带好几个班，是大学生接触最多的老师。辅导员的工作很琐碎，有点像大学生的“保姆”，对学生的管理除了生活和纪律外，学生的学习、教育和培养等方面都需要涉及，学生大事小事都会先找辅导员。辅导员是很容易交流的，购物的路上碰到辅导员，你便可以主动去拉家常，把自己的成长经历与背景来个竹筒倒豆子；也可以相约到辅导员的宿舍聊天，把内心的世界在他面前铺展。

其次，要了解班级专业、人数、任课教师。大学的老师主要分为：专业课教师、公共课教师、辅导员以及专门负责学生工作的行政教师。专业课老师和公共课老师一般只是负责上课，传授知识，不在学校坐班，上完课就走；辅导员主要类似于高中时候的班主任，是和学生交流和联系最多的老师；行政教师主要处理学生的各种系统性的工作，与班干部接触的机会较多，一般的学生没有特殊的事情不会与之有深入的了解和交流。

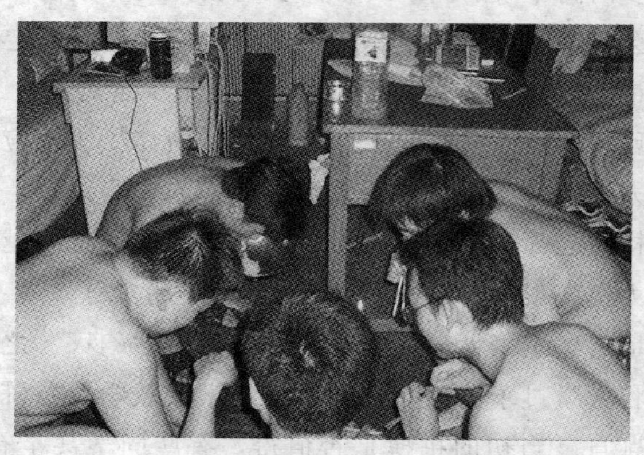

第二节　吹响嘹亮的军歌

军训是迎接新生的第一堂课，也将是广大新生难忘和骄傲的一段经历。军令的响亮急促、军歌的豪情万丈、军训的汗水淋漓……

军训是一种增强国防教育的手段，学生通过军训能够增强组织纪律观念，培养吃苦耐劳的作风。军训是一个锻炼意志、体现个人品格的重要阶段，在军训中良好的表现不仅可以给教官、辅导员、同学留下一个好印

象，而且还可以锻炼自己的意志和毅力。

军训是高等教育的一门必修课，已有二十几年的历史，一般规定是3个学分，时间一般是15天。

军训的科目一般包括：军事理论、国防知识、队列练习、整理内务、喊口号、拉歌等。队列练习是军训重头戏，它包括：立正、稍息、停止间转法、行进、齐步走、正步、跑步、踏步、立定、蹲下、起立、整理着装、整齐报数、敬礼、礼毕、跨立等。

军训会给同学们留下辛酸并且动人的回忆。同时，军训也很苦很累，注意保护好自己的身体很重要，这里给广大新生提供一些经验，以供参考，希望大家能有一段愉快的军旅生活。

军训注意事项

1. 做好准备工作

出门前要认真检查军训服装，如：军帽、帽徽、臂章、腰带等。免得到时候“英雄白走路”。

2. 装束一定要合适

腰带适当系紧一点，走起路来会更有精神劲儿；袜子最好穿棉质运动袜，鞋子里面再垫一块软鞋垫，这样脚后跟会舒服一点。

3. 注意补充水分

以运动饮料、茶水、盐水最佳，不要拼命喝白开水或矿泉水。

4. 注意补充营养

军训后体力消耗极大，这个时候不要亏待自己，多吃一些肉类、蛋类，最好还多喝点汤菜类，同时注意补充各种维生素。

5. 注意防病

大雨或大汗淋漓后不要急于喝水，稍微休息片刻再补充水分，以免对肠胃突然加重负担造成伤害。

6. 注意防晒

出门前半小时就要涂防晒霜，因为防晒霜也要时间吸收。防晒霜要随身带，一般是两个小时就要涂一次。正确的步骤是先用吸油面纸擦干净脸，再涂防晒霜，不过军训汗出得多，只要教官让你休息你就涂。

7. 不要硬撑

军训中要讲“坚持再坚持”，但如果实在坚持不下去，一定要休息，不要硬撑，防止出意外，特别是体质较差的同学。

8. 按时作息

军训期间按时作息，养精蓄锐，为军训打下良好的硬基础。

9. 注意沟通

军训生活中要学会与同学沟通，有困难要虚心向同学和老师请教。如：着军装、走军步、站军姿、叠军被等。

10. 必备物品

(1) 防暑防蚊药品

必不可少的物品是蚊虫叮咬剂、花露水、防暑药、红花油、风油精等，其中风油精既驱蚊止痒又有醒神功效。

(2) 消炎药

准备好创可贴、红霉素之类的消炎药，皮肤浸过汗水后很脆弱容易破皮。

(3) 合适的鞋子

鞋子一定要合脚的，不然拉练时脚很容易起血泡。如果没有要求一定要穿军鞋的话，最好买双透气吸汗的鞋，要不一天军训下来那臭气会熏死你。拉练的时候记得在鞋里垫上些使脚舒服的东西，要不可要吃不消了。

短镜头

军事训练强度每天都在加大，烈日下练正步，齐步与正步互相转换，手都发酸发抖了。苦处实在难以言表，更难以使我们承受，正规部队要练三个月才能练好，而我们仅仅只有 15 天！在每次操练中，手脚又酸又麻，有时累得连站起来的力气都没有了。除了训练之外，我们还要坚持整理内务卫生。叠被子是内务的一条，被子要有棱有角。每天军训后累得半死，还得爬楼梯、打水、扫地，赶上晴天，我们要在操场上暴晒一天。每次收操，我们浑身上下都让汗水浸透，身上穿的戴的，没有一件拧不出汗水来，汗水干后，衣服上就显出一块块盐斑。喉咙沙哑，腰酸腿疼，军装已几天没洗了，它早已饱浸了汗水，而且散发出让人恶心的汗臭味。许多女同学都流下了眼泪……

军训生活已不知不觉地随着时间溜走了，而那一幕幕牵动人心的往事，经常浮动在我眼前：那刚正有力的步伐、那棱角分明的被子、那嘹亮动听的歌声、那飒爽英姿的教官……只有记得当年烈日下严正的军姿，才能体现今天谈天说地的悠然。

我与学生面对面

一、刚开始军训时如何防止被“晒”晕？

答：所谓的“晒”晕就是中暑。中暑的学生会出现不同程度的头晕、出汗、全身无力，有些还伴有暂时的意识障碍，严重的还有抽搐现象。一般到医务室接受降温、输液等治疗后会很快恢复正常。出现中暑现象的新生一般平时体质较差，加之到新环境里水土不服，多有伤寒、胃肠炎等基础疾病，有的不吃早饭就在烈日下暴晒很容易中暑。为防止中暑，学生自己应当备好湿毛巾、清凉油和充足的水，防止身体过热或严重缺水。学校可适当合理调整军训时间，做好防暑降温措施，天气热、阳光强时应尽量避免过久暴露在太阳底下。一旦发现学生有中暑现象，应立刻把患者脱离高温环境，在阴凉通风处实施物理降温、补充水分，如果情况严重，要立即送往医院。

二、在军训期间如何注意饮食？

军训对我们的体能和意志是一场考验，而高温对我们的身体如同火上浇油，在这里提醒大家一定要时刻关注自己的身体，从细节上保养好自己的身体。

1. 军训后体力消耗极大，这个时候要多补充一些蛋白质，多吃一些肉类、蛋类，如果这类食物有限，可以用豆制品代替。另外，最好还多喝点汤菜类，同时注意补充各种维生素。

2. 要多食用一些含维生素C的水果、蔬菜。另外要想拥有对紫外线防御能力强的肌肤，还需充分摄取防止肌肤老化的维生素E，增加皮肤抵抗力的维生素A，增加皮肤弹性的钙。注意不要用水果代替正餐。

3. 在学校吃的是大锅饭，可能不如家里的饭好吃，但是要保证卫生和营养。你不管爱吃不爱吃，都应该吃饱，不能挑食。如果能量不够，会导致低血糖晕倒，影响身体健康。

4. 晚饭一定要略微节制一点儿，早饭和午饭一定要吃饱，很多女生军训后反而容易变胖。

5. 多吃清淡的食物，尽量不吃太咸或太辣的刺激性食物。

三、军训中常常会出现哪些身体上的问题，如何去处理？

军训的日子和平常是有很大不同的，在这个过程中，你的身体很可能会出现意想不到的问题。常见的问题有以下几种：

第一是中暑。中暑是军训时最常见的身体不适，是由于高温或引起高热的疾病使人体体温调节功能紊乱，而发生的综合征。在军训中由于同学在烈日下操练，属于日射型的中暑。主要是由于日光直接暴晒，使中枢神经受到损害，而发生日射病。

根据中暑症状的轻重，又可以分为先兆中暑、轻症中暑和重症中暑。先兆中暑指在高温环境中工作一段时间后，出现轻微的头晕、头痛、耳鸣、眼花、口渴、浑身无力及行走不稳。轻症中暑指除以上症状外，还发生体温升高、面色潮红、胸闷、皮肤干热，或有面色苍白、恶心、呕吐、大汗、血压下降、脉细等症状。重症中暑指除以上症状外，常突然昏倒或大汗后抽风、烦躁不安、口渴、脱水、肌肉疼痛及四肢无力。

一旦有人中暑，首先要停止训练，迅速脱离高热环境，将其移至通风好的阴凉地方，解开衣扣，让病人平卧，用冷水毛巾敷其头部，扇扇，并给他饮用清凉饮料。如果症状得到缓解就可以归队训练。如果症状不能缓解，要及时送往医院。

第二是感冒。感冒分上呼吸道感染和急性鼻炎、咽喉炎。感冒后，对于一般的打喷嚏、鼻塞等症状，不用药物而靠自身的免疫力就可以恢复。如果喉咙发炎则服用银翘片、速效伤风胶囊。如果发烧应该早点儿去看医生。

第三是腹泻。军训时引起腹泻的原因有很多，有的同学是因为吃了被细菌感染的食物，有的同学是因为饮食习惯改变引起了肠胃不适，还有的同学可能是喝了生水或过凉的饮料而引起拉肚子的。如果出现症状的同学

恶心、腹泻不严重，可以多喝一些盐水，盐水的比例是1杯水+1/4匙盐。如果情况很严重的话一定要早看医生。

第四是外伤。军训时常见的外伤有扭伤、皮肤擦伤。扭伤不是很严重的可以擦红花油之类的外用药，或是贴膏药，扭伤需要休息。如果是开创性的伤口，需要清洗干净，并用双氧水或是酒精消毒。严重的需要到医院清洗包扎。

第五是抽筋，一般是小腿抽筋。要先把抽筋同学的小腿放平，拉住脚掌把筋拉直到不再抽筋。24小时候后用跌打酒按摩就可以了。

第六是脚板起泡。因为穿鞋不合适，或是鞋里进了沙子，脚底就容易起泡。我们可以用酒精消毒，用针扎两个孔（一个孔存在水泡液流出不彻底的缺陷），把水挤出。如果溃疡面不大就可以让它自然恢复，如果溃疡面大就需要用纱布包扎。

第七是红眼病。红眼病是一种传染性极强的急性病毒性眼部疾病。早期有眼内异物刺激感，痒感，或烧灼感，以后会出现眼刺痛或剧痛，畏光，眼睑水肿，结膜及结膜下出血，形成血眼，伴随着大量浆液性分泌物。这种病的传染性很强，主要通过眼分泌物污染传播，会因为在公共场所共用毛巾，或是去游泳、沐浴发生传播。如果出现症状需要及早就诊治疗，并对眼分泌物污染的物品进行及时消毒。没有患病者更应当作好预防工作，关键要搞好个人卫生，培养良好的卫生习惯，不借用、不共用毛巾、手帕等，尤其不要借用已患病者的物品。另外，值得注意的是要勤洗手，不要用脏手揉眼睛，以防引发病症。

第三节　新鲜生活新变化

在经历了“十年寒窗”的苦读，熬过了“黑色六月”的炼狱后，现在你已成为令人羡慕的大学生了。对你来说，大学是一种熏陶，大学是一种感觉，大学更是一种氛围。大学教会你学习、教会你做人，大学帮助你规划人生的定位。你将成为时代的幸运儿，变得有知识、有头脑、有激情，有更高的理想和更大的抱负。大学的校园生活就是一个翘首期盼的美丽新世界。

走进大学之前，我们对大学的生活充满了很多的想象，缤纷多彩的青春画卷在这里展开……

大学生活，是多姿多彩的；

大学生活，是充满挑战的；

大学生活，是独立自主的；

大学生活，是复杂多变的；

大学生活，是温暖青春的；

大学生活，是积淀成长的。

在这里，我们学习，娱乐，锻炼，体悟，我们从幼稚走向成熟，从依赖走向独立；在这里，我们从学校逐渐步入社会；在这里，我们开始了人生的新篇章。大学生活将是人生辉煌灿烂的一个阶段，多姿多彩的校园生活将令我们终生难忘。

然而，当大学生活初步被安顿下来，开始了正常的学习生活后，最初的惊喜与激情逐渐退去，当初的荣耀与兴奋慢慢消失，对陌生环境和未知生活的紧张和焦虑也会随之而来。

大学新生首先要面临的是一段在生活、学习、心理等方面的适应期。从高中到大学，新生需要在很多方面做好准备。你如何在人生的重要阶段创造一个良好的开始，如何去适应从中学到大学的转变呢？大学生活的选择权掌握在自己的手中，选择你想要的生活方式，让自己的大学生活精彩而又充实吧。

一、新生活新变化

在英语中，大学一年级学生叫“freshman”，意思是新鲜人，一个“新”字，生动地反映了新生的特点。初来乍到，大学也会与想象中的不一样，感觉到大学与中学有着截然不同的生活、学习方式。面临着生活上的自理、管理上的自治、目标上的自我选择、学习上的自觉、思想上的自我教育等一系列问题，原先升学的愿望已实现，新的目标尚未找到，难免陷入暂时的迷茫，心理和思想将发生急剧变化。迅速适应这一角色转变，顺利完成从高中到大学的过渡，适应大学生活，是每一个大学新生独立面临的第一个人生课题。

（一）大学生活的新变化

“天才不是一生下来就是天才。”换一个角度讲，学生不是一走进大学校门就是合格的大学生，其间有一个适应过程。车子转弯的时候，一些人把握不好平衡从车子上掉下去，为了避免掉下车，必须提前做准备。从中学到大学的过渡也是这样，必然会面临许多新变化。在这些新变化中，有些变化顺理成章，自然缓慢；有些变化则是急剧的，许多人可能不会较快地适应。只有在思想和行为上适应环境的改变，才能更快地融入大学生活。

1. 生活环境的变化

生活环境的变化体现在生活方式、生活范围等方面。从生活方式看，中学阶段普遍是就近入学，吃住在家，拥有自己的独立空间。即使是寄宿制的中学，学生离家也不太远，一般不会超出县城范围，一个月总可以回家一次。而大学生活则是完全的集体生活，住宿舍吃食堂，一切都靠自己处理。这种改变对部分缺乏独立生活能力的学生来说是严峻的挑战。

宿舍是大学生日常生活的重要居所。大一时，宿舍关系融洽、亲热，或6人或8人一室，按年龄大小进行排序，一个寝室的几个同学就像一个家庭的几个孩子一样，谁是大哥、小弟，谁是大姐、小妹，分得很清楚。室友间平时的称呼，也不叫名字，而是以兄弟、姐妹相称，“老大”、“幺丫头”等不离口。宿舍门上贴着各种室名：“博雅斋”、“文轩亭”、“淑女屋”、“卧龙居”等。这是大学新生名副其实的“新家”。“回家”的感觉，一度令大家陶醉。每夜临睡前都召开“卧谈会”，摆“龙门阵”，或谈家乡风情，或臧否人物，真是不亦乐乎。入学一个月左右，到国庆节临近的时候，盼望回

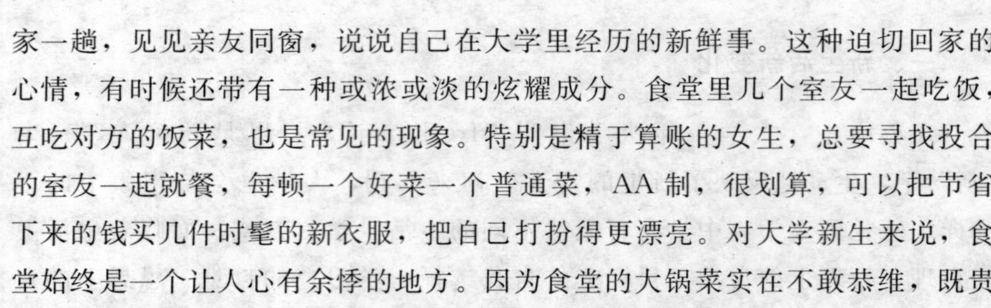

家一趟，见见亲友同窗，说说自己在大学里经历的新鲜事。这种迫切回家的心情，有时候还带有一种或浓或淡的炫耀成分。食堂里几个室友一起吃饭，互吃对方的饭菜，也是常见的现象。特别是精于算账的女生，总要寻找投合的室友一起就餐，每顿一个好菜一个普通菜，AA 制，很划算，可以把节省下来的钱买几件时髦的新衣服，把自己打扮得更漂亮。对大学新生来说，食堂始终是一个让人心有余悸的地方。因为食堂的大锅菜实在不敢恭维，既贵又难吃。用食堂的大锅菜形容宿舍关系——从来都不炒（吵）。

从生活范围看，中学时代的生活领域较窄，中心任务是好好学习考大学，课余活动被压缩得很少。大学生活丰富多彩，各个学校都有种类繁多的社团，如果你有什么爱好和特长，可以加入这些社团，从中学到很多东西。各个社团都有自己的特点，都举办有特色的活动，如果你拿不准参加哪个，你可以找到自己感兴趣的社团，问问学哥学姐以前组织的活动，再作决定。毕竟，大学里的社团太多，选择一个能够锻炼自己能力的就够了。同时，各个学校在寒暑假都开展社会实践，如去贫困山区考察和义务扶贫，从中可以提高自己对社会现实的认识。

2. 学习状况的变化

从紧张的中学阶段过渡到自由度较高的大学阶段，教学形式、学习内容、学习条件、学习方法都有了很大的变化。

在大学里，以“教”为中心的教学模式变成了以“学”为中心的教学模式，教师为主导，学生为主体，主要是让学生主动去发现、探索问题。其显著的特点是在教师的指导下以自学为主，让学生拥有更多的学习自主权。大学上课几乎是门门课换老师，节节课换教室，上课同争议，下课各分散。不仅课上所学的内容要靠你自觉消化吸收，而且整个知识体系也要靠自己去架构、填充和完善。

中学的内容重在打基础，不外乎语、数、外、理、化、政、史、地、生等十来门课。对一些天资聪慧的学生，这些课程的课本内容都能全部记诵下来，什么章节的什么内容，在哪个课本的哪一页都能牢牢记住。大学学习的内容特点是宽、深、新：“宽”指所学的课程门数比中学要多，一般多达二三十门，涉及的领域十分广泛；“深”指内容比起中学要深得多；“新”指大学的学习要把握科技文化发展前沿的最新知识和最新成果。

在中学，教学基本上在课堂中进行，时间也安排得非常紧凑。大学阶段则不同，课程有选修、必修之分，学习场所有教室、多媒体教室、图书

馆、资料室等等。怎样合理安排时间，是对大学新生的一大考验。

大一刚开始时，每个人都保持着较高的学习热情，早早起床占位，认真听课。尽管积极性很高，但学习方法衔接不上，不知怎样学习。学习上的不适应主要表现在：大学老师不如中学老师讲得详细，一节课讲几十页内容，还说进度太慢；上课听不懂，作业不会做，学习成绩总上不去，尤其是高数和英语最感头疼；在多媒体教室中上课，拉上窗帘后一片漆黑，在内容枯燥难懂的前提下，加上温度适宜，最容易做的事就是睡觉。

3. 人际关系的变化

人际关系的变化主要体现在人际交往的对象、人际交往的要求等方面。从人际交往的对象看，中学时代的交往对象是父母、老师、亲戚、同学、一起成长起来的伙伴；但到了大学，来自不同地域的同学素昧平生，刚开始大家还不习惯说普通话，操着方言交流，有时候还会闹出很多笑话。生活在同一个宿舍的同学，脾气、习惯各不相同，常常难以适应，特别是由于生活习惯不同，同室而居可能会出现矛盾，如有的同学习惯早睡，有的同学则是越晚越精神，男生被称为“夜猫子”，女生被客气地称为“夜莺”。“白天不懂夜的黑”——怎么别人就是不了解我？“热闹是他们的，我什么也没有”——身处集体之中，却感到孤独和寂寞。从人际交往的要求来看，中学时代有父母的照顾和强大的学习压力，心无旁骛，无暇他顾，对友谊和感情的渴望不那么强烈；进入大学后，没有了学习的重压，时间上又比较自由和宽裕，迫切希望走进社交场合，结交更多的朋友。在这种情况下，大学生的人际交往呈现出前所未有的开放态势。

4. 管理方式的变化

中学实行学年制，必须读满三个学年，修完所有的课程，经会考合格才能毕业，同时学校、老师对学生管束严格。大学则实行学分制，可以不受学年限制，根据自己的实际情况，可以跨系、跨专业、跨学科选修，只要修满学分就可以提前毕业。大一主要是必修课，大二、大三有许多课程供大家选修。学校、辅导员对大学生的管理较为宽松，最典型的是：由于一个辅导员要带好几个班级，大学生一周甚至一个月才能见到辅导员。大学生的自主管理，颇有点“自己当老板”的味道，全权安排自己的时间、金钱，决定自己的发展方向。但是，大学生有他特殊身份所规定的内涵。要当好“自己的老板”，必须有一种责任意识，对自己的行为和选择负责。做每一件事前，都要多想一想，这样做会带来什么后果，不要“跟着感觉

走”，做到思维指挥行动，而不能以行动指挥思维。有的时候，在我们感觉“占了便宜”时，实质上是“吃了亏”，比如庆幸自己旷课没有被老师发现，其实没去上课损失最大的是自己。

（二）大学新生新变化

1. 社会角色的转变

大学生与中学生担任的校内角色不同，在中学时，不少人是在校内或班内担任一定职务、受人尊敬的学习尖子，而在人才荟萃的大学校园里，他们中的大多数可能成为不担任任何职务的普通学生。大学新生须适应这种由出人头地到默默无闻，由高材生到一般学生的转变。此外，大学生与中学生所担当的社会角色也不同，中学生的心理和思想正在发展中，职业方向和社会角色不够确定；而大学生的职业方向基本确定，社会地位有了较大提高，社会对大学生的期望和要求高得多。因此，大学新生要实现从中学生到大学生这种社会角色的变化，就得处处用大学生的标准严格要求自己，既学做人又学做事。

2. 奋斗目标的转变

大学是一个人成才、成就事业的一个新起点。古人云：“有志者，事竟成”，“而学必先立志”。大学生应从高考胜利的满足和陶醉中清醒过来，根据学校教学的客观现实和自己的实际，制定出个人在学业、思想道德、职业能力等方面的奋斗目标和行动方略，以增强进取的内动力，为再创大学阶段的辉煌打下良好的基础。

3. 思维方式的转变

与中学相比，大学的生活节奏快，活动空间大，结交的人多，面对这些环境条件的变化，大学新生的思维方式要做到由“非成人化”向“成人化”转变。在思考处理所遇到的问题时，要力求做到辩证全面而不要唯心片面，要远见务实而不要目光短浅，要加强道德和法制观念，做事要考虑后果。

4. 生活方式的转变

新大学生们在生活自理方面，要有充分的思想准备。在中学时，有些生活琐事依靠父母亲友的帮助，进入大学后，衣食住行都由自己处理安排，自主、自立、自律是大学生活的主旋律。大学生应适应这些生活方式的变化，自主而合理地处理好个人的学习生活，注意培养独立生活的能力；要自觉遵守学校的规章制度和作息时间，养成良好的生活习惯；要积极参加学校、班级组织的文体和第二课堂活动。

5. 交往方式的转变

大学生与中学生的来源不同。中学生大多在家乡就读，同学间充满乡音乡情；而大学生来自全国各地，其语言、个性、生活习惯有较大差异，这就要求交往方式要有所转变。新生们要注意从以“自我”为中心向以“集体”为中心的转变，在班级里要多关心他人，在宿舍里要相互礼让。首先，要做到相互了解，相互适应，要提倡主动交往；其次，同学间要相互尊重，相互关心，为人要诚恳热情，待人宽律已严，大事讲原则，小事讲风格；三是与同学交往要坚持与人为善，要搞“五湖四海”、全方位交往，而不要有老乡观念，不要搞宗派、拉帮结伙等庸俗作风，注意人际关系的和谐性。交往中注意要给人以良好的印象。比如衣着整洁大方，言谈举止要文明礼貌，待人诚恳，不卑不亢，讲信用，守时间等。还要消除交往中羞怯情绪，培养交谈中“说”与“听”的技能。注意提高个人修养水平，养成良好的行为习惯。培养全方位的交际能力和处事艺术。

二、赢在新起点

（一）适应新环境的过程中可能出现的问题

要顺利地适应新环境，不仅要熟悉它，更重要的是尽快接受周围发生的新变化。但是，对于大多数新生而言，在适应环境的过程中很难一步到位。大学生在适应环境的过程中可能出现的问题主要有以下几方面。

1. 自我评价失调

虽然近些年来我国高等学校不断扩招，但能有机会上大学的毕竟还是少数。大学生在全国同龄人中所占的比例始终没有超过30%。多年的发奋苦读换来了金榜题名的喜悦，使“新鲜人”们多少有点志得意满，成为“天之骄子”的自豪感油然而生。应当承认，能够进入大学的学生，一般来说在高中阶段的成绩较好，属于学习尖子的行列，受到老师和同学的肯定和关注。但进入大学后，大家都是来自各地的尖子，都有过辉煌的经历，其中有些同学原有的优势不复存在，从鹤立鸡群变成平庸之辈，这种地位的变化和心理落差产生了自我评价失调，从自我感觉良好转向自我感觉平庸甚至产生自卑情绪。

2. 孤独感和恋群感交织

在全新的环境中，面对的都是一些生疏的面孔、陌生的身影，一般情况下，虽然彼此都有新鲜感，也渴望交流、沟通，但最初阶段的交往还是

处于礼貌、客气的范围内，过头的话不说，过分的玩笑不开，谦让步，嬉闹少，都在“试探”对方的性格，大学新生普遍感到孤独压抑。

事实上，大学新生对新的人际关系的适应远比对学习、生活环境的适应困难。在与周围同学的交往中，因缺乏经验技巧不善交往，因担心别人看不起自己不愿交往，因异性相处不好意思交往，因性格内向不敢交往。在人际交往中，不少同学存在较强的防范心理，通常小心翼翼，“广泛交友，谨慎交心”，大面积撒网，却捞不到几条鱼。这种只有广度而没有深度的“点头之交”，在一定程度上影响了人与人之间的正常交往。对此，许多同学会产生一种失落、无奈的感觉，转而怀念起过去的中学时代，甚至感觉大学不如中学，进而把情感投向旧时的同学、朋友和老师，而对现在的班集体置身事外，频频地与异地学校的老同学通信、打电话、上网聊天。根据经验，大一是发短信、发电子邮件的高峰期，度过适应期后，发短信频率就会大大减少。

3. 理想与现实矛盾

对大学的现实生活，大学新生普遍缺乏了解，没有做好充分的心理准备，把大学想象得过于理想化，编织着一幅幅大学生活的美好图画。一旦亲身感受大学生活后，就会发现大学的现实情况与自己原来的想象相差甚远。相当一部分新生如此抱怨着：“大学，真是无聊，还没高中有意思”，“真没意思，太空虚了”，“走，打 CS 去”，“大学，怎么这样啊，真郁闷”。

漫长的“三点一线”（教室——宿舍——食堂）生活，不太体面的“课桌文学”、“墙头文学”、“厕所文学”等现象，不太文明的举止言行和嘈杂的校园环境与原来想象中的大学相去甚远。同时，能够“金榜题名”的学生，在中学时代都是所在班级的佼佼者，心理上的优越感较强。但进入大学以后，人才汇聚，在新的班集体中，名列前茅者总是少数，多数同学都要居于中等甚至中下的地位，这使一部分同学的自尊心受到强烈的打击，体验到某种失落与自卑。此外，面对全新的学习内容，一部分大学新生没有及时调整自己的学习方法，学习上投入的时间与取得的成绩不成比例。这种理想与现实之间的矛盾，使一些大学新生发出了“大学无限好，人生真无聊，早知如此，何必当初”的感叹。

4. 放松与紧张同在

许多大学新生认为，进入大学就等于进入“保险箱”，应该轻松轻松，痛痛快快地玩了。加上大学不像中学管得那么紧，自由度较大，自我支配

的时间也较多，一些自觉性较差的同学不知不觉失去了明确的奋斗目标，失去了前进的动力，放松了对自己的要求，开始沉溺于电子游戏、武侠小说之中，“没劲”、“无聊”成为口头禅。经过一段时间后，特别是第一学期结束，当考试成绩不理想时，紧张甚至焦虑又随之而来。

大学新生要清醒地意识到，从进入大学的第一天起，以前的一切都已经画上句号。如果有人想“轻松”，就大错特错了！千里之行，始于足下。不管你曾经多么辉煌，不管你高考考了多少分，大家都站在同一起跑线上，从零开始，继续赛跑。速度和耐力是取胜的关键，而迅速起跑才有可能取胜。所以，应该尽快克服心理上的“四无”现象，即无目标、无兴趣、无动力、无意志。同时，上大学是“严进”，出大学也只能是“严出”。“严出”包括分数严：每学年累积三门功课不及格就要留级，再不及格就要退学；纪律严：迟到、早退、旷课累计达到一定数量时，就要受到记过、留校察看，甚至开除学籍处分；文凭严：毕业时累计四门不及格就不能发毕业证书、学位证书。现在大学里每年只能结业而拿不到毕业证书的学生越来越多。

5. 求知与厌学共融

知识经济时代的第一个基本特征就是知识的急剧增加，出现信息“爆炸”；第二个基本特征是“科学技术是第一生产力”，劳动者应该是掌握了知识并能运用所掌握的知识创造财富的劳动者；第三个基本特征是知识在一定意义上是比货币资本、实物资本更为重要的资本，是最重要的社会财富和个人财富。知识经济时代的客观要求，反映在大学生的头脑中就成为一种内在需要。因为，大学生无论是追求个人未来高质量的生活，还是实现其社会价值和理想，都需要以知识和能力为基础。

大学学习具有研究和探索的性质，这不仅表现在大学生要完成学年论文、毕业论文和毕业设计方面，而且也表现在所学的课程内容上。大学生的学习不单是掌握知识，而且要掌握科学知识的形成过程、科学的研究方法，了解各学科存在的问题及其解决的方法。大学生由于抽象思维能力的发展，在大学这种充满学术氛围影响下，逐渐萌生一种重新组合已学知识，以新的角度解释已学知识的创新冲动，从而具有强烈的求知欲望和成才动机，不论是自然知识还是社会知识，凡是感觉新奇的都想了解，凡是觉得有兴趣的就渴望尝试。

由于高考前的学习压力巨大，紧张得让人喘不过气来，不少大学新生

曾经对学习产生一种厌倦情绪，现在一下子难以重新找到学习的动力支点，因而产生了学习的乏力和无能。他们会经常询问自己：“为什么要读大学？我在大学能学些什么？我最应该学的是什么？”一位资深的博士生导师认为，大学生应该学的是一种“思维”，一种对知识的内容和框架相互之间联系的“思维”，一种如何运用自己的知识去解决现实生活问题的“思维”，而不只是记住一些概念、名词，丰富信息。

6. 独立与依赖相随

大学新生与高中生相比，独立意识更强一些，强烈要求社会承认他们的成人资格。同时，大学生活中很多事情需要他们独立处理，无形之中又进一步强化了他们的独立意识。他们经常用批判的眼光看待周围事物，不轻易被动地接受他人的“灌输”；要求独立自主地处理各种问题，不愿受到来自社会和他人的束缚和制约等。大学新生普遍强烈地要求社会把他们当作成人来看待。理由只有一个：我已经长大了。

大学新生追求独立的成人意识，在学习和生活中往往表现出矛盾的两方面。一方面，表现出心理“断乳”的强烈愿望，不愿随波逐流、在思想言行的各方面都表现出极大的独立性，这对大学新生的学习、生活和成长无疑是大有好处的。另一方面，个人独立意识的无限度地增强，就成为扭曲的独立意识，可能导致过分相信自己的能力，妄自尊大，以“成人”自居，不乐意接受来自家庭、学校、社会的批评教育，甚至表现出情绪上的对抗。一旦这种缺乏基础的、盲目的自信受到挫折或其“独立性”受到挑战时，就易于感到沮丧、自卑，或对人、对事采取不负责任的态度，或退缩到依赖他人的状态。与此同时，大学生身上表现出的依赖性也是十分明显的。因为他们没有独立的经济地位，仍需要依赖家庭供养。同时，这一代大学生，绝大多数是独生子女，受到爷爷、奶奶、姥姥、姥爷、爸爸、妈妈的多重关爱。少年时期形成的依赖习惯不可能随着上大学而完全消除，不少大学新生面对陌生或复杂的环境时，往往缺乏信心，难以作决断，如报考大学、选择专业都听从父母的意见。有的大学生缺乏应有的自理能力，不能合理地安排自己的生活，经济开支没有计划，月初大手大脚，月末捉襟见肘，钱夹时常“唱空城计”。

(二) 大学新生的自我调适

为了尽快适应全新的大学环境，大学新生应积极进行全方位的自我调整，对自己要有一个新认识。不因生活环境不适应而产生失望感，不因人际关系不适应而产生孤独感，不因在中学时的优势消失而产生失落感，不因对学校管理制度不适应而产生压抑感。调整的过程就是从中学到大学的转变过程，调整意识的强弱和速度的快慢决定了适应周期的长短。起步越早，调整得越快，转变得也就越好，在高一层次的竞争中就越占有优势。适应转变的关键在于以轻松自然、积极健康的心态面对新的生活。

1. 主动适应生活环境

在大学新生的群体中，一部分学生是从中小城市或乡镇农村到大城市来读书的，许多新生入学时普通话水平不高，这样不仅会影响到他（她）的人际交往，更重要的是交往的障碍将对自己的自尊心和自信心产生负面的影响，进而影响到学习、生活的方方面面。因此，大学新生对语言环境的适应是不可忽视的。

新生在大学校园里应尽量用普通话进行交流，使自己消除陌生感，这样有利于大学新生角色的转变。语言环境的适应并不太难。新生在平时的生活和学习中，应多向字典学习，向普通话好的同学学习，尽量掌握标准的发音。此外，在发音准确的基础上，还要进行不懈的练习，发现错误及时纠正。有些同学生怕出错的时候别人笑话，因此尽量减少开口说话的机会，结果几年的大学生活下来，仍然是一口家乡话。如果能和其他同学结伴练习普通话，互相纠正，互相促进、提高，效果就更好了。

掌握一些必要的地方方言也有助于适应环境。比如出门办事或上街买东西都可能与讲方言的当地人打交道，如果会说当地的方言，交流起来更方便，也能避免可能会发生的“欺生”现象。

除此之外，大学新生还要适应气候环境。

南方学生在北方求学，不适应气候环境成为一大难题。说到气候，沙尘暴是我国北方部分地区的“特产”，对于很多南方学生来说适应这漫天飞沙可是一件最头痛的事情！已经是眯着眼睛走路了，但是沙尘还是毫不客气地钻进眼睛。

虽然这风沙天气让人头疼，北方的雪却是南方学生最喜欢的，但是寒冷的天气的确有点让人受不了。春秋二季，北方城市昼夜温差大，晚上忘记盖被子就会着凉。一到冬天，厚厚的羽绒服都难以抵挡寒风，很多学生没有经历过这样的天气，于是感冒发烧成了常见病，就算是春夏之交都会有很多学生因不适应季节变化而生病。

北方的同学初到南方，在环境方面也有很多不适应。南方暖湿多雨，

天气复杂多变。因此，同学们到这里以后一定要注意防寒保暖，及时添减衣服。此外，气候湿热也比较利于细菌生长，东西易发霉，疾病易流行。因此，同学们应养成良好的卫生习惯，勤洗澡洗衣服，洗晒被褥。很多北方的同学刚到时可能会“水土不服”，身上长小疙瘩、小红点等。这是环境突然转变的结果，一般经过一段时间就会自然消退，不必为此产生太多的顾虑和担心。如果比较严重，最好到医院就诊，在医生的指导下调适身体。

同学们来到大学校园以后要尽快调整自己的状态，适应大学的新生活，一方面，要学会照料自己，身边存一些常用药以备不时之需，注意饮食，不挑食，尽量适应当地的饮食习惯，这样对克服水土不服有一定的帮助。

2．积极调整心态

每年在迎新大会上，学生处处长都会提醒新生们思考几个问题：“为什么来大学？将来干什么？怎样成才？”原来只有一个目标——高考，进了大学后很多人突然没有了目标，不知道为什么学。这是新生入学后最容易出现的问题之一。对大学生活不适应而出现焦虑、压力过大，或者过分放松，这种两极化的表现具有普遍性。进入大学，面对自己心理世界的变化，积极调整心态，保持良好的精神状态，是大一新生要过的第二关。

入学之初，新生进入学校后，一是会因为离开家乡、离开亲人出现心理上的不适应，产生孤独感，使思家的情绪变重。二是由于突然间的放松和环境的改变，会有种种心理上的不适应。其一，跨过了高考这个门槛后，没有从心理和生理上做好迎接更大困难的准备，反而放松了对自己的要求，幻想着能轻松度日。其二，有些同学在高考中没有把握好，与理想的大学或者专业失之交臂，精神颓废，从而失去了成就自己的机会。其三，怎么样都无所谓。这些想法较偏激，没有认识到自己需要在大学阶段的成长中全面的发展，结果可能走上了通向后悔的岔路。

一般而言，新生群体的心理健康水平略低于普通人群，尤其在强迫、抑郁、焦虑、恐怖、偏执等症状上表现显著。

目前，大学里都有心理健康教育中心，可多去参加有关的健康讲座、心理咨询等活动，帮助自己尽快适应新的学习生活。面对诸多方面的不适，可以多跟同学朋友交流，有事情及时跟辅导员取得联系，让自己的心胸变得开阔。拥有健康积极的心态，才能更快地适应新的生活。

据心理健康教育老师的经验，一些学生无法适应大学校园生活而心态失衡，主要表现为入学一段时间后萎靡不振，无法集中精力学习，无法很好地处理人际关系，行为较孤僻。之所以出现这种危险的状况，主要源于他们对于新环境、新人际关系、新学习模式和新生活方式的不适应。

在这种情况下，一个人很容易看到自己的弱点。

其实，这是完全没有必要的，正所谓“金无足赤，人无完人”，每个人都有自己的长处和短处。为此，专家的提醒是：别忙着否定自己，要重新给自己定位，在失落中重建自信。一些“过来人”则以自己的切身体会告诫新同学，要正视差距，不能自卑，要从平时的学习中把握自己，“胜利属于坚持到最后的人”。要学会对自己做出公正的全面的评价，不要死盯着自己的短处，善于挖掘和发挥自己的优势，也可以弥补自己的不足。假如说你没有什么特长，社交能力、组织才干也一般，但你有很棒的文采，你的英语口语很流利，你有滔滔不绝的口才，你也会在大学这片绚烂的天地中找到发挥自己才华的土壤。人的知识、才能通常是处于离散、朦胧状态的，需要人们不断地挖掘、发现和开发。平心静气，慢慢的发掘自己的优势并扬长避短，你也一定会在大学校园里过得丰富多彩。

3. 培养生活自理能力

对于大一新生来说，上大学可能是他们第一次离家，第一次开始独立生活，第一次开始住宿生活。因此，培养生活自理能力是大学生活的重要一课。高中生由于学业的繁重，大部分时间和精力都用在学习上，生活上的事情绝大多数由父母包办打理。等到上大学后，生活环境有了很大的变化，没有了父母、长辈的悉心照料，许多事情要由自己处理了，可以说，真正的独立生活开始了。独立的大学生活，不仅仅意味着独自面对吃穿住用行，也意味着你开始独立的规划并创造自己的人生，很多事情你要开始独立的思考和解决。

现在开始，除了学习，新生们还应该学会生活。首先应学会日常生活的打理。要学会准时起床、运动，学会自己料理床铺、收拾房间，学会自己洗衣服，学会自己照料自己……在学习的过程中，如果能够和同学进行交流就更好了，因为同学间的互相影响和互相学习能够在一定程度上促进生活自理能力的提高。

独立生活的另外一个重要方面是对钱财的管理。大学新生要学会“理财”，要注意考虑：在生活中，哪些开支是必需的，哪些开支是完全不必

要的，哪些是可有可无的。钱要花在刀刃上，要避免完全不必要的消费，可花可不花的尽量少花。很多“前辈”的经验是：学会记账。把自己每天的支出列出来，就会很明显地看出自己的消费内容，养成好的消费习惯。如果实在坚持不了，就把多余的钱存在饭卡里，也可控制乱花钱。专家则提醒家长，给孩子生活费时最好根据孩子的消费能力每月给一次，固定在一天打到卡上，这样既能保证孩子的正常生活，也能使孩子花钱有节制，培养理财意识。

此外，还要根据父母的经济能力和自己“勤工俭学”的能力来进行日常消费。有了这些基本情况的分析，再确定自己每个月的“消费计划”，使之切实可行。并且要尽量按照计划执行，多余的钱可以存入银行，以备急需时使用。入学几个月或半年之后，大学新生对自理的生活就会逐渐适应了。

考上大学，电脑、手机、MP5 成为时下家长送给孩子的最时髦的礼物。而刚刚入学的新生大多自控力差，摆脱了父母、老师的管束，很容易沉溺电脑游戏和网络，不少高年级同学认为，学校的电子阅览室有大量电脑足以满足学生的日常使用，所以大一时没必要急于购买电脑。

良好的生活习惯是确保顺利、成功度过大学阶段的一个重要基础。为了让大学生活过得充实有意义，从一进大学起，就该切实重视这个问题，继续保持良好的学习和生活习惯，并给自己制定出切实可行的计划，让自己的生活充实忙碌起来，如此一来，就可以轻松地克服懒散的坏习惯。集体生活不可能像一个人生活的这么自由。特别是“夜猫子”要注意，你需要调整一下自己的生活规律。晚上宿舍是应该有熄灯时间的。多为别人考虑一下，千万不要影响室友休息。

早睡早起是一个很好的习惯，千万不能彻底放弃，要记住一个好习惯的养成并不是一朝一夕之功，当你彻底放弃它后，将来会后悔莫及，而继续坚持下去，却是毫不费力的事情。俗话说得好，一年之计在于春，一日之计在于晨。在绿荫遍地、空气清新的校园中，去跑跑步、跳跳高、打打球、活动活动筋骨，之后，再找一僻静处，伴着老教授打的二十四式太极拳，去高声朗读几段美文，此时此刻，你不仅仅学到了知识，更多的是会感叹青春的美好和大学生活的美妙！

短镜头

难题一：走进大学食堂，很多新同学看着一样样的饭菜，不知如何选择：西红柿还是黄瓜？面条还是米饭？馒头要买几个……不少同学都会被

这些“难”住。还有的同学倒是方便，看着喜欢的就买，一顿晚饭要买三四种菜，吃不完都浪费掉。还有的同学习惯了在家中安静地吃饭，坐在学校大餐厅里，怎么也吃不下去，唯恐别人看到自己的“吃相”，这种难题在女生中比较普遍。

难题二：从来没有为穿衣发愁的学生，刚入学也遇到了难题：有的同学发现天气没个准儿，不知道该穿些啥，不是冷了就是热了。这样的同学可以从报纸或电视上提前了解天气变化，及时添减衣服。

难题三：虽然很多大一新生都是花钱高手，可是到了学校却遇到了问题，手里有钱，可不知该去哪里买？结果经常有新同学被上门推销的狠骗一把，这主要是因为初来乍到，不熟悉环境。同学们可以向高年级的师兄师姐咨询，他们会告诉你哪里东西便宜，哪个小店东西全。

难题四：我想家，我想爸爸妈妈。小西是合肥一所大学的大一新生，初次离开父母进入新的环境，总是有很多不适应，整天想着回家，想爸爸妈妈。小西总是把自己当成孩子一样，就算遇上了很小的事情也会打电话向父母求助。像小西这样的同学要抓紧培养学会独立生活的能力。还要学会与同学、老师相处，良好的人际沟通能缓解思乡之苦。

4. 正确认识自我

驰名世界的古希腊德尔斐阿波罗神庙的入口处，矗立着一块巨大的石碑，上面醒目地写着著名的神喻：“人们啊，认识你自己！”人的一生，始终都在寻找自我，实践自我，完善自我，这是生命赋予每个人的神圣使命。大学阶段，是自我意识迅速发展的关键时期。因而，正确地认识和发展自我，解决自我认同、自我确立的危机，是每个大学生不容回避的主要课题。健全的自我意识，是大学生塑造健康人格、培养良好情绪的基础，也是大学生全面发展的重要条件。

进入大学后，随着独立生活的开始，大学生们进入了“自我发现”的新时期，急于想认识自己，评价自己。这种认识和评价不仅仅针对仪表容貌，更多的是对自己的能力、性格、品德、人生价值等深层次问题的探讨，自我认识的内容追求全面和深刻。由于人的心理活动的复杂性，一个人要认识自己并不容易，加之大学生认识能力还不成熟，因而大学生在认识、评价自我时还缺乏必要的客观性和正确性，对自我的理解和判断也流于肤浅，常常会“一叶障目，不见泰山”，出现自我否定或者盲目自大、自吹自擂等片面性。如大学新生容易被高考成绩左右情绪，相互之间存在

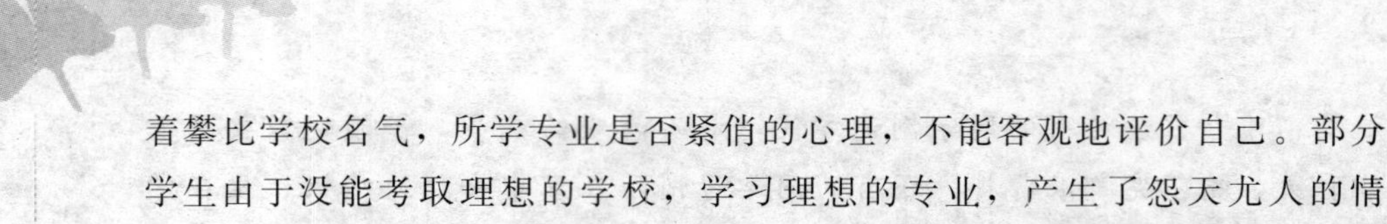

着攀比学校名气，所学专业是否紧俏的心理，不能客观地评价自己。部分学生由于没能考取理想的学校，学习理想的专业，产生了怨天尤人的情绪；还有部分学生需要克服骄傲自满情绪，纠正对自己的过高评价。

从高中到大学就像上楼梯一样，从一楼到二楼的中间会有一个平台，大学新生就处在这个平台上。从纵向来比，你很优秀，考入大学；从横向上看，每个考入的人都很优秀，大家站在同一起跑线。关键的是，新生要把握好对自己的定位，一切从头开始。

曾经有一位闻名遐迩的美容医生，善于做面部整形手术。他创造了不少奇迹，使很多丑陋的人改变了容颜。但是他们仍旧抱怨自己不够漂亮，说手术没成效。于是，医生悟出一个道理：美与丑的关键不在于一个人的本来面目如何，而在于他是如何看待自己的。

大学新生极易因把握不好对待自我的标准而表现出极度自信与极度自卑的矛盾心理，时而慷慨激昂，觉得“天生我材必有用”、“天将降大任于斯人也”；时而又悲观失落，哀叹“我是一只小小鸟，想要飞怎么也飞不高”。大学新生对自己的态度往往也影响到他人对自己的态度。“在宽恕自己的同时也宽恕了他人。”不管对人对己，都不应有过分的苛求，应该看到“积极心态的力量”是巨大的。

一个充满自信的人，善于发现自己的美，更懂得充分展示自己的美。如：意大利明星索菲亚·罗兰拒绝做整形手术，形成自己独特的美。一个人对自己的态度往往能影响到周围的人对他的态度。因此，一个人首先应该自己喜爱自己，才能让别人也喜爱自己。很难想象一个对自己都不满意的人会大受欢迎。另外，借助外力，努力修正自己。自信乐观是后天锻炼培养的结果。努力接近自信的人，观察他们的言行，在实际生活中不断给自己积极的心理暗示，说“我能行”；要明白世界上没有完美的东西，只有不完美的才是真实的，不要去苛求完美。

5. 塑造理想人格

完善的人格是大学生的必备素质之一。人的发展应该是自由和全面的，应该是身心与品德等得到全面均衡的发展。虽然每一个人都需要经历从低级到高级的若干发展阶段，但在不同的发展阶段应具有不同层次和水平的素质。在任何一个发展阶段，人都应该是完整而均衡地发展的，否则就是畸形的。而畸形的人格，于个人、社会均有百害而无一益，因此，当代大学生的理想人格，应该是全面发展的人格。

理想的人格，即社会进步和发展所需要的人格。也就是说，只有适应社会进步和发展需要的人格，才是一个时期或一个时代的理想人格。

当前，我国正在深化改革，扩大开放，努力建设和完善社会主义市场经济，正处于历史嬗变的大变革时期，因此，当代大学生的理想人格必须适应变革时期的社会历史发展需要。改革开放和建立市场经济体制，一方面需要大学生具有开拓、创新、进取的精神，具有市场效率、信息、人才等现代意识；另一方面，也需要具备团结、协作、敬业、奉献等品质。这既是建设社会主义现代化的客观需要，也是建设社会主义现代化的过程在人格素质上产生的必然结果。

另外，从一定意义上讲，人格是社会文化在人格素质上积累的结果，即有什么形态的文化，就会哺育出什么类型的人格。中国几千年形成的传统文化趋向于协调性、整体性和内向超越；而西方文化则倾向于竞争性、个体性和外向超越。随着改革开放的日益深入，东西文化的相互交流，今天中国文化兼容性的特点明显增强。这反映在当代大学生的人格特征上，必将产生具有传统文化特征和现代文化特征交融汇聚的人格。

大学生作为一个素质较高的群体，理应具有较强的社会公德意识。但是，当代大学生的社会公德行为以及所反映的社会公德意识却不容乐观。在一所大学的澡堂购票现场，一位不按秩序排队的女生，面对其他同学“加塞，你好意思吗?”的诘问，竟然大言不惭地说出“我—很—好—意—思”的话语。此言一出，在场者无不为之哗然。

山东大学团委精心策划的情景道德实验，更是令人担忧地暴露出当今一些大学生公德意识薄弱的程度。一把明显妨碍通行的大扫帚，在两个小时内约有350名学生经过，但只有11人将这个障碍物扶起；在过去一年中，只有两位学生捡到饭卡主动交公，大部分丢了饭卡的同学在报失之前，电脑上都有被别人或多或少用过的记录；在34名学生购物者中，有15位同学没有退回营业员多找的零钱。

此外，各高校不同程度地存在着大学生忽视公德、失落文明的现象，在学校的食堂打饭时，都会看到窗口被围得里三层，外三层，体格纤弱的女生根本没有机会挤进去；上课已一刻钟，还有学生在堂而皇之地吃早餐；下课后，很少看到有学生主动帮老师擦黑板；长明灯，长流水，乱踏草坪，不冲厕所等现象引起了社会各界的强烈关注：为什么随着年龄的增长和受教育程度的提高，大学生的公德意识反而日见下降呢?

大学生正处于身心发育的关键时刻，也是人格形成的重要时期。在此时期，由于身心的发展与成熟，大学生已基本具备人格自我完善的能力与全面接受人格教育的能力。此外，由于大学生是青年群体中文化知识水平较高的一部分，其自省能力、认知能力较强，接受新知、观念更新速度快，因此，大学生有能力达到较高层次的人格素质水准。

坚持各种人格素质和谐均衡发展的原则。人格素质包含需要素质、思想道德素质、心理素质、智能素质以及身体素质等，各种人格素质之间相互影响，相互渗透，表现出人格的同一性和统一性。人格的各种素质只有和谐均衡地发展，才能相得益彰，形成完美的人格；否则将会导致人格障碍，形成畸形的人格。比如，有的人智能虽高，但品行低下；有的人思想品德好，但心理素质差等。大学生正处于人格形成的关键时期，因此更应自觉遵守人格和谐均衡发展的原则，及时克服障碍，使自己人格逐渐趋于完善。

坚持个性与共性相统一的原则。人格是共性与个性的有机统一，亦即人格有共性的一面，也有个性的一面，共性存在于个性之中，个性体现着共性。当代大学生的人格共性就是要顺应社会和时代的需要，成为社会主义事业的建设者和接班人，但这种共性并不排斥人格的个性，相反，每个大学生都应有自己的个性，有自己的特色。

6. 重构奋斗目标

大学生应该有理想、有志向。理想和志向，应该随着年龄的增长，越来越具体，实现起来也越来越具有操作性。小时候我们说长大了要当科学家，那时候实现这样的理想就是按老师的要求一点点掌握知识。在大学里的理想和志向如果还是“长大了当科学家”，显然是不妥当的，因为大学生已经长大了，为了实现当科学家的理想和志向，应该按科学家的标准设计出自己“达标”的时间表和具体行动措施。大学生的理想和志向既不能高不可攀，也不应唾手可得，而应该是通过一定努力可以实现的合理的目标，应该符合个人的个性特点和实际能力水平。同时，这种目标又应符合社会发展方向，不可背其道而行之。一些同学因不满社会上的某些消极腐败现象或因挫折失去信心，便幻想过一种超凡脱俗的隐居生活，不愿面对现实。也有的同学为自己设计的是一条不择手段达到荣华富贵的不归路，把自己的聪明才智用于干不法勾当，最终自毁前程。所以，一个人给自己确定什么样的目标很重要，应善于选择目标，并将长远目标具体化，由近

至远、由低到高地逐步接近有限的终极目标。

高考成功的盲目乐观或目标未达的失落，会导致大学新生对未来几年的大学生活缺乏应有的系统、周密考虑和安排。大学新生面对大学里广阔的自由空间彷徨了。“只知道要看书但不知道要看什么书；知道要看什么书后，又不知道看了有什么用。忽然不知道上大学到底为了什么。”因此，进入大学后重新为自己确立奋斗目标，是大学生活成败的关键。进入同一所大学的学生，水平相差无几。但经过一段时间后，有的能拿奖学金，顺利通过英语四、六级，考取各种证书；而有的连学期考试都过不去，连连补考，这些学生在中学时学习成绩还出类拔萃，补考的原因显然不在于智力因素。从某种程度上说，大学是一条泾渭分明的分界线很有道理。其实，成功的道理很简单：成功的人在成功之前就确立了自己的奋斗目标，他们的成功只不过是长期的、不间断地向着自己的目标努力的结果。美国成功学家拿破仑·希尔说：“你过去或现在的情况并不重要，你将来想要获得什么成就才最重要。除非你对未来有理想，否则做不出什么大事来。有了目标，内心的力量才会找到方向。茫无目标的飘荡终归会迷路，而你心中那一座无价的金矿，也会因不被开采而与平凡的尘土无异。”

这里有个故事。每天早晨，羚羊睁开眼睛，想到的第一件事就是：我必须跑得比狮子还要快，否则，我会被吃掉。与此同时，从睡梦中醒来的狮子，它的脑海里闪现这样一个念头，我必须追上跑得最快的羚羊，否则我会饿死。于是羚羊、狮子一跃而起，迎着朝阳奔跑，羚羊变得健步如飞，狮子则一跃千里。

随着就业形势的日益严峻，当前的大学生大都能清醒地认清形势，目前的“考证热”就说明了这一点，拥有资格证书是为自己的就业增加一个有力砝码。许多人在回顾大学生活时，都会说：“曾经有一段美好的时光放在我面前，我没有在意。如果能够重新开始的话，我会选择：踏踏实实度过大一、大二的每一天。”

早知如此，何必当初啊！人生的道路虽然漫长，但关键处却往往只有几步，一旦错失良机，就悔之晚矣。“天下大事必作于细，天下难事必始于易”，大学新生应把握好自己，制定明确的目标规划，激励自己一步一个脚印地走下去，这样才会不断有成就感，才会对生活始终保持旺盛的激情。

拥有目标，就会拥有了美好明天，正如一首歌中所唱：给自己一个目

标/让生命为它燃烧/这世界会因我们的飞翔/而变得更加美好。大学新生，树立自己的目标吧，小到英语四、六级，大到明天的“留学梦”，一切都有可能，关键看你今天的付出。

7. 不断超越自我

健全自我、塑造自我的修养过程，亦是一个超越自我的修养过程。坐在轮椅上的加拿大残疾青年里克·汉森，靠一双手，“走”遍了全世界，跨越了四大洲，穿越了34个国家，行程40073公里。面朝黄土背朝天的农民周克芹，在艰辛穷困的条件下写出小说《许茂和他的女儿们》，获得茅盾文学奖，由一介草民一下成为八种世界名人录的入选者。从小集聋、哑、盲于一身的海伦·凯勒学会了四种语言，写出了风靡世界的著作，她对语言的掌握，被称为“教育史上最伟大的成就”。

对自我的超越，需要意志的力量作为保障。“自知者胜，自胜者强”，“惟志坚者始能遂其志”。为此，大学生应在实践中培养自己的耐力和自制力，增强对挫折的承受力，加强自我控制的自觉性和主动性，朝着既定的目标，努力克服困难，战胜干扰，胜不骄，败不馁，最终实现自己的理想。

对自我的超越，需要发展健康的独立感。独立感是指个体摆脱监督、支配和管教的一种自我意识倾向。大学生的独立感十分强烈，有时甚至会出现过分的现象，发生盲目的反抗。如为了显示自己的独立性而打扮得奇形怪状，为显示自己的成人感而学抽烟喝酒，甚至做一些有违校规校纪的事情，从中体验虚假的伪“强大”和“成熟”等等。健康的独立感应该是有自己的思想和头脑，不人云亦云，不随波逐流，能独立控制自己的言行举止，既有批判精神也能虚心听取别人的建议，能在任何情况下坚持符合社会规范的做人标准，做到“慎独”。

对自我的超越，需要增强竞争意识。竞争已成为当今社会的主要基调，大学的竞争比中学的竞争更为激烈。如果说中学的竞争是为了考上大学的话，大学的竞争则是为了抓住有利于自己成功的一切机会。大学生只有一开始就认识到这一点，才能立于不败之地，成为命运的主宰。

对自我的超越，需要修养个性品质。中学生由于成长经历、生活阅历、受教育的条件等原因，形成了比较特殊单一的个性品质和人格特征，比如爱学习、好动脑筋、有朝气等。但是也有其不足的一面，比如视野不开阔、看问题片面偏激、情绪容易冲动，有的甚至极端自私和以自我为中心等。这些中学生的人格弱点，成为阻碍一个人成长进步的大忌。大学生应该努力克服

中学带来的弱点，养成良好的个性品质，塑造完美的大学生形象。

每一个成功者都是不断进行自我超越的典范。超越自我，就是要把昨日的成就当作今天的起跑点，用今日之我战胜昨日之我，使明日之我比今日之我更进步。

我与学生面对面

一、请问您能否具体描述一下大学生生活的主要目标有哪些？

答：我认为大学生在校学习生活的目标主要有以下几方面：

1. 自主学习，在学问上奠定稳固的基础，为将来的工作与事业做准备。
2. 认识自己，接纳自己，欣赏自己，建立健康的自我形象。
3. 增强自信，加强自制能力培养。
4. 发展良好的人际关系。
5. 培养独立自主的能力和创新意识。
6. 学习与异性相处，对恋爱、婚姻、家庭有正确的观念和态度。
7. 学会对自己的人生有明确的职业规划。
8. 树立正确的人生观和培养适应社会发展的健康的生活方式。

二、作为一名大学新生，如何在心理上做一些积极的准备？

答：从高中到大学，是我们踏入半个社会的过程。从小学到初中再到高中所形成的心理定势会发生改变，环境变了，人变了。我们在心理上也要做相应的改变，只有做了这些改变，才能让自己有健康的人格。那么新

同学应该从哪几个方面来作一些调整呢?

首先是重新定位自己的角色，认识到自己的平凡。能考上大学的同学在高中阶段的学习成绩都是不错的，平时受到家长、老师和同学们的关注也会多一些，有一些学习特别好的同学还是学习中、生活中的中心人物。可是一到大学里，特别是在重点大学或是名牌大学，几乎每个人都有着辉煌的过去，每一个人都是学习尖子，都很出类拔萃。这时如果重新排定座次，就只能有少数人还能处在领先的位置上。

其次是对自己进行正确的评价。自我评价是自我意识的一个方面，是指人对自身条件、素质、才能等各方面情况的一种判断，新同学是否能对自己做出正确的评价，直接影响着大学生活中的学习效率、职业选择、奋斗的自信心。

在高中阶段，学习成绩是同学们进行自我评价的重要标准。可是进入大学以后，同学之间竞争的内容多了很多，眼界学识、文体特长、社交能力、组织才干等等，都会被人拿出来比较。这时只有在当前的环境中，从个人兴趣爱好、思维方式的特点，毅力的恒久性，已有的知识结构，献身精神与果敢魅力等方面，对自己做立体的客观的评价，才能让自己在大学里如鱼得水，发挥自己的才能。

第三是为自己重建生活的目标。在上高中时，考大学是很多同学的目标。可是上大学后这个目标就实现了，而新的目标却不知在哪里。许多同学心理显得很茫然，不知接下来的生活应该怎么办。其实随着进入大学后思想的成熟和眼界的开阔，在经过一段时间探索后，就可以重新确立自己的人生目标。结合现状，制订自己实现人生价值的具体目标，逐步形成自己的一套目标体系，会让自己很快充实起来。

第四是从心态上主动适应全新环境。在上大学之前，同学们心中的大学是带着光环的，所有的想象都非常的美好。可是到了大学里并不是所有的事情都能尽如人意。可是抱怨或是发牢骚并不能解决问题，只有在现有的条件下看到自己想要一个什么样的结果，然后再根据自己的情况做好规划，才能在大学四年里有所收获。

第五是在大学里学会建立良好人际关系。人与人是各不相同的，即使是双胞胎也存在着差异。大学里的同学来自五湖四海，同学之间在思想观念、价值标准、生活方式、生活习惯等方面的差别就显得更加突出了。所以在遇到实际问题时会发生小的矛盾和冲突也是在所难免的。只有学会和

同学相处，学会处理同学间的矛盾和冲突，才能顺利地踏入社会。

其实每一个人都有着自己的生活习惯和价值体系，只要和别人生活在一起，你就应该连同他们的生活方式一起接受。如果感觉别人的生活方式妨碍了你，可以在私下里和他进行沟通，委婉地提出，同时自己也可以做一些调整。千万不要把矛盾公开化，搞得以后要花很多的精力来弥补。

另外，待人有礼貌不单单是指对师长，对同学也是一样的，主动打招呼，主动和同学讲话，主动帮助别人，会让自己的性格开朗起来，会让同学之间的关系更融洽。

三、请问您能否具体描述一下如何能增强一个人的自信心？

答：在大学的校园生活中，人总会有失意的时候。当你在学习、生活上遭受挫折时，怎样才能重新建立自信心呢？英国心理学家克列尔·拉依涅尔提出了10条帮助你增强自信心的方法。

1. 每天照三遍镜子。清晨走出宿舍之前，对着镜子修饰仪表，整理着装，务必使自己的外表处于最佳状态。午饭后，再照一遍镜子，修饰一下自己，保持整洁。晚上就寝前洗脸时再照照镜子。消除对自己仪表的不必要的担心，更有利于你将注意力集中到工作、学习上。

2. 不要总想着自己的身体缺陷。每个人都有各自的身体缺陷，完美无缺的人是不存在的，对自身的缺陷不要念念不忘，其实，别人往往并没有那么在意你的缺陷。只要少想，自我感觉就会更好。

3. 你感觉明显的事情，其他人不一定注意得到。当你在众人面前讲话感到面红耳赤时，你的听众可能只是看到你两腮红润，令人愉快而已。事实上你的窘态并没有那么容易被其他人发现。

4. 不要过多地指责别人。如果你常在心里指责别人，这种毛病就可能成为习惯。应逐渐克服这种缺点，总爱批评别人的人是缺乏自信的表现。

5. 多数人喜欢的是听众。因此，当别人讲话时，你不要急于用机智幽默的插话来博得别人对你的好感。你只要认真地倾听别人的讲话，他们就一定会喜欢你。

6. 为人坦诚，不要不懂装懂。对不懂的东西要坦白地承认，这不仅不会损害你的形象，还会给人以诚实可信的感觉。对别人的魅力和取得的成就要勇于承认，并致以钦佩和赞赏。

7. 在自己的身边找一个患难相助、荣辱与共的朋友。这样在任何情况下你都不会感到孤独。

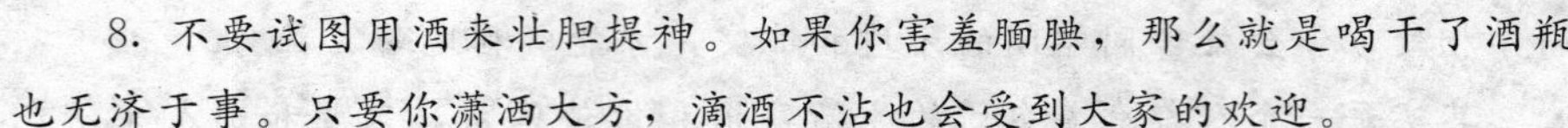

8. 不要试图用酒来壮胆提神。如果你害羞腼腆，那么就是喝干了酒瓶也无济于事。只要你潇洒大方，滴酒不沾也会受到大家的欢迎。

9. 拘谨可能使某些人对你含有敌意。如果某人不爱理你，不要总觉得自己有错。对于有敌意的人，不讲话虽不是唯一的方法，但却是最好的方法。

10. 一定要避免使自己处于一种不利的环境中。否则，当你处于这种不利情况时，虽然人们会对你表示同情，但他们同时也会感到比你地位优越而在心里轻视你。

四、请问当我心情糟糕时如何走出抑郁的阴影?

答：如果同学们能够有意识的掌握一些常用的自我心理调适方法，会让自己的紧张的心理放松下来，并能消除心理的压力，以更加积极的心态面对学习和生活。下边给同学们介绍几种排遣不良情绪的方法。

第一，转换能量，把情绪宣泄出来。人在受挫时，会产生很多负面情绪，这种情绪往往带有一些能量。在合适的场合将不良情绪所产生的能量发泄出来，会让自己变轻松。比如，在生气或是愤怒时可以到空旷的地方大喊几声，也可以进行像快跑这样的比较剧烈的体育活动，这时心理的能量变成体力上的能量释放出来了，情绪也会有所好转。

在感到痛苦和悲伤时，哭也是一种非常好的排解不良情绪的方法。其实流泪并不是懦弱的表现，在人的情绪不良时流出的泪里，含有一种有毒的化学物质，这种化学物质如果长期堆在身体里排遣不出来，会引起血压升高、心跳加快和消化不良。所以在有大悲大恸之事时，还是应该在亲人和朋友面前痛哭一场发泄一下。

第二，走进大自然。心情不好，压力大时一个人在屋子里只能让自己更加难受。如果到环境优美、空气宜人的花园或是郊外的田间小路中去走一走，活动一下身体，能开扩自己的胸怀，让自己身心愉悦。另外，长期处在紧张的状态之中的同学，能定期到大自然中去放松一下，对于保持身体健康、调节身心紧张非常有帮助。

第三，和可以信赖的人沟通。当人的情绪受到压抑时，如果一直藏在心里，特别是性格内向的同学，会给自己的身心带来伤害。如果把心里的烦恼、愤怒、痛苦等向亲人、朋友倾诉出来，会很容易丢掉坏情绪的包袱。其实在大学中，人际关系相对比较简单，但因为社会的阅历和生活的经历也很简单，所以容易将简单的问题复杂化，如果再钻进牛角尖，就会越来越急，越来越气，如果有局外人指点一下，可能就会茅塞顿开。即使

是倾听的人不了解情况，只要肯说出来，也会有很大的帮助。

第四，给自己一个正向的心理暗示。自我暗示是用思想和证词对自己施加影响，达到预防和治疗的目的。通过正向的心理暗示，可以舒缓紧张的情绪、排解心理的压力，调节自己的状态。如果在考试时感到紧张，可以在做一次深呼吸后，告诉自己："放松，放松。"在十分愤怒时，要先从一数到十再说话，同时可以想"别做自己后悔的事，伤害别人的同时，也会伤害自己"，各种自我提醒和暗示都能让人的心情平静下来。

第五，主动的让自己快乐起来。在心绪不佳、烦恼苦闷时，感觉周围的一切都是暗淡的，即使看到有趣的事或是高兴的事也笑不出来。这时如果能想办法让自己高兴起来，开怀地大笑起来，一切的烦恼都能丢开。

第六，以健康的方式生活着。健身运动是有效驱除不良心境的自助手段之一。有研究人员介绍，像跑步、体操、骑车、游泳、打球等这样的健身运动，能使身体产生一系列的生理变化，功效和提神醒脑的药物相似。再有，合理的饮食也能帮助我们营造良好的情绪。多吃水果、稻米和杂粮能增加大脑血液中复合胺的含量，会使人情绪自然平静。

第七，适当地转移自己的注意力。让自己把注意力从消极情绪的事情上转移开来，去看电影、电视，听音乐，散步或做其他有意义的事，把烦恼和苦闷暂时回避掉。

第八，从积极的方向去考虑事情，即换个角度看问题。在遇到挫折时，要从积极的方面去想，努力从不利因素中找到有利因素，从而调动自己的积极性。要知道，生活中经常会有"塞翁失马"、"因祸得福"的事。

第九，可以到专业的机构进行心理咨询和心理治疗。现在很多大学设有心理咨询中心或辅导中心，有专业的心理辅导老师。在老师的指导下，同学们能够调整好情绪，使身心更加健康的成长。

第二章

安全健康：携手青春，一样都不能少

第一节　生命——因安全而美丽

大学生，花儿一样的年龄，拥有着最为幸福的青春时光，也拥有着无可限量的前景。然而大学生的生命同样也是脆弱的，目前大学生的安全问题令人担忧。孔子曾说“未知生，焉知死”，同时儒家认为“身体发肤，受之父母，不可毁也”，中国传统的儒家思想着眼于现世的生命，强调生的价值与意义，我们多年来所受的教育同样要我们珍惜和热爱生命。

然而，这些年大学生自杀的例子屡有耳闻，意外死亡的也很多。如果说因为我们还年轻，我们的身体还健壮，在健康方面存在优势，那么安全问题就不同了，面对危险，生命是脆弱的。我们讲的安全主要包括财物安全和人身安全。一年有365天，一天有24小时，时时都要讲安全，时时都要注意安全，安全方面无小事。不要认为危险离我们很远，如果心存侥幸，危险将随时来到你的身边。希望同学们一定要注意人身安全，防止盗窃、抢劫、受骗等事件的发生，以免发生意外。

一、防范人为之险

(一) 防盗

对于大学生来说，最重要的是做好以下几点：

1. 贵重物品要放在带锁的抽屉、橱柜等安全保险的地方，不用时应予以寄存。

2. 平时要养成随手锁门关窗的习惯，晚上睡觉不要将贵重物品和衣物放于窗前、窗台。

3. 存折信用卡要加密，平时卡内不要存钱太多，不要与证件共放，丢失后要立即挂失。

4. 遵守宿舍管理规定，不留宿外来人员。

5. 保管好钥匙，不轻易借人。

6. 在公共场所，保管好随身携带的挎包、衣物。

7. 发现可疑人员时要提高警惕，加以询问，必要时拨打110电话报警。

(二) 防骗

高校诈骗作案的主要手段有：收集资料，行骗家长；招聘为名，设置骗局；求助为名，骗取信任；套取密码，偷梁换柱；假冒身份，借钱行骗；冒充学生，推销诈骗。

大学生要做好对校园诈骗的预防工作就必须提高防范意识，学会自我保护；交友要谨慎，避免以感情代替理智；同学之间要相互沟通，相互帮助；服从校园管理，自觉遵守校纪校规。

(三) 防抢劫

大学生要注意做好抢劫（抢夺）防范：

1. 夜间不要单独到昏暗偏僻的地方行走，若非去不可，应结伴而行。

2. 采取默认方式交出财物，使作案人放松警惕，看准时机向有人、有光的地方跑。

3. 与犯罪分子说笑斗口，巧妙麻痹作案人，看准时机进行反抗或逃脱其控制。

4. 利用有利地形和身边的砖头、木棒等与犯罪分子对峙或还击，使犯罪分子无法近身。

5. 注意观察，准确记住作案人体态、衣着等特征，并尽可能留下记号，记住逃跑方向后及时报警。

6. 大声呼救，或故意高声说话，引起周围人注意。

（四）防流氓滋扰

流氓滋扰主要是指对校园秩序的扰乱破坏，对大学生无端挑衅、侵害乃至伤害的行为。大学生应注意做好以下几点：

1. 讲究策略和方法，正面对其劝告，避免纠缠，防止事态扩大，遭到伤害。

2. 坚持以说理为主，不要轻易动手，同时又要注意留心观察、掌握证据。

3. 对公开侮辱、殴打自己同学等的恶性事件，要敢于见义勇为，挺身而出，积极地加以揭露和制止，并及时报警。

4. 将与他人的矛盾情况及时告知家长、老师和同学，请求帮助和支援。

5. 要增强运用法律保护意识。

二、防范意外之险

（一）防意外事故

大学生平时要注意做好以下几点：

1. 外出须在人行道内行走，没有人行道的靠路边行走，不要几个人并排走，不要在道路上扒车、追车、强行拦车或抛物击车。

2. 穿越马路要走人行横道线、天桥和地下通道，集中注意力，看清来往车辆，不要边走边打电话或随意招呼出租车。

3. 不坐超载或无证经营的车辆，不催司机开快车。

4. 不携带易燃、易爆等危险物品乘坐公共汽车、出租车或长途汽车。

5. 骑自行车不要载人，超车时注意前后车辆，不要互相追逐或曲折行驶。

6. 参加体育锻炼和体力劳动或做教学实验时要提高安全意识，严格规范动作，有特殊体质和特殊疾病要告知学校和老师，并办好相关手续。

7. 不违反校规，不私自外出游泳、登山。

（二）防火

防止发生火灾，关键是要做好火灾的预防。大学生在宿舍应注意以下几点：

1. 离开宿舍将室内所有电器插头拔掉，关好门窗，以确保室内财产安全。

2. 不要在宿舍内使用电炉、热得快、电热杯、酒精炉等器具，不要乱插充电设备，更不要私接电线。

3. 不要在宿舍内存储易燃、易爆物品，更不要在清理宿舍时焚烧书信、报纸等杂物，以免引起火灾事故。

4. 要爱护消防设施和灭火器材，不随意移动或挪作他用。

5. 自觉遵守宿舍安全管理规定，发现安全隐患及时向管理人员或有关部门报告。

6. 在教室、实验室和研究室学习或工作时，要严格遵守各项安全管理规定、操作规程和有关制度。

7. 涉及使用易燃易爆危险品时，一定要注意防火安全规定，按照规定一丝不苟地进行操作。

8. 不在蚊帐内点蜡烛看书，不躺在床上吸烟，不乱扔烟头。

9. 在宿舍内嗅到电线胶皮糊味，要及时报告，采取措施。

10. 台灯不要靠近枕头和被褥。

（三）火场学会逃生

若遇火灾时切记不要慌乱，注意以下九点：

1. 火灾发生时要迅速逃生，不要贪恋财物。

2. 平时就要了解掌握火灾逃生的基本方法，熟悉几条逃生路线。

3. 受到火势威胁时，要当机立断披上浸湿的衣物、被褥等向安全出口方向冲出去。

4. 穿过浓烟逃生时，要尽量使身体贴近地面，并用湿毛巾捂住口鼻。

5. 身上着火，千万不要奔跑，可就地打滚或用厚重衣物压灭火苗。

6. 遇火灾不可乘坐电梯，要向安全出口方向逃生。

7. 室外着火，门已发烫时，千万不要开门，以防大火窜入室内。要用浸湿的被褥、衣物等堵塞门窗，并泼水降温。

8. 若所有逃生路线都被大火封锁，要立即退回室内，用打手电筒、挥舞衣物、呼叫等方式向窗外发送求救信号，等待救援。

9. 不要盲目跳楼，可利用疏散楼梯、阳台、排水管等逃生，或把床单、被套撕成条状连成绳索，紧拴在窗框、铁栏杆等固定物上，顺绳滑下，或下到未着火的楼层脱离险境。

（四）旅游活动中的安全防范

旅游中的安全事故可分为两类，即：人身安全事故和财产安全事故。人身安全事故又包括：生病、伤亡事故、交通事故、治安事故、火灾事故等等。这里着重介绍旅游中的人身伤亡事故，概括起来主要有以下几种常见的情况：

1. 攀登失足。旅游名山都以雄、险、奇著称，如华山、黄山、庐山等。虽说“无限风光在险峰”，但那只是属于诗人的浪漫，如果你不顾危险追求无限风光，不幸发生人身伤害事故，恐怕就不会有诗人般的浪漫了。某高校十余名大学生相邀攀登学校附近的一座山峰，一位姓刘的同学自感体力超人，又有登山的经验，在前面为大家开路。爬到一半时因山势实在太陡，其他同学就劝刘某，别爬了，太危险，他不顾同学的劝告继续往山上爬。不久，后面的同学发现山上已没有动静，估计可能出了事，立即向学校报告，学校随后组织当地农民在山林中展开搜索，直到第二天才在一个十几米高的悬崖下找到了刘某的尸体。

2. 林中迷路。在原始森林内探险已成为一种旅游时尚，游人若不听指挥擅自行动，在山间小道、原始森林中迷路，造成人身伤亡的可能性很大。一位在中国留学的日本学生，到湖北著名的神农架原始森林旅游，在一处叫板壁岩的景点游览时，因为好奇没有按规定的路线走，独自一人进入森林，结果在林中迷路，当地警民在山里搜寻了三天也没找到他的踪迹。

3. 溺水身亡。在海滩戏水玩耍或搏击风浪是一件非常愉快的事情，也是大学生十分向往的旅游项目，但如果你不识水性，麻痹大意很容易酿成悲剧。

（五）旅游中发生安全事故的处理办法

1. 自救。一旦发生事故不能惊慌失措，等了解清楚你所处的环境和伤情后立足自救，一定要相信自己能够战胜困难，摆脱困境。

2. 求救。有时你依靠自己的力量实在无法摆脱困境，或因伤势太重不能活动时，只能耐心等待救援。在等待救援时要注意保持体力、坚定信念，还要不时发出求救信号。可以利用携带的通信工具，电筒、打火机的光线，也可以利用石头敲击发出声音，挥动色彩鲜艳的衣物等办法与外界联系。

三、女大学生宿舍应注意的安全问题

1. 经常检查门窗。如发现门窗损坏，及时报告有关部门修理。

2. 就寝前，要关好门窗，天热时也不能例外，特别是住在一楼的女生，就寝时一定要关好门窗，拉好窗帘，防止他人偷看或入室作案。

3. 在校外租房的女生尽量保证两人以上，随时关门，不要让陌生人进入室内。

4. 女生宿舍内不要留宿异性，尽量避免单独和男子在宿舍会面。

5. 住集体宿舍的女生，夜间上厕所，要格外小心。如厕所照明设备已

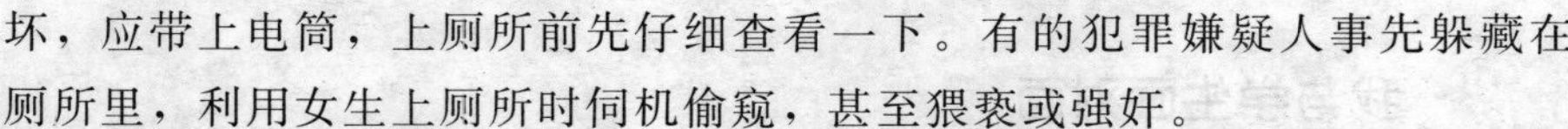

坏，应带上电筒，上厕所前先仔细查看一下。有的犯罪嫌疑人事先躲藏在厕所里，利用女生上厕所时伺机偷窥，甚至猥亵或强奸。

6. 如有人敲门，要问清是谁再开门。如发现有人想撬门砸窗进来，一方面积极寻求救助，另一方面准备可供搏斗的工具，作好反抗的准备。

7. 节假日期间，其他同学回家，最好不要独自一人住宿。回宿舍就寝时，要留心门窗是否敞开，防止有犯罪分子潜伏伺机作案。如遇异常情况，可请一两位同学同时进去，以确保安全。

8. 无论一人或多人在宿舍，当犯罪分子来侵害时，都要保持冷静，做到临危不惧，遇事而不乱。一方面求救，另一方面与犯罪分子作坚决斗争。

四、女大学生出行应注意的安全问题

1. 夜间行走要保持警惕。要走灯光明亮、往来行人较多的大道。对于路边黑暗处要有戒备，最好结伴而行，不要单独行走。

2. 女大学生外出时，最好结伴而行，遇有陌生男人问路，不要带路；向陌生男人问路，不要让他带路。

3. 不要穿过分暴露的衣衫和裙子，防止产生性诱惑，短裙过膝，上衣要包肩、不低胸、不露腰；不要穿行动不便的高跟鞋。

4. 不要搭乘陌生人的机动车、人力车或自行车，防止落入坏人圈套。

5. 遇到不怀好意的男人挑逗，要及时斥责，表现出自己应有的自信与刚强；如果碰到坏人，首先要高声呼救，假使四周无人，切莫慌张，要保持冷静，利用随身携带的物品，或就地取材进行自卫反抗，或采取周旋、拖延时间的办法等待救援。

我与学生面对面

一、听说社会上有许多传销组织，请问如何防范传销陷阱？

答：传销是我国法律明令禁止的行为，传销组织主要是采用非法传销手段进行谋利活动。传销常见手段如下：

1. 抓住学生急于找工作的心理，以高回报和“参与创业”为诱饵进行欺骗。

2. 人身自由受到限制，以上课、谈心、感情交流等方式进行思想控制。

3. 洗脑后，学生被传销组织提出的平等、互爱等虚拟的东西所诱惑，对传销暴富神话产生浓厚兴趣，急于想改变自身现状。

4. 以要好的同学、亲友为发展对象，诱使其参与非法传销活动。

5. 要求交纳高额传销费用，金额大都在5000元左右。

防范方法：坚决不参与，同时需做到以下几点。

1. 了解非法传销的欺诈本质，明确传销活动系非法活动，增强抵制各种诱惑的自觉性。

2. 不要将个人信息资料轻易告诉他人，以防被人以招聘、社会实践等活动为名诱入传销活动。

3. 到正规的人才市场应聘工作，不要轻信同学、朋友优厚待遇的许诺。

4. 若发现不法分子在进行非法传销活动，应及时报警或向学校保卫部门报告。

二、在发现火灾时最紧要做的事情是什么？

答：在发现火灾时第一件事是拨打火警电话。火警电话是专用紧急电话，现在全国统一规定使用的火警电话号码是“119”。当有火灾时，第一，打电话时要沉着冷静，就近用寝室的外线电话直接拨打“119”，而后往学校的保卫部门打电话。这样做是为了避免来回折腾，延误时间，以致酿成严重火灾。第二，当听到对方报“消防队”时，即可讲清着火的对象、类型和范围。第三，要注意对方的提问，并把自己所用的电话号码告诉对方，以便联系。第四，当对方讲“消防队来了”，即可将电话挂断，并立即派人在校门口和必经的交叉路口等候，引导消防车迅速到达火场。

三、我们如何防范交通事故的发生，如果发生了又该如何去处理呢？

答：（一）交通事故的防范

1. 提高交通安全意识。不管是校内还是校外，发生交通事故最主要的

原因是思想麻痹、安全意识淡薄。作为一名在校大学生遵守交通法规是最起码的要求。若缺乏交通安全意识很容易带来生命之忧。

2. 自觉遵守交通法规。

(1) 在道路上行走，应走人行道，无人行道时靠右边行走。走路时要集中精力，“眼观六路，耳听八方”；不与机动车抢道，不突然横穿马路、翻越护拦，过街走人行横道；不闯红灯，不进入标有“禁止行人通行”、“危险”等标志的地方。

(2) 乘坐交通工具。乘坐市内公共交通应等车停稳后，依次上车，不挤不抢。车辆行驶中不得把身体伸出窗外；乘坐长途客车、中巴车时不能贪图便宜，乘坐车况不好的车，不要乘坐“黑巴”、“摩的”，因为这些车辆安全没有保障。乘坐火车、轮船、飞机时必须遵守车站、码头和机场的各项安全管理规定。

(二) 发生交通事故的处理办法

1. 及时报案。无论在校外还是在校内，一旦发生交通事故，首先想到的是及时报案，有利于事故的公正处理，千万不能与肇事者“私了”。若在校外发生交通事故除及时报案外，还应该及时与学校取得联系，由学校出面处理有关事宜。

2. 保护现场。事故现场的勘查结论是划分事故责任的依据之一，若现场没有保护好会给交通事故的处理带来困难，造成“有理说不清”的情况。切记，发生交通事故后要保护好事故现场。

3. 控制肇事者。若肇事者想逃脱一定要设法控制，自己不能控制可以发动周围的人帮忙控制，若实在无法控制也要记住肇事车辆的牌号等特征。

第二节　青春——因健康而飞扬

一、身体健康

联合国卫生组织对健康的定义是：不仅指身体没有疾病，还要有良好的生理、心理状态和较强的社会适应能力。如：

有充沛精力，能从容不迫地对待日常生活和工作，而不感到精神压力；处事乐观，态度积极，能勇于承担责任；善于休息，睡眠良好；适应能力强；体重合适，身体挺拔、匀称；眼睛明亮，反应敏捷……

对照标准看看我们的校园中，大学生健康状况到底如何？大学生参加体育锻炼的情况是否令人乐观？

1. 调查显示，未老先衰

2004 年 12 月，北方工业大学一名学生在体育课上进行体能测试时猝死；2005 年 1 月，吉林省一名大学生在期末考试过程中突然倒地身亡；西北第二民族学院一名大学生猝死在练长拳的体育课上；北京邮电大学计算机系 2006 级一名本科生踢球时突然倒地猝死……

年轻生命的猝然逝去，大学生整体身体素质的现状，值得我们深思。大学生的健康状况恶化不仅损害个人的幸福，也必将给社会带来难以想象的负担。大学生健康问题已经不容忽视。

原国家教委曾对 12 万名大学生身体健康进行了一项抽样调查。调查显示，80％的学生视力近视；13.3％的学生因心理压力而患心理疾病。

近几年，教育部、国家体育总局、卫生部、国家民族事务委员会和科学技术部的联合调研结果也表明：我国大学生的身高、体重等形态发育指标水平呈增长趋势，反应速度、力量的素质指标有所提高，营养状况得到较大改善，但学生体能素质、肺活量指标持续下降，肥胖学生的比例明显增多，近视眼发病率居高不下，多数大学生心理素质不高、抗挫折能力差。

我们再来看看一位医学专业大学生的非专业调查结果（调查基数为 92 人，年龄段 19～24 岁）。

发质：比较好的一头乌黑头发的，22 人，其余 70 人都有不同程度的白发，除了一名白化病患者之外，都还正常。

面容：憔悴和蜡黄的并不是很多，但是很容易维持在 15 人左右，特别是频繁熬夜的，一个个面容灰白。

体态：肥胖的越来越多，92 人中只有 31 人体态比较匀称，包括干巴猴一样的纯瘦子，其他的人都十分肥胖，尤其是女生。

步态：基本正常，除了练轻功的走路速度比较轻快之外，其他的人都比较蹒跚。

视力：基本都不正常，92 人中 84 个戴眼镜的，还包括弱视、散光、青光眼。

听力：有 64 人耳背，这是因为他们长期用耳机听 MP3 以及用电脑耳机的缘故，无论是耳朵的结构还是脑部的听力反射区，都出了问题。手机辐射，对于他们的听力和脑袋的反应能力也有很大的影响。所以在四六级考试的时候，很多人听力都听不清楚。

嗅觉：女生普遍比男生的要好，因为男生都喜欢吸烟，学医的也不例外，所以易患咽炎、鼻炎，一般情况下嗅觉都不太灵敏，而且有的人痰很多。

味觉：这个对于医学院的学生很重要，结果还是有很多人，无论男女都喜欢肥甘厚味，所以一般情况下味觉也都颇有迟钝，特别是爱吃麻辣烫的人，味觉就更不好，因为舌头上的味蕾已经基本被损坏殆尽。

触觉：很多人的手都不太好使，养尊处优惯了，除了上网打字或者写字，别的都不怎么好使。

2. 原因分析

青春洋溢、朝气蓬勃的年轻人怎么成了“柔弱一族”呢？是什么侵害了大学生的健康？

首先，体育锻炼太少了。

大学生从上小学开始，上课、考试、拿分数的思想已经根深蒂固，体育课也不例外，课上往往存在着：考什么就学什么练什么的现象，这在一定程度上扭曲了体育应有的魅力。大学之前的体育课常常是得不到有效保证的，它经常为其他文化课让路，升学的压力怠慢了身体的锻炼。大学生在升入大学之前的中学阶段，每天用于做功课的时间多达十四五个小时，很少抽时间去锻炼，即使运动一下，也很难达到锻炼的强度，这使得许多

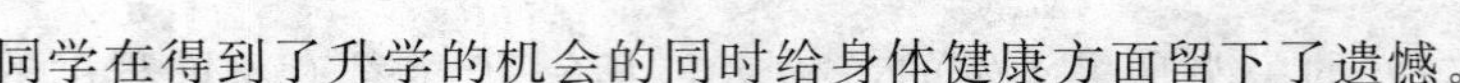

同学在得到了升学的机会的同时给身体健康方面留下了遗憾。

此外，大学生参加体育锻炼意识淡薄。不少大学生将大量的时间用在上网、玩电子游戏、打牌、做作业等事情上，这些导致了大学生出现肥胖、近视等身体不健康现象。

其次，不良的生活和饮食习惯。

小林是地处珠海区的某大学女生，身体比较瘦弱。上个学期报考了GRE之后，整天背单词、听英语、做习题。在忙碌的学习中，渐渐忽略了饮食问题，常随便吃点东西就打发一餐，饿了就不停吃零食。有一次居然在短短时间内把两斤番薯干吃完，正餐却一点胃口都没有了。最终她因身体和精神方面的原因放弃了考试。

应付考试，猛吃零食，减肥节食，弱不禁风。目前，不少学生为了应付各种考试、作业等而熬夜，没能合理安排作息时间和饮食起居，导致精神紧张，身体超负荷运转。不少女生为了追求身材苗条，但又不多运动，就靠节食来减肥。往往是以"零食为主，吃饭为辅"，连人体最基本的需求也达不到，更别谈强健体魄了。每天的早饭为一个上午的学习和工作等体力和脑力劳动提供能量，而许多同学却不吃早饭。有的男生染上了抽烟、喝酒、通宵上网的不良习惯。许多同学晚上喜欢加餐，使入睡后的肠胃继续工作，严重影响了睡眠质量。以上种种，都是大学生常见的不良生活和饮食习惯，这些不良习惯严重地侵蚀着我们的身体健康。

最后，不重视休息。

大学生总以为自己年轻，有资本，不需要休息那么长时间，甚至有的还认为休息多了是浪费时间。大学生每天晚上凌晨以后才入睡已是司空见惯。早上如果有课还必须早起，中午午睡的也不多。大学生不重视休息除了以上提到的自身意识外，社会的压力也是造成这一现象的重要原因。其实，有一部分大学生也不是没有意识到休息的重要性，或者说他们根本没有时间去意识，他们疲于学习、疲于兼职，社会给他们压力很大，"吃得苦中苦，方为人上人"已成为指导他们人生的座右铭。许多教师也用类似的言语激励可怜的学生们，"我在读书的时候可比你们用功多了，每天看书到两点多，早上六点多起，看看你们，一个个都睡那么长时间，还想有什么成就?"

3. 健康身体，美丽人生

(1) 好睡眠，好身体

失眠是大学新生中常见的生理问题。大学新生的失眠，基本上都是心

理因素造成的。越担心越睡不着，越睡不着越担心。一些大学新生常常觉得疲劳、失眠、乏力，记忆力好像也大大下降。

养生之诀，当以睡眠居先，睡能还精，睡能养气，睡能健脾益胃，睡能坚骨强筋。

每天睡多少觉合适，要因人而异，大多数人需要保证7到10个小时的睡眠。美国斯坦福大学人类睡眠研究中心推荐了两种方法，可以帮你好好计算一下自己到底需要睡多长时间。利用度假时间计算，专家建议人们在度假时记录自己每天大概睡了几个小时。度假期间身体会自行调整，假期结束时（一般需要5天以上），你的身体一般会调整到自然的睡眠模式，这个时候晚上睡几个小时，应该就是符合你身体需要的理想睡眠时间。没有机会度假的人又该怎么办呢？睡眠研究中心主任库什达博士说，可以计算工作日睡眠时间与周末睡眠时间的平均值，自己把握一个合适的时间段。专家提醒人们，一旦计算出自己需要多少睡眠，就应该制定一个作息时间表，坚决按它执行。

首先，每天必须准时上床。一般地说，睡眠最理想的时间是晚上9时至11时。如果太晚则难以保证足够的睡眠，而且对皮肤十分不利。最好自然入睡，自然醒来。如果需要闹钟叫醒你，也要把它设定在固定时间，这样有助于调校你的生物钟。

此外，白天的小憩应该控制在45分钟以内。这个时间足以帮你恢复精力，如果时间过长，醒来后你仍然会感觉昏头昏脑，而且影响晚上的睡眠。

最后，教你六大秘诀，保证优质的睡眠。

秘诀1——避免咖啡因、酒精和烟草

含有咖啡因的饮料，例如咖啡、茶、苏打水和巧克力会导致人类神经的兴奋，进而影响睡眠质量。而酒精，虽然在某种程度上会让人发困，但是这种困倦并不会持续整个晚上，酒精可以发挥镇静剂的作用，然而随着身体中酒精浓度的下降，我们的睡眠将会受到干扰。

秘诀2——热牛奶或草药茶

牛奶中的钙可以帮助人体更好地放松，如果是热腾腾的牛奶效果就更佳了。不过也许并不是每个人都喜欢牛奶的味道，那么他们可以选择草药茶，这些茶专门针对睡眠而制造，对放松身心提高睡眠质量大有帮助。

秘诀 3——创造一个良好的睡眠环境

请注意：就寝的房间对于睡眠质量起到至关重要的作用。保证它黑暗、干净并且通风良好，保持室内有合适的温度。

秘诀 4——白天不要打盹

白天的小憩无疑会影响到夜间的睡眠。比起白天的打盹，毫无疑问，夜间的睡眠质量要高出许多。

秘诀 5——有一个好的作息时间

生活不能单调乏味，但是身体却对严格的时间安排情有独钟。请尝试每天在同一时间起床和就寝，即使是周末也不要放纵自己。

秘诀 6——心中要有对床的正确认识

床的功能只有一个，那就是睡觉。许多人喜欢在床上读书和工作，或者看电视，甚至吃东西，这样会对你的潜意识造成影响，对床的功能产生错误的认识。

另外，在睡眠之前请不要看电视或者读书超过 30 分钟。如果那样，精神将会保持在亢奋状态。

以上有些方法可能不一定适合大学生，大学生可以根据提供的不同方法，选择性地尝试，但是切不可依赖于这些方法，这些方法仅仅是调节作用，最终目的是达到自然状态的好睡眠。

（2）生命在于运动

国家体育总局提倡：每天锻炼一小时，健康工作 50 年，幸福生活一辈子。

生命在于运动。体育锻炼是积极的保健投资。但是“学习太忙，没时间锻炼”、“身体健康，自我感觉良好，锻不锻炼关系不大”成了许多大学生冷落体育锻炼的借口。调查发现，有近半数的大学生在体育课之外，很少甚至没有从事其他体育活动。一、二年级的体育锻炼比高年级同学频繁，因为他们有体育必修课。在三、四年级的大学生中，大部分学生连一周一小时的锻炼时间也不能保证。大学校园里早上锻炼最多的是中、老年人。此外，学校体育场地的紧张在一定程度上加重了学生对体育锻炼的冷落。有的同学好不容易有了健身的念头，去体育场一看，早已人满为患。另外出于经济的考虑，有的学校一些体育场地实行有偿服务，打一小时网球 10 元，健身房锻炼每小时 5 元。虽说不贵，但对学生来说，就是一两天的生活费，自然就属于“贵族运动”了。不少学生“望而生畏”，或者只能偶尔“奢侈一把”。还有的学生因为学业繁重，或者早上起不来，常常自认为心有余而力不足。那么，该如何改变现状呢？

①把握“今天”

对于大学生来说，体育锻炼常常会有决心没有行动，有开始没有坚持，克服这些问题的秘诀是“努力追求今日”。时间不可逆转，你能够使用的只有被给予的那一瞬间，也就是今天、现在。一日之计在于晨。

首先，你应该早点起床做运动，赖床是健身的大敌。你若想改头换面做一个迎向朝阳的人，刚开始必然是困难重重，但是千万不要气馁。先强迫自己与太阳同时起床，梳洗完毕再做晨跑或早操，不但可伸展肌肉，而且早晨的新鲜空气会使你精神振奋，上课不会打瞌睡，吃饭时也会胃口大开。适当的锻炼会使你在晚上带着适度的疲倦，带着充实与满足的微笑很快入梦。这会是一个良好的开端。

其次，“今天”是你唯一拥有的时间。昨天是作废的支票，明天是尚未兑现的期票，只有今天是流通性的现金。所以把握每一个今天，并且好好地充实今天，切实实行“今天”的行动策略，你才能把体育锻炼坚持下来。在每一个“今天”的健身之中，你会拥有坚强意志、勇气和信心以及喜悦的心情。如果能做到这一点，“健身不能持之以恒”的毛病就会痊愈了。

②“顺其自然”的健身方式

不要认为体育锻炼就必须有专门的场地、专门的时间、专门的工具、特有的心情。其实，健身运动就在日常生活中。休闲运动是消除身心紧张最有效的方法。有很多的运动方式，要受到场地、设施、天气、运动器械等方面的制约。对于学生来说，最因地制宜、最容易坚持、最贴近生活的运动就是骑自行车和爬楼梯。骑自行车的优点很多，一是专人专用，说走就走，说停就停，全由自己支配；二是不挤，上车就有座位，不像网球什么的要等场地，挤的时候还排不上队；三是时间有保证，可长可短；四是郊外空气清新、阳光灿烂，于健康有利。骑车不仅活动筋骨，还能锻炼神经。它使人头脑灵活，反应敏捷，这是在路上的锻炼方法。进了教学楼上课，又另有一种可取的活动，就是上下楼梯。所以建议你别坐电梯，用跑的速度，每天上下楼梯。时间长了，你就能面不改色气不喘，在平地上更可健步如飞。上下楼梯的健身运动，你不妨试试看，一定会有意想不到的效果。

③信念造就健美的身躯和积极的人生

从体育锻炼开始，信念和意志会使平凡的你做出惊人的成绩，并进而以最有上进心、最积极、最有意志力的态度投入生活，从而总能以更强的信念和毅力去实现下一个人生目标。

（3）合理的饮食习惯，平衡的膳食结构

孔子："食不厌精，脍不厌细。"

食者，万物之始，人之所本者也。——《尚书·大传》

长寿之道，在于养生。养生之道，在于饮食。——《黄帝内经》

吃出健康是对饮食的基本要求，然而吃出健康也并非易事。看看大街上的行人，肥胖的有多少？充满活力的有多少？一般来说，在读的大学生较少有机会吃成大腹便便，但有暴饮暴食以及诸多不良的生活习惯者很多。

为满足身体的各种营养需要，有足够的热能维持正常的机体活动，增强抵抗力，保证身体健康，保证学习工作，大学生要有良好的饮食习惯和生活习惯，三餐要定时、定量，勿暴饮暴食，提倡均衡饮食，纠正偏食，合理配餐，保证营养。

目前许多大学生的饮食花费虽不少，但不懂得摄取合理的营养，蛋白质、热量摄入不足，三餐分布不当，饮食习惯不佳，很多胃病都是在大学期间养成的。大学生在校学习期间，应该养成一些吃出健康的习惯，并不断地收集这方面的资料，注意"吃"的学问，因为"吃"这门学问是伴随我们一生的。作为大学新生，离开熟悉的环境，饮食也就开始脱离家庭，完全由自己掌控，所以从开始进入新的环境就要注意这方面的问题。

人们每日饮食离不开饭、菜、汤和水果。那么，饮食有什么讲究呢？

俗话说："饭前喝汤，胜似药方。"吃饭前先喝几口汤，等于给消化道增加"润滑剂"，使食物能顺利下咽，防止干硬食物刺激消化道黏膜，有益于肠胃对食物的消化吸收。若饭前不喝汤，吃饭时也不进汤水，则饭后会因胃液的大量分泌使体液丧失过多而导致口渴。如果这时再喝水，反而会冲淡胃液，影响食物的消化吸收。所以，营养学家认为，养成饭前和吃饭时进汤水的习惯，有利于消化，还可以减少食道炎、胃炎等疾病的发生。

果蔬是人们日常饮食中重要的副产品，富含各种糖、有机酸、矿物质、维生素和蛋白质，对维持人体生理功能起着重要作用。水果无需通过胃来消化，直接进入小肠就被消化了。米饭、面食、肉食等含淀粉及蛋白质成分的食物，需要在胃内停留一段时间。如果进餐后立即吃水果，不易消化的淀粉、蛋白质会阻塞易消化的水果。

因此正确的进餐顺序应该是：汤→蔬菜→饭→肉→半小时后再食用水果。

大学生是未来社会的主力军，他们还年轻，让社会都来关注他们的健康吧。大学生应该充分意识到身体是一切的根本，从点滴做起，使身体保持良好的状态。一个不懂得爱自己的人很难成为一个有用的人，这里的爱当然包括对身体的爱惜。擅长情感抒写的亦舒曾说：我要很多很多的爱。如果没有爱，那么就很多很多的钱。如果两样都没有，有健康也是好的。请大学生们也记得这句话吧！从刚入学就开始形成良好的意识，培养良好的生活习惯，只有健康的人生才是美丽的人生。

二、心理健康：掀起你的盖头来

虽有优异的成绩，却不懂得与人交往，是个寂寞的人；

虽有过人的智商，却不懂得控制自己的情绪，是一个危险的人；

虽有超人的推理，却不了解自己，是个迷茫的人。

大学阶段，是一个人的生理和心理都迅速发展的阶段。伴随着个体心理迅速走向成熟而又尚未完全成熟的过渡，由于生活环境、学习特点、人际关系等因素的改变，许多大学生表现出不适应，甚至出现心理障碍等问题，严重影响生活和学习。因此，正确认识和分析大学生的心理状况，并进行有效的疏导和调整，对他们今后的学习和人生都将产生重要影响。

近几年来，大学生心理健康教育问题逐渐突显出来。虽然没有完全的统计数字，但是一系列令人心痛的事实警示人们：对大学生心理健康的重视刻不容缓。

2002 年 2 月 23 日，清华大学刘海洋用浓硫酸向公园里黑熊泼去。

2004 年 2 月，云南大学马加爵残忍杀死四名同学，震惊全国。

2005 年 6 月，东北某大学一毕业生在距毕业离校 17 天时，以跳楼的方式告别了灿烂的青春。

2008 年 10 月 28 日，中国政法大学学生付成励持刀杀死正在教室上课的法学院教授。

2009 年 4 月 15 日，北京理工大学一名男生从 8 楼跳下，当场身亡。

2010年3月22日，北京邮电大学09级博士研究生吴某某跳楼自杀。

……

除了这些少数的极端行为，在普通大学生身上体现出的不同程度的空虚、无聊、郁闷、压抑，甚至觉得生活毫无意义的状况令人担忧。据报道，大连市某高校装修一新的教学楼刚投入使用不到一个月，崭新干净的课桌上就被一些学子写上了发泄不满的话语、戏弄人的顺口溜以及黄色的涂鸦。这些“课桌文化”，从一个侧面反映出大学生的心理健康问题。人们不禁失声追问——现在的大学生怎么了？

(一) 学子正识愁滋味，心理健康令人忧

一桩一桩血的事实，像针一般扎进我们的眼睛，你是否感觉到触目惊心？然而，比事实更加触目惊心的是数字。

据2009年国家卫生部召开的青少年心理健康问题座谈会上透露的消息，目前全国有3000万青少年存在不同程度的心理问题，我国青少年行为问题检出率为12.97%；大学生中15.4%有心理问题，以焦虑不安、强迫症、神经衰弱等症状为主。因为精神疾病休学的人数占因病休学人数的37.9%，因精神疾病退学的人数占因病总退学人数的64.4%。而近几年因心理问题不能正常学习和生活而休学或退学的学生人数有逐年上升的趋势。这些数字足以说明，现在大学生的心理健康问题已经十分突出。

当下我国社会经济发展速度加快，而大学生多在应试教育体制下完成了从小学到中学的学业，习惯了中学校园内风平浪静的节奏，来到大学猛然身处自由氛围内，有了自主意识，自然就会产生心灵上的迷惘。可以说，大学生的心理健康问题要比其他阶段的学生更值得关注和探究。

因心理问题采取极端方式的学生在增多，而采取极端方式的学生中以好学生居多。一年级大学生集中表现为适应大学生活问题，进入大学后，一部分大学生表现出对新生活及环境的不适应，出现忧郁、焦虑，由原来依赖父母的小家庭生活过渡到相对独立的大学集体生活，心理上产生一种孤独感，并兼有学习问题、环境适应问题、人际交往问题；二年级依次为人际交往、学习与事业、情感与恋爱问题；三年级集中在自我表现发展与能力培养、人际交往、恋爱与情感问题；四年级则以择业问题为多数，兼有恋爱问题、未来发展和能力培养问题等。

当代大学的心理问题主要有以下几个方面：

1. 学习与发展迷茫

自主学习是大学的特点。一些学生在进入大学后未能掌握大学学习的方法，导致考试失利，从而带来厌学、自卑、自信心下降等一系列心理问题。一些同学甚至会患上考试焦虑症，从而引发一系列生理上的问题。学会“学习”成为大学生成才的重要一步。学会学习的实质就是要形成良好的学习心理。一些初入大学的大学生正是由于没有形成良好的学习心理，才阻碍了知识的获得和智能的发展，甚至导致整个心理状态的混乱。

如果说学习的苦恼往往出现在低年级的学生身上，那么毕业生最大的三个心病分别是：就业应聘中的艰难、考研坚守的迷惘以及遭遇爱情分离的考验。

近几年来，由于社会竞争的加剧，就业市场的不景气，大学生找比较理想的工作越来越困难。这对大学里众多高年级学生造成很大的精神压力，使他们因焦虑、自卑而失去安全感，许多心理问题也随之产生。

安徽某学院的小杨出语惊人：“我现在一见到笑容满面的人就有种想上去打一架的冲动。”即将毕业的他已经参加了4场招聘会，都没有找到合适的职位，心情极度沮丧的他对得意之人充满了一股莫名的仇恨。大学生不再由国家统包统分，他们必须进入人才市场，实行双向选择。现实明白地告诉他们，大学毕业就等于“捧铁饭碗”的美好生活已成为历史，职业稳定感荡然无存，而找不到工作就意味着艰难地投资了几年的希望将成为泡影。在当今流行“关系”的社会风气下，大学生认同竞争，赞成双向选择，但又担心机会不均，找不到合乎心意的工作。在这种情况下，大学生容易颓废、暴躁或抑郁。这是他们生活中最大的困难之一。

大学生活中的爱情也许是甜蜜的，但毕业时面临的分分合合却是现实和残酷的。一位男生虽然和女朋友约定要通过各自努力争取以后在一起，但对于将来，其实谁心里也没有底。潜在的或实际的分手威胁，时刻困扰着一部分毕业生的生活。

众多毕业生在这样的十字路口徘徊。如何面对早晚都要涉入社会的现实，给自己未来的发展方向定位，是他们心理的一个结。而目前高校针对毕业生的主要工作是提供就业信息，心理指导这方面做的较少。如何指导大学生在毕业之际保持良好的心态，是未来高校心理健康教育工作重要任务之一。

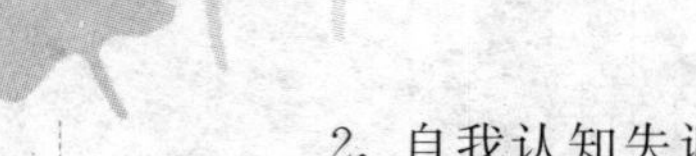

2. 自我认知失调

中国大学生经过无数次激烈紧张的选拔才进入高校，却对自己人生最起码的存在状态表现出无知。他们最想弄明白的三个问题分别是：我是谁？我能做什么？我应该怎么去做？问题看起来如此简单，却非常难以回答。

多数大学生从小被动接受家庭、学校的强制教育，一直在为博得父母、亲朋、老师等其他人的喜欢去学习、考试，从未体验过真的自我，到了大学后这种矛盾激化，影响到大学生心理健康。

安徽省某高校通过连续几年跟踪调查显示，与上世纪90年代相比，当代大学生呈现出的心理问题增多，而且在重要性次序上发生了变化。情感、社会交往和学习在老一代大学生心理问题上的重要程度分列前三位，现在的前三位仍是这些问题，但社会交往上升到第一位，学习问题排第二，情感在第三位。外表、就业、性等因素也成为大学生心理咨询的新热点。所有这些问题归根到底都是大学生的自我认知问题。

“我今年23了，狗屁都不会干，自私无聊爱慕虚荣人还挺贱，老妈说，你就在学校给我好好地念，我说着容易心里却在犯难。我是社会养活的宠物还是废物？苟且地活着是我的权利还是义务？别看在学校人五人六，书到用时方恨少心里有数。”这首在大学盛行一时的校园歌曲也许正表达着大学生们的共同困惑：我是谁？

3. 人际关系障碍

“踏着铃声进出课堂，宿舍里面不声不响，互联网上述说衷肠。”这句顺口溜实际上反映了相当一部分大学生的交际现状。现代大学生的交际困难主要表现为不会独立生活，不知道如何与人沟通，缺乏交往的技巧与原则。有的同学有自闭倾向，不愿与人交往；有的同学为交际而交际，不惜牺牲原则随波逐流。

4. 承受挫折心理脆弱

由于绝大多数大学生是在家长和老师的保护下一帆风顺地成长起来的，很少具备独立承受挫折的心理能力。因而，在生活中遭到挫折束手无策，从而造成焦虑、烦恼、自卑、嫉妒、失望、逆反等各种不良心理。

合肥某知名高校的一名计算机系大学生，由于专业课的需要，买了一台个人电脑。但由于他对装机知识一知半解，买回的是一台“烂机”——经常死机，不能够正常使用。室友看到后就提醒他，说他的电脑有可能是

用别人用过的二手零件组装的。这就在他心里落下了心病。后来他虽然也找过电脑商要求退货，但商家矢口否认，最后也没有结果。随着日子一天天过去，电脑照样还是“瘫痪”在自己的桌子上。这对于家里并不富裕的他是一个不小的打击。就因为这件事，室友和同学有时会嘲笑他一番，虽然他在表面上不做声，但心里早已有了一个解不开的疙瘩。后来他的哥哥来学校看他，知道这件事后也责怪他，说他笨。本以为可以得到安慰的他心情更是雪上加霜。再加上后来学习成绩不理想，让他从一个“尖子生”沦落为大家眼中的后进生。由此，他产生了强烈的“处处不如人”的自卑心理，甚至有了“生不如死”的想法。要不是心理咨询老师的帮助，他可能已走上了不归路。

某大学生上中学时，一直担任团总支、学生会主要干部，进入大学后，发现周围大多数同学都有同样辉煌的经历。自信心和虚荣心驱使他在新环境中为再现以往的辉煌而奋斗。结果竞选失败了。起初，他把当了干部的同学当作攻击对象，处处发难，经常与集体行为抗衡，结果不但没有使自己摆脱困境，反而受到多数同学的冷落。面对众人的冷眼，他感到孤独和恐惧。在孤独和恐惧中，他从“为人莫当官，当官都一般”的古训中找到了分析问题的“方法论”，认为只有吹牛拍马的人才能当干部，当了干部的学生都是一副奴才相、“马屁精”，于是他从鄙视学生干部的行为中，求得自我心理平衡。

5. 就业焦虑症

虽然刚刚入学，但大学一年级的新生们就已经闻到了就业战场的硝烟。家长、老师、同学们有意无意说起的就业难，以及缺乏对就业市场的了解，大学新生一迈进大学校门就开始为四年后的就业问题而焦虑不安。就业焦虑取代了高考焦虑，困扰着一些新生。

当生活出现变化，产生一定的焦虑心理是正常的。从某种意义上看，这种焦虑并非坏事，它会让人们今后在如何上大学、大学毕业于后我能做什么等问题的考虑上变得更加理性。焦虑还会让新生学习思考如何更加合理和有效地度过大学生活，以便为未来的生活做准备。但是，如果过度焦虑，不但不能有效地采取应对措施，反而会乱了方寸，影响了正常的学习和日常生活。

据了解，目前各高校中就业指导主要还是面对毕业生。针对这种情况，有些高校针对大学新生安排了相关的心理咨询和辅导。把“如何做好

职业规划”、“如何缓解就业心理压力”作为每一个新生入学的必修专题，由专职老师讲授。

（二）大学生常见心理问题产生的原因

大学生常见的心理困惑从何而来？概括来说就是一“高”一“低”：“高”，大学生是承载社会、家长高期望值的群体，自我成才欲望非常强烈；“低”，其心理发展尚未完全成熟、稳定，缺乏社会经验，适应能力较低。正是这“欲”与“不能”之间的矛盾造成了大学生的心理问题。具体来说，可以从三个方面考虑。

原因之一：家庭教育的影响

长期以来，在高考指挥棒的调遣下，学校和家长在教育学生的过程中往往采用应试教育的方法，只重视智力教育，而没有将培养学生心理素质渗透到其中，忽略了学生健康人格的培养。同时，在教养方式上，相当一部分家长因为受教育程度较低，多采用简单、粗暴的传统的家长制手段。这种消极的教养方式，容易使子女形成敏感多疑、自卑易怒、抑郁焦虑、偏执敌对等不健康的品质。

很多问题是个体在所处的家庭环境、小学到高中所受的教育中长期累积潜伏下来的。例如，独生子女在家庭中受到溺爱保护过多，缺乏独立生活、自我调节能力；贫困家庭的子女承受过高的、孤注一掷的沉重期望，不能实现就“无法交差”的心理压力巨大；中学教育重成绩、轻能力，缺乏对学生完善人格的培养等。这些问题往往在大学这个特定的学习、生活环境中逐渐暴露出来。

总之，大学生的心理健康水平与学校、父母的教育观念、家庭教养方式之间的关系存在着不同程度的正相关。

原因之二：大学生群体自身因素

大学生正处于独立生活的断乳期，存在独立性与依赖性、幼稚性与成熟性、理解性与闭锁性之间的矛盾，即一些教育专家所说的“心理年龄与生理年龄不同步”。这是青少年在成长过程中阶段性的必然反映。

1. 特殊的年龄阶段

大学新生一般在18岁左右，心理发展处在从不成熟迅速走向成熟的过渡阶段，集中表现为三种情况：一是他们正处在人生的“第二次断乳期”，心理充满着矛盾和危机，情绪具有明显的冲动性和突发性。二是他们由于受“青年期闭锁性心理”的影响，使交往受到自我保护机制的干扰，往往

自己设置心理屏障，愿交友又不太信友，想恋群又不太合群，常出现想倾诉又没有诉说对象的现象。三是个体的性生理逐渐发育成熟，由于他们所处的年龄阶段和特殊环境，恋爱与性的问题很难处理好，往往存在内心压抑和苦闷。

2. 新环境的挑战

一是物质环境的挑战。很多高等院校在扩招的影响下，由于资金相对不足，致使校园空间相对狭小，人口密度过大，宿舍、食堂、图书馆等过分拥挤。干扰理论模型指出：在空间拥挤的情况下，人经常会表现出烦躁不安、具有攻击性，心理上易产生无助感和压抑感。二是精神环境的挑战。大学新生要面临生活上的自理、管理上的自治、学习上的自觉、人格上的自立、思想上的自育。这些新环境的挑战让人一时从思想感情上很难去适应，部分新生就难免会出现一些心理困惑，如学习问题、人际交往问题等。

原因之三：社会文化的影响

社会文化的影响主要有三种情况：一是改革开放让当代大学新生处在东西方文化交叉、多种价值观冲突的时代，常会让人在人生道路选择上感到茫然、迷惑，易出现忧郁、焦虑等症状。在过去几十年的计划经济条件下，大学在校生就是国家的预备干部，大学毕业生的身份是和国家干部画等号的。正是这种功利性很强的价值导向，成为家长鼓励学生读大学的原因。一方面是“只要上大学，什么都有了”，“书中自有黄金屋，书中自有颜如玉”的读书功利性思想引导学生。一方面是对教育收费上涨、自主择业等各种压力的不适应，两方面的巨大落差造成大学生心理问题不断加重。

二是就业压力的增加。高校专业调整往往滞后于社会发展，一些专业和课程设置不能满足就业的需要，普遍存在找理想工作难的现象。

三是网络传播盛行，部分新生乐于与电脑、手机打交道，导致人与人之间心灵面对面的真诚交流越来越少，使人易出现人际关系敏感、孤立、冷漠、偏执等症状。

原因之四：学校心理健康教育的长期缺失

在我国长期以来的基础教育体系中，应试教育的指挥棒使学校严重忽视了对青少年心理素质的培养和训练，这为高等教育埋下了诸多隐患。近年来发生的一系列大学生不良个案中，可以看到学校、家庭片面重视学生学习成绩，忽视心理健康教育的一些后果。

（三）高校心理健康教育现状

1. 大学生对心理问题的误解亟待消除

如今的大学生比较重视身体保健，感冒、发烧都知道及时看病吃药。可很少有人把心理健康与身体健康放到同样重要的位置。甚至，大学生群体的心理疾病常识和心理健康的科普知识非常贫乏。

正如一个人感冒发热一样，心理有问题也是正常的，关键是如何疏导他们郁积在心里的那些纠结，以避免其对自己、对社会造成危害。我们都知道身体发烧到 39 度是极限，不看病要出事，可心理发烧到 39 度以上，还能忍吗？一样要出事的。此时最需要的是心理咨询。

相当多的大学生对心理健康教育、心理咨询持回避态度。一位女生的话很有代表性，她说："我很健康啊！我既不想自杀，也不想杀人，我怎么会有心理问题?"这些同学只把杀人或自杀等严重事件归于心理问题，而忽视了一些小事和细节的体现，认为心理问题只是那些做出极端事件者的专利。事实上，那些极端的例子只是一个人心理问题达到极其严重的程度时的表现。

心理问题是普遍存在的，每个大学生都应正视这个问题。心理健康或心理正常是一个相对而言的概念。大学生心理健康标准有以下几点：

（1）能保持对学习较浓厚的兴趣和求知欲望。

（2）能保持正确的自我意识，接纳自我。自我意识是人格的核心，指人对自己与周围世界关系的认识和体验。

（3）能协调与控制情绪，保持良好的心境。心理健康者能经常保持愉快、自信、满足的心情，善于从行动中寻求乐趣，对生活充满希望，情绪稳定性好。

（4）能保持和谐的人际关系，乐于与人交往。

（5）能保持完整统一的人格品质。心理健康教育的最终目标是培养健全人格，保持人格的完整性。人格完整是指构成人格的气质、能力、性格和理想、信念、人生观等各方面平衡发展。

（6）保持良好的环境适应能力包括正确认识环境及处理个人和环境的关系。

（7）心理行为符合年龄特征。一个人的心理行为如果严重地偏离自己的年龄特征，一般都是心理不健康的表现。

总的概述就是：对自己，有良好的自我意识；对别人，友好、宽容，

有良好的人际关系；对工作、学习，投入极大的热情；对环境，有良好的适应能力。

每个人都存在产生心理问题的潜在可能性，一旦这种可能性受到外部某种条件的激发，就会产生心理问题。但是心理问题并不是心理障碍，心理问题只有发展到一定程度，具备了一定的条件之后才形成心理障碍。例如，如果空虚和抑郁状态迟迟不能解决并持续存在，那就会上升到心理障碍的高度。

很多大学新生对心理问题和心理疾病存在不科学的认知。有的学生根本没有意识到自己有心理问题，在产生心理障碍之后，不敢正视这一现实，往往将自己的心理问题和疾病归结于心情不好、一时的不快和冲动等等，不愿意进行心理咨询。例如，有一些人认为有些事情属于自己的隐私，没有必要让人知道。他们觉得如果去心理咨询室，就代表自己脑袋有问题了，同时害怕周围的同学知道后会疏远自己。事实上，逃避无济于事，只会产生更为不良的后果。

进行心理咨询与去看心理医生并不相同，心理咨询的作用是防患于未然，维护心理健康，促进人更健康地发展，是属于我们正常人群交流的范畴。当一个人有心理障碍或心理疾病时，那就得去医院看心理医生了。

2. 高校心理健康教育处于起步阶段

随着大学生心理健康问题越来越受到社会各界的关注，心理健康教育也以各种方式在全国高校内普遍展开。教育部在2003年初下发了《普通高等学校大学生心理健康教育工作实施纲要（试行）》，明确要求各高校加强大学生心理健康教育。

2006年，由安徽省教育厅牵头，80多所高校联办的安徽省大学生心理健康教育研究分会在安徽理工大学成立，这也是安徽省首次成立专门服务于大学生心理健康的官方组织，规模性的心理健康教育研究活动就此在安徽省各高校陆续开展。

目前在高校内担负大学生心理健康教育重任的主要有三类人：德育教师、政工干部和心理专业人员。其中前两者占绝大多数。他们由于没有经过专业培训，很容易把心理教育当作思想政治工作来做。其实心理健康教育涉及的专业性很强，要解决学生人格发展问题，跟思想政治工作完全不同，没有专业知识是不行的。在安徽省高校中，据心理健康研究分会统计，截至2010年8月专业心理咨询师不到200人，按照2000∶1的生师比

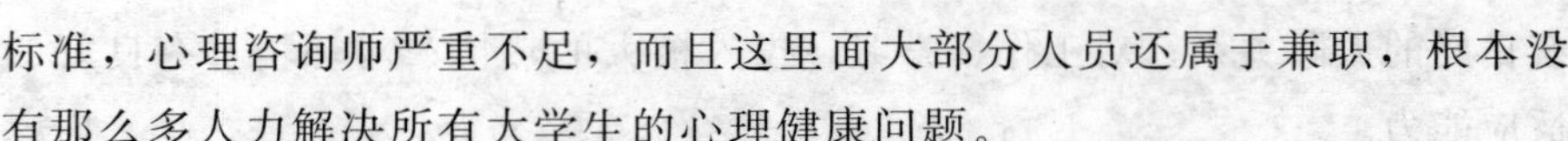

标准，心理咨询师严重不足，而且这里面大部分人员还属于兼职，根本没有那么多人力解决所有大学生的心理健康问题。

按照国际通行标准，一所心理咨询中心必须具备可靠的硬件，在场地方面要有预约室、咨询室、测量室、团体训练室等，器材上要配备微机、生物反馈仪、数码录音笔、闭路监控系统等。大多数高校的心理咨询室达不到这种条件。另外，包括学校在内的少数有关部门领导仍在观念上对心理教育存有偏见，或者对此不以为然，或者把思想政治工作跟心理健康教育混为一谈。

70 年代以来，欧美各国的中小学，由于政府重视，加上辅导的价值和功能日益得到社会认可，学校心理辅导工作已经正规化、制度化，形成了教学、行政、辅导三位一体的体制。尽管如今大学生心理健康教育在中国颇受关注，但仍存在很多问题亟待解决，如专业人才缺乏，设备简陋，加上一些人抱有旧观念，对心理教育存有误解等等。中、西方对照，差距立现，我国高校目前的心理健康工作尚处于起步阶段。

(四) 解决当前大学生心理健康教育的关键是优化大学生的心理素质

人才素质包括思想道德素质、文化素质、专业素质、身体素质和心理素质五个方面。实践证明：身、心理素质在一定程度上是一个人所有素质的基础，大学生没有良好的心理素质便无法很好地完成学业，更无力承担未来建设祖国的责任。从这个角度讲，心理素质直接影响大学生全面素质的提高。只有心理健康，大学生的德、智、体、美才能得到全面发展；只有心理健康，大学生才能不断增强实践能力和创新精神。高校开展心理健康教育的首要目标是优化大学生的心理素质，其次才是帮助一些大学生解决心理健康方面的问题。

1. 自我心理调节

为了尽快适应全新的大学环境，大学新生应积极进行全方位的自我调整，对自己要有一个再认识。

(1) 换一个角度看问题是保持良好心境的妙方。许多时候，烦恼来自于不合理的认知角度。有这样一个故事：有一位老太太有两个女儿。大女儿开伞店，小女儿开洗衣店。老太太天天为女儿的生意发愁。为什么呢？下雨天她担心小女儿洗的衣服晒不干；晴天则担心大女儿的伞卖不出去。后来有人提醒她，“老人家，您好福气啊！下雨天，您的大女儿家生意兴隆；大晴天，您的小女儿家生意好做。对您来说，哪一天都是好日子。”老太太转念一想，不禁眉开眼笑。可见，事情本身往往无所谓好坏，苦恼

往往来自不合理的认知角度。所谓"天下本无事，庸人自扰之"。

换一个角度看问题，会使你换一种心情感悟人生。"塞翁失马，焉知非福"。积极的认知使你在看到事物不利的方面时，更能看到有利的一面。这种换一个角度看问题的方式，会使你看到希望，增强信心，保持乐观的心境。

生活就是一面镜子，保持良好的心境，生活就会充满阳光。借用佛家的说法，能够控制的事情，我们要执著地追求，而不能控制的事情就以顺其自然的心态去看待，不要太在乎一时的得失。如果一个人总是带着无奈、怀疑、忧虑的心情去生活，那无疑是在煎熬生命。放松你的心情，感受生活的美好，你会得到心灵的安宁。

(2) 保持积极的心态。参加文体活动的人大都有体会：有一类人心态积极，喜欢迎接挑战，越比赛越兴奋。他们往往能最大限度地发掘出自身已有的技能水平和潜在能力，从而获胜。与此相反，另有一类人，平时认真学习，刻苦训练，状态良好，但一到关键时刻就心慌意乱，表现失常，造成不应有的遗憾。这两种类型的人的区别显然不是技能高低，而是心态不同。成功心理包括一种自我选择控制能力，也叫自我心理调节能力。

凡是想在考试或比赛中取得优异成绩，达到预期目标的大学生，都要善于进行自我心理调节，运用心理的战术。比如参加研究生考试，在你复习备考阶段，你心里一定要虔诚地想：我目前的水平不高，基础不牢，所以我必须全力以赴，比别人花费更多的时间和精力。而当你一旦进入考场，坐在你的座位上，心里却要毫不含糊地自我暗示：我是最棒的，比在座的诸位都强，所以我丝毫不用害怕和紧张，我要集中全力去夺取胜利。只有这样，你才能在平时做好最充分的准备，而在考试或竞赛的时候发挥正常水平甚至发挥超常水平！

(3) 面对逆境，敢于挑战。人人都希望生活万事如意，平时考虑的都是如何才能让自己更为优秀，而几乎不设想前进途中会遇到什么困难，而不设想困难并不等于困难不出现，很少有人一生都完全一帆风顺，逆境会像幽灵一般纠缠着我们。逆境即人们常常谈及的灾祸、挫折或厄运。家庭的不幸，理想暂时的不能实现，爱情的伤痛，世俗的忌妒，身体的伤残，人情的冷漠……都属于人们生活中的逆境。从逆境产生的原因上讲，有客观条件引起的，也有主观原因引起的，有必然的，也有偶然的。但不论哪一类，对人的心灵都会带来摧残，给人一种失去原有生活规律的怅然若失感，使生活变得曲折和艰难。

因此，如何面对逆境，就成为青年大学生不能回避的问题，也是心理修养亟待解决的重点问题。在失意的状况下，埋怨环境和他人毫无用处，只能浪费时间和增加更多的痛苦，关键是要自我调节，增强生活的勇气。古人云："大事难事看担当，逆境顺境看襟度，临喜临怒看涵养，群行群止看识见。"其核心是看重在大事难事和逆境中，襟怀远大，自强不息的人。日本第三大保险公司"住友生命"的会长新井正明，曾因失去一只脚而消沉，甚至想到自杀，但后来他从我国明代儒家代表吕新吾的"鉴人四秘"中得到启发，遂发愤图强，终于创造了日本保险业的辉煌成绩。面对生活的重压、人生的挑战，自我心理调节是取得心理平衡的有效途径。

2. 树立自信心

心态决定命运，自信走向成功。

人的伟大就在于具有主体性和能动性，就在于能够树立自信心，激发主动意识，这种伟大是任何动物都不具备的。因此，只有人才能成为万物之灵，只有人才能够改造生存环境，创造物质和精神文明。

人的欲望和需求总是不断提高，不断更新，而且人还要求自我实现——达到自己理想的目标，成为自己期望成为的那种人，这就是人的主体性和能动性构建起来的人生发展规律。

在相同的环境里成长，从同一条水平线上起步走上人生的旅程，有的人干出一番事业，而有的人却终生碌碌无为。不同的人生之路是从哪里产生区别、开始"分歧"的呢？细说起来因素众多，但决定性的因素就在于一个人的意识是否觉醒，精神是否解放，也就是有无自信心和主动意识。

李世鹏现为微软亚洲研究院一个研究小组的负责人。他自幼聪明过人，15岁以山东省高考理科第二名的优异成绩进入中国科技大学。但是自从走进学校大门，他就发现自己遇到了麻烦。第一学期的考试成绩非常糟糕，位于班级的后10名，第二学期也差不多。他无法接受这个事实，因为他读了这么多年书，总是稳居前三名，已经习惯于看到别人都在自己身后，从来没有体会过让别人走在自己前边的那种感觉。在痛苦地咀嚼"失败"的苦涩后，他猛然意识到，"既然我已经落在最后，那我还有什么可担心的呢？我就尽我最大的努力去追赶好了"。

从此，他不再被患得患失的忧虑所烦扰，不再在意自己的名次排名，

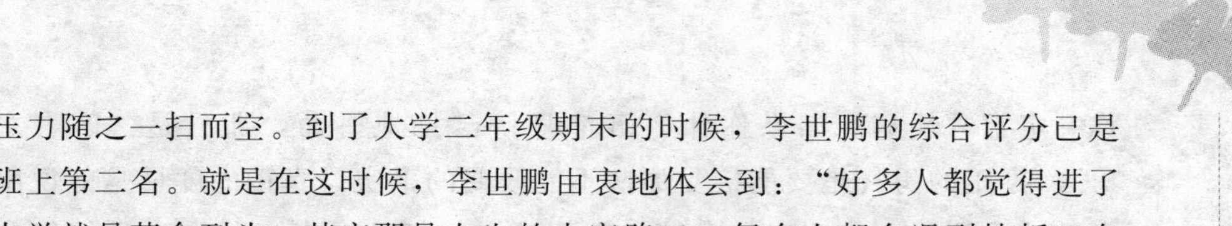

压力随之一扫而空。到了大学二年级期末的时候，李世鹏的综合评分已是班上第二名。就是在这时候，李世鹏由衷地体会到："好多人都觉得进了大学就是革命到头，其实那是人生的十字路口。每个人都会遇到挫折，在这一点上你和别人没有什么差别，我也是一样。问题是你怎么去对待挫折，想办法解决你的问题，永远不要失去信心。"

他重新拾起了自己的信心。他能感觉到，经历过跌宕起伏之后的自信，和那种一帆风顺中的自信是不一样的。

当然，自信不是主观武断，是以真才实学为基础的。但对许多人来说，最难的不是掌握某种专业的学识，而是强化自信心和主动意识，发挥自己的主体性和能动性，即发挥出个人的最大潜能。

许多成功青年的亲身经历都一再证明了这样一条成功"铁律"，即"自信心和主动意识导致成功"。

那些敢于去尝试的人一定是聪明人，他们不会输。因为他们即使不成功，也能从中吸取教训。所以，只有那些不去尝试的人，才是绝对的失败者。

有时候我们回过头去看看过去，对比周围形形色色的人，就会发现有些人比你更聪明、更杰出，那不是因为他们得天独厚，事实上你和他们一样好；如果你今天的处境与他们不一样，只是因为你的精神状态和他们不一样。在同样一件事情面前，你的想法和反应和他们不一样。他们比你更加自信，更有勇气。仅仅是这一点，就决定了事情的成败，以及完全不同的成长之路。

3. 重视情商的培养

面对"中国的大学生最欠缺什么"这个问题，中国的心理专家一致认为：中国的大学生最欠缺情商。美国哈佛大学心理系教授丹尼尔·戈尔曼首先提出"情绪智商"概念，它包括抑制冲动、延迟满足的克制力和调控自己情绪的能力。通俗地说，情商就是有自信；有自知之明；自律；做事情有热情，很投入；对人有同情心，善于倾听，有良好的人际关系。这些方面与一个人的聪明才智、技术知识没有直接关系。

戈尔曼等人研究发现，对主管工作业绩来说，情商的影响力是智商的9倍。高情商的人更能克服烦恼，他们有足够的勇气来面对可以克服的挑战，有足够的度量接受不可克服的挑战，有足够的智慧来分辨两者的不同。这里更可以看出情商的重要性：如果你什么事都要求完美，那你一定常常烦恼。如果你什么事都坚持己见地拼命，那只是“匹夫之勇”。真正的勇气是要能接受那些不能改变的事实；真正的度量是能说服自己接受那些不能改变的事情，而不为它们烦恼；真正的自觉是能够分辨自己有没有能力改变一件事情，真正的智慧是把人有限的时间用在可解的问题上。

情商可以培养，但是绝不是从读书、考试中学习，而是经过自我评估、自我确定目标、有恒心去改变自己。首先，自我评估是去理解自己情商在哪方面欠缺。因为情商更多是别人如何看你，所以它不是自己能看清楚的。平时，可多理解别人对你的看法、多吸取别人（尤其是情商高的人）的意见。

大学生可以多听听老师、家长、同学的意见，或想办法得到匿名的建议。发现自己缺陷后，可以挑选合适的目标来培养自己的情商。例如：如果人际关系太差，可以定一个目标每个月交一个新朋友；如果太含蓄、害羞，可以规定自己每天上课要发言一次；如果自控能力不好或脾气太坏，可以请朋友在自己要发脾气时用约定的“密码”来提醒自己平静下来；也可以在每一堂课或会议后，要求同学、老师评估自己的表现。

从教育的角度来说，我们倾向于把今天的时代称为“情商时代”，情商在绝大多数情况下的确比智商更重要。

4. 宽以待人

(1) 宽以待人要求与人交往贵在善。我国古来就有“君子宽以待人，严于律己”的处世方法。所谓宽以待人，就是指对他人的要求不过分，不强求于人，而是以宽容为怀，能让人时且让人，能容人处且容人。

人们交往贵在与人为善、宽以待人，尽可能向他人提供方便，尽量给予他人帮助。可以说，宽以待人是一个道德水平较高的表现。你希望别人善待自己，就要善待别人，要将心比心，多给人一些关怀、尊重和理解；对别人的缺点要善意指出，不能幸灾乐祸；对别人的危难应尽力相助，不应袖手旁观，落井下石。即使是自己人生得意之时，也不能得意忘形，居功自傲，而是应多想想别人对自己的帮助和恩惠，让三分功给别人。人总是喜欢和宽容厚道的人交朋友，正所谓“宽则得众”。

你对待他人的态度，就是将来别人对你的态度；你觉得别人无足轻重，别人也会对你的事情漠不关心。

宽以待人要求我们，“已欲立而立人，已欲达而达人”（《论语》）。自

己要站得住，同时也使别人站得住，自己要事事行得通，同时也使别人事事行得通，“君子成人之美，不成人之恶，小人反是”（《论语·颜渊》）。在一定意义上，成人之美就是成己之美，只要不牵涉到大的原则，能忍让的尽量忍让，退一步海阔天空，千万不要得理不饶人，以一颗善心待人，以一颗宽容的心包容别人，多替身边的人考虑。这样，你才能以快乐的心情度过你的大学生活以至以后的日子；这样，你才能使你周围的环境充满了温情与友爱，以后回忆起这段日子时，相信微笑会不由自主地浮现在你的脸上，感动也会常常流过你的心底。

在一家咖啡厅里，一位顾客的高嗓门打破了静谧的氛围，“小姐，你过来！你过来！”一边喊着，一边指着面前的杯子，“看看，你们的牛奶是坏的，把我一杯好好的红茶都糟蹋了！”服务员小姐赔着不是：“真对不起，我立即给你换一杯。”新红茶很快上来了，跟先前一样，碟边放着新鲜的柠檬和牛奶。小姐轻轻放在这位顾客面前，又轻声说：“先生，建议你，如果放柠檬，就不要加牛奶，因为有时候柠檬酸会造成牛奶结块。”那位顾客的脸“刷”地一下红了，匆匆喝完茶，径直走出去。旁边有人笑问服务员小姐：“明明是他土，你为什么不直接说他呢？他那么粗鲁地叫你，你为什么不还以颜色呢？”服务员说：“正因为他粗鲁，所以要用婉转的方式对待；正因为道理一说就明白，所以用不着大声。理不直的人，常用气壮来压人；明理的人要用和气来交朋友。”

（2）宽以待人还要求善于与不同性格的人交往。人的性格是一种极其复杂的心理现象，有着各种特点，其中之一为情绪特点。如脾气暴躁的人，他们性格的情绪特点一般都是稳定性、持久性差，而强度又比较高，遇到一些不顺心的事情，就易发脾气、闹情绪。

在现实生活中，由于工作、学习和交往的需要，每个人都不可避免地要接触不同职业的人、不同兴趣爱好的人、不同脾气性格的人。有的勤快，有的懒散；有的勇敢，有的怯懦；有的温和，有的暴躁；有的豪放不羁，有的谨小慎微……一个人想要同所有的人都成为亲密的朋友，建立良好的交往关系，既是不实际的，也是不可能的。但是，如果我们尽量学会和各种不同性格的人打交道，就能够和更多的人相处得融洽、和谐。

世界上的事物本来就千差万别，可以说，世界上没有完全相同的两片树叶。我们应该认识到这种差别，如果你希望对方改变性格，不

如去适应对方的性格。

有一只乌鸦打算往东方飞，途中遇到一只鸽子。看见乌鸦飞得很辛苦，鸽子就关切地问："你要飞到哪里去?"乌鸦愤愤不平地说："其实我不想离开这里，可是这个地方的居民都嫌我的叫声不好听，所以我想飞到别的地方去。"鸽子好心地告诉乌鸦："别白费力气了，如果你不改变你的声音，飞到哪里都不会受到欢迎的。"

生活中往往就是这样，如果你无法改变周围的环境，唯一的方法就是改变你自己。

与不同性格的人相处，首先要求大同，存小异。性格不同的人，处理问题的方式往往不同。我们要学会在不同之中，发现共同之处。如性格平和的人，给朋友提意见，言辞尽可能委婉，语气柔和，唯恐伤害了他人的自尊心；而性格倔犟的人，在给他人意见时，可能单刀直入，语言尖锐，不留情面。这时候，如果只看到那个直率的人开展批评的态度和方法，就会觉得他太鲁莽，太不讲情面。而如果除了看到两人提意见的方式不同之外，还注意到两人的出发点一样，都是处于一片好心，真心帮助别人，就不会觉得直率的人粗鲁无礼，反而觉得他有难得的古道热肠。多看到别人与自己的共同点，就容易和不同性格的人相处。

其次，注意了解别人。在相互交往中，人们可能会有这样的体验：你如果对一个人不了解，你和他在感情上就必然有距离。比如，你在买东西时觉得柜台服务员说话不够客气，对此耿耿于怀。但当你亲自体会到做服务员是多么疲劳和易怒时，对服务员的不满情绪就会打消，反倒希望顾客能够设身处地地体谅一下服务员。

最重要的一点是，与不同性格的人相处，胸怀应该豁达一些，气量应该宽广一些。假如你的朋友爱发脾气，这时你首先要忍让，待他脾气发过以后，应当开导他，让他明白发脾气是不理智的行为。没有事后的说理，就难以帮助朋友克服易发脾气的不良性格。

正如世上没有尽善尽美的事物一样，每个人在思想、性格方面都有缺点。因此，我们对人不能求全责备。在与自己性格不同的人身上，更要注意发现别人的长处和闪光点。比如，急性子的人，要看到慢性子的人考虑问题比较周全，特别是做某种需要耐心的工作时，就比自己合适；慢性子的人，要看到急性子的人性格直爽，做事干脆、利落。如此一来，不同性格的人不仅能够和睦相处，而且相互之间还会有所裨益。

当然，宽以待人，也不是一味地姑息迁就，否则就会失去宽厚的本意，正所谓“过宽杀人”。没有度的宽只是麻木怯懦，明哲保身，更是纵容丑恶。朱熹也讲，“血气之怒不可有，义理之怒不可无”。我们在懂得宽以待人的同时也应懂得疾恶如仇，捍卫正义。

宽以待人，正是以宽广的胸怀，宽容的气度，创造宽松的人际环境，对待难容之事要大度豁达，使别人敬重和倾慕你的人品，形成极大的人格魅力。尤其是在竞争激烈的今天，宽以待人会使人人都喜欢与你交往。因此，宽以待人是为人处世的一个重要原则。

我与学生面对面

一、请您具体谈一下如何判断一个人的心理是否健康？

答：根据北京高校大学生心理素质研究课题组的报告显示，有超过16%的大学生存在中度以上的心理问题。那么心理健康的同学会有什么样的特点呢？

第一，他能够正确认识自己，有良好的自我意识。一个心态健康的同学，对自己的能力、性格和优缺点都能做出恰当的、客观的评价，一般不会对自己提出过于严格而遥不可及的要求和期望，他所确立的生活目标和理想是切合实际的。同时，心理健康的同学对自己充满信心，努力发展自己的潜能，对自己无法补救的缺陷安然处之，即使在最困难的情况下也能理智的对待自己。

第二，他能够和周围的同学和谐相处。一个心态健康的同学往往乐于和周围的人交往，在保持自我的同时接受他人。这样的同学很容易被他人

和集体接受，并且能够和他人进行有效的沟通。据心理学家统计，普通人的烦恼80%都和自己的人际关系有关。善待别人就是善待自己。

第三，他能够勇敢的承担责任，并有良好的适应能力。心态健康的同学不论是在自然环境还是在社会环境里都有着较强的适应能力。这样的同学能够在恶劣、复杂、多变的环境里正确的做出判断，并主动的适应环境，做出处理。这样的同学有足够的勇气和毅力来接受现实的挑战。

第四，他能够协调和控制情绪，保持乐观的心态。心态健康的同学意志是坚强的，精神上也是积极向上的。同样，他也会有普通人的喜怒哀乐，但在出现问题时他总能以乐观的精神解决问题。

这样的同学能理智地表达和控制自己的情绪，在和人交往的过程中既不妄自尊大，也不会退缩畏惧。对于自己得不到的东西不会贪求，会在社会和周围环境允许的范围内满足自己的需要。对于自己得到的一切感到满足，并保持愉快而稳定的情绪，从而使自己心胸开朗，乐观而又有热情。

在激烈的竞争环境中，心态健康的同学是不会退却的，他会向困难挑战，以坚忍的毅力和精神用很长时间来实现自己的目标。心态健康的同学有克服困难的信心和决心，能够面对现实，正确对待成功与挫折。

第五，他的年龄与心理行为是相符合的。在人的一生发展中，不同的年龄阶段有着不同的心理行为，这些心理行为形成了不同年龄阶段独特的心理行为模式。有着健康心态同学的心理行为是和自己的年龄与性别相符合的。如果出现不想符合的情况，那就意味着心理发育有问题，是不健康的表现。

二、您说拥有健康的人格对人的一生至关重要，那么具体来说怎样才能形成健康的人格呢？

答：形成健康人格的具体途径有几下几点：

1. 对自己和生活的世界有积极的看法。
2. 和别人有亲密的关系和对人信任。
3. 有时间冷静地独处和反省。
4. 在社会、智力以及职业的各种技能方面取得成功。
5. 接触新思想、新哲学以及和有独特见解的人交往。
6. 找出能充分表达自己情绪的方法，有自己的兴趣爱好。
7. 经常提高独立性，减少对他人的依赖。

8. 具有灵活性和创造性。

9. 在关心他人方面达到高水平。

10. 在每个生活阶段学会和别人在一起时变得更人性化些。

三、您说人际交往困难已成为诱发当代大学生心理问题的首要因素，请问是什么原因导致我们有人际交往困难的，能举例说一下表现在哪些方面吗?

答：导致大学生交际困难有以下几个原因：

(1) 目前大学生多为独生子女，属“自我中心型”，凡事都想以自己的意志为转移，不顾及他人感受，缺乏包容心、缺乏集体感与合作精神。

(2) 在这个崇尚“吸引眼球”的时代，学生们往往过分关注自己的形象，总觉得自己一举一动都会引起旁人的注意，对别人的反应过于敏感。

(3) 不能理解他人的交友原则，找不准自己的位置，缺少真诚的沟通与交流，因而觉得别人虚伪，这一点在新生中表现尤为突出。

(4) 家长的过分包办使独生子女上大学之后缺乏最起码的独立生活及为人处世的能力。

由于交际困难，一方面导致大学生产生自闭偏执等心理问题，另一方面因无倾诉对象，有问题的学生更会加重心理压力，还易导致心理疾病。如下面的例子。

家庭经济条件拉开室友距离

一位家境不错的城市女孩初入大学，和三位来自贫困地区的女孩成了室友。从未过过集体生活的她一心想要和室友好好相处，可事与愿违。同寝室的三个穷学生结成了同盟，在宿舍里除了电灯，其他任何电器，包括吹风机、电风扇都不用。那位城市女孩受不了，提出想用电风扇，并愿意多付些电费，可她的三位室友却感到自尊心受到伤害，坚决不同意。三个穷学生站在同一阵线上，干什么事都是三人集体行动，这让那个富学生倍感孤立。她出于无奈，终于提出了换寝室。

生活习惯差异闹出室友矛盾

一位大学新生在学校呆了还不到一个月，就开始打电话回家诉苦。原来在他们的四人寝室里，有一个同学很不爱洗澡。刚开学的时候天气非常炎热，可那位同学一个星期才去洗一次澡，使得寝室总有一股酸酸的汗味。一开始大家碍于情面，也不好意思向那位同学开口，只能每天忍着那味道。

忍了几天实在受不了，他们终于开了口："同学，你去洗个澡吧。"可答案却是"我前天已经洗过了"，真是令他们哭笑不得。大家还没熟悉到可以无话不说的地步，又怕伤感情，他们也不知该如何与那位同学沟通才好。现在天凉了下来，这个问题也似乎不那么严重了，可明年夏天怎么办？他们还在苦恼。

不仅仅是洗澡问题，来自天南海北不同家庭的新生们在生活习惯上的差异会闹出不少矛盾。比如有的同学要早睡，有的同学却是夜猫子，沟通不好就容易起冲突；又比如有的同学爱在寝室打牌、玩电脑游戏，这又打扰了喜欢在寝室看书的同学。如何协调大家的习惯，互相体谅，大学生还真得好好琢磨一下。

无法逾越的性格缺陷

小婷这个名字听起来挺温柔的，但是她本人却是个没人敢惹的女煞星。开学不到一个月的时候，有关她的泼辣就已经成了最热门的小道消息了。

在一个月的时间里，她已经吵过了惊动全楼道的两大架了。一架是跟女生楼的大妈吵的，起因是她们宿舍楼道里的一盏路灯坏了而大妈没有当天组织修理。本来这也算是为同学争取权益的好事，但是不大的事到了她这儿却是一个脾气上来就吵翻了天，结果权威的大妈也在她的骂骂咧咧中服了软。另一架就更恶劣了，是和同寝室同学吵的。就因为人家不慎把杯子打翻，水洒到了她的桌子上，她就开骂了，而且动用了不少大家都没有听过的"肮脏"词汇。因为她的"大胆"作风，不仅是她同寝室的同学，连周围几个寝室的人都小心翼翼地躲着她，生怕踩到地雷。

四、大一新生为什么容易产生一些心理问题呢？

答：大一新生心理问题容易产生的原因主要有以下几方面：

（1）理想和目标的失落。有些大学新生形容中学阶段的生活"就像在黎明前漆黑一片的隧道中赛跑"，高考就是前方那盏最明亮的灯，同学们你追我赶地向着这一目标奔跑，虽身心疲惫但目标十分明确，因而生活紧张但却充实。顺利地进入大学之后，却认为自己"缺乏生活目标，从而得过且过"，"学习上提不起兴趣，考试 pass 即可"。在高层次目标尚未建立之前，情绪低落、彷徨迷失的现象在大一新生中并不鲜见。

（2）自我价值感的丧失。经过高考拼杀的大学新生，带着良好的自我感觉进入大学校园之后，突然发现自己只不过是大学生中的普通一员。在强手如云的新的班集体里，面对新一轮的排列组合，昔日那种"鹤立鸡群"的优越感已荡然无存，无形中会给一些大学新生的心理造成一种失落感。

（3）学习方法的不适应。对于大一新生来说，尤其突出的矛盾是由应试教育造成的不良学习习惯无法适应新的大学教学。没有了中学里老师的耳提面命，许多大学新生，面对知识的海洋，不知从何学起，难免会产生困惑、迷茫和无所适从的感觉。

（4）人际交往的障碍。不知如何与来自不同家庭、不同社会背景的人相处，是一些大学新生人际交往障碍的主要表现，由此而引发的人际矛盾和心理不适往往给一些大学新生带来许多烦恼。这在大学生的心理问题中占很高的比例。此外，有些同学不知如何处理与异性的关系，有的新生受习惯心理影响，对男女交往过分敏感，从而使正常的异性交往不能自然进行，甚至相互隔离。也有的同学过快地将同学关系发展成恋爱关系，过早地沉溺于“两人世界”。也有的陷入单相思而不能自拔，由此而产生情感冲突。

（5）生活适应和自理能力较差。南方、北方学生的倒位就学，饮食方面的显著差异和生活习惯的不同，常会造成部分学生的环境应激。如果他们不能在短期内顺利适应，心理应激便会影响其正常的学习、睡眠等活动，从而形成心理问题。另外，随着学生家庭经济情况的改善，大学女生攀比衣着打扮，大学男生抽烟饮酒，同学之间过生日以及郊游等消费逐渐上涨，已经成为当前高校值得重视的问题。这种情况对于部分家庭经济困难而又爱面子、讲虚荣的大学生也会造成心理问题，如严重的自卑、忧虑、紧张等精神压力，甚至还会引发违法行为。

超级链接

一、心理小测试

大学生健康生活方式的心理诊断

这是一份大学生健康生活方式的诊断量表，一共有15个问题，请你根据自己的实际情况，逐一选择回答。为了保证测验的准确性，请你认真作答。

1. 如果需要早起床，你会（ ）

A. 上好闹钟　　B. 请别人叫　　C. 自己醒来

2. 早上睡醒以后，你会（ ）

A. 立即起床学习

B. 不慌不忙，起床后做操锻炼，然后学习

C. 在被窝里能多躺一会儿是一会儿

3. 你的早餐通常是（ ）

A. 稀饭馒头　　B. 牛奶面包　　C. 不吃

4. 每天到教室上课，你总是（ ）

A. 准时到教室

B. 或早或晚，但都在10分钟之内

C. 非常灵活

5. 吃午饭时，你一般（ ）

A. 急匆匆的

B. 慢吞吞的

C. 从容吃饭，饭后休息一会儿

6. 尽管学习很忙很累，也和同学有说有笑（ ）

A. 每天如此　　B. 有时如此　　C. 很少如此

7. 对校园生活中出现的矛盾，你会（ ）

A. 争论不休　　B. 反应冷漠　　C. 明确表态

8. 在课余时间内，你一般（ ）

A. 参加社交活动

B. 参加体育活动或文娱活动

C. 参加家务劳动

9. 对待来客，你（ ）

A. 热情，认为有意义　B. 认为浪费时间　C. 非常讨厌

10. 晚上你对睡觉时间的安排是（ ）

A. 同一时间上床　B. 往往凭一时高兴

C. 等所有的事情做完了以后才睡觉

11. 如果你自己能控制假期，你会（ ）

A. 集中一次过完

B. 一半安排在夏季，一半在冬季

C. 留着，有事时用

12. 对于运动，你一般（ ）

A. 喜欢看别人运动

B. 做自己喜欢的运动

C. 不喜欢运动

13. 最近两周，你（ ）

A. 到外面玩过

B. 参加过体力劳动或体育运动

C. 散步 400 米以上

14. 你是怎样度过暑假的（ ）

A. 消极休息　B. 做点体力劳动　C. 参加体育活动

15. 你认为自尊心的表现方式是（ ）

A. 不惜代价要达到目的

B. 深信经过努力会有结果

C. 要别人对你做出正确的评价

计分标准：请参照下列表格将各题的得分相加，计算出总分。

题号选项及其得分：

题号	1	2	3	4	5	6	7	8	9	10	11	12	13	14	15
A	3	1	2	0	0	3	0	1	3	3	2	0	3	0	0
B	2	3	3	3	1	2	0	2	0	0	3	3	3	2	3
C	0	0	0	2	3	0	3	3	0	0	1	0	3	3	1

结果解释：

如果你的总分在 37～45 分之间，说明你的生活方式良好，你是一个善于学习、生活和工作的人，有较高的工作效率和学习效率。

如果你的总分在 25～36 分之间，说明你的生活方式比较好，能在繁忙

的工作中掌握恢复活力的艺术，有提高效率的潜力。

如果你的总分在13～24分之间，那就表明你的生活方式健康的程度中等，你应该努力改善自己的生活方式。

如果你的总分在12分之下，说明你的生活状况不佳，应该下定决心彻底改变有害的生活习惯。

注：本测验的结果仅供参考。

二、大学生体验心理必看的四个童话故事

对于大学新生而言，这些故事很简单。把这些故事列在这里，是希望当我们陷入困境的时候还能够记得这些故事，勇敢地走出阴霾，让自己的人生活得更加精彩。

第一则故事：情况不同

一只小猪、一只绵羊和一头乳牛，被关在同一个畜栏里。有一次，牧人捉住小猪，他大声嚎叫，猛烈地抗拒。绵羊和乳牛讨厌他的嚎叫，便说："他常常捉我们，我们并不大呼小叫。"小猪听了回答道："捉你们和捉我完全是两回事，他捉你们，只是要你们的毛和乳汁，但是捉住我，却是要我的命啊！"

这则故事在我们的人际交往中有很大的作用，与人为善、真诚对人其实是很简单的原则。立场不同、所处环境不同的人，很难了解对方的感受；因此对别人的失意、挫折、伤痛，不宜幸灾乐祸，而要去关怀、了解，要有一颗宽容的心！

第二则故事：靠自己

小蜗牛问妈妈：为什么我们从生下来，就要背负这个又硬又重的壳呢？

妈妈：因为我们的身体没有骨骼的支撑，只能爬，又爬不快。所以要这个壳的保护！

小蜗牛：毛虫妹妹没有骨头，也爬不快，为什么她却不用背这个又硬又重的壳呢？

妈妈：因为毛虫妹妹能变成蝴蝶，天空会保护她啊。

小蜗牛：可是蚯蚓弟弟也没骨头，也爬不快，也不会变成蝴蝶，为什么不背这个又硬又重的壳呢？

妈妈：因为蚯蚓弟弟会钻土，大地会保护他啊。

小蜗牛哭了起来：我们好可怜，天空不保护，大地也不保护。

蜗牛妈妈安慰他：所以我们有壳啊！我们不靠天，也不靠地，我们靠自己。

靠自己，就是要我们有平和的心态应对周围的世界。我们可能没有有钱有势的家庭，也没有天生丽质的外表，但要记住不求人，要靠自己。这种心态会促使我们成长，会让我们明白自己的责任。

第三则故事：神迹

法国一个偏僻的小镇，据传有一个特别灵验的水泉，常会出现神迹，可以医治各种疾病。有一天，一个拄着拐杖，少了一条腿的退伍军人，一跛一跛地走过镇上的马路，旁边的镇民带着同情的口吻说："可怜的家伙，难道他要向上帝祈求再有一条腿吗?"这句话被退伍的军人听到了，他转过身对他们说："我不是要向上帝祈求有一条新的腿，而是要祈求他帮助我，叫我没有一条腿后，也知道如何过日子。"

学习为所失去的感恩，也接纳失去的事实，不管人生的得与失，总是要让自己的生命充满亮丽与光彩，不再为过去掉泪，努力地活出自己的精彩。无论我们经历的是感情上的失败还是学业上的坎坷，其实经历就是一笔财富，这并不是套话，只要你走过来了你就会感谢那段失败和坎坷带给你的成熟。

第四则故事：钓竿

有个老人在河边钓鱼，一个小孩走过去看他钓鱼，老人技巧纯熟，所以没多久就钓上了满篓的鱼，老人见小孩很可爱，要把整篓的鱼送给他，小孩摇摇头，老人惊异地问道："你为何不要?"

小孩回答："我想要你手中的钓竿。"

老人问："你要钓竿做什么?"

小孩说"这篓鱼没多久就吃完了，要是我有钓竿，我就可以自己钓，一辈子也吃不完。"

你一定会说：好聪明的小孩。错了，他如果只要钓竿，那他一条鱼也吃不到。因为，他不懂钓鱼的技巧，光有鱼竿是没用的，因为钓鱼重要的不在钓竿，而在钓技。有太多人认为自己拥有了人生道上的钓竿，再也无惧于路上的风雨，如此，难免会跌倒于泥泞地上。就如小孩看老人，以为只要有钓竿就有吃不完的鱼，像职员看老板，以为只要坐在办公室，就有滚滚财源。对于大学生也一样，不是进了大学就意味着明天什么都有了，你还是要在大学里学会"钓鱼"的技术。

成长是一个漫长的过程，这个过程不会是一帆风顺的，总会遇到各种各样的挫折：刻苦学习但没有理想的成绩、屡屡奋战却总是与四级擦肩而过、设法沟通却不能拥有友情、家事变迁感觉身心疲惫、幸福的爱情成了如烟往事、经济困窘让生活举步维艰等等。这一切都会让我们在那段时间感受到冲突、失落、甚至痛苦。“不经历风雨，怎么见彩虹，没有人能够随随便便成功。”正是在与苦难挫折不断的斗争过程中，我们懂得了执著、奋斗和坚强，我们一次又一次地超越自我，慢慢地走向成熟。

第三章

职业规划：我的未来我做主

第一节　成功要从职业规划开始

一、什么是职业规划

职业规划又称职业生涯设计，是个体的人生规划的主体部分，是在对一个人主观条件和客观条件进行测定、分析、总结的基础上，对自己的兴趣、爱好、能力、特点进行综合分析与权衡，结合时代特点，根据自己的职业倾向，确定其最佳的职业奋斗目标，并为实现这一目标做出行之有效的安排。

职业规划具体表现为：按照一定的时间安排，制定相应的工作、培训和教育计划，体现出长期性、可行性、适应性、变通性、持续性的特点，筹划未来，根据主客观条件设计出合理且可行的职业生涯发展方向，为自己定下事业大计。用大学生的话说，职业规划就是：你打算选择什么样的行业，什么样的职业，什么样的组织，想达到什么样的成就，想过一种什么样的生活，如何通过你的学习与工作达到你的目标。

二、职业规划对大学生成长的重要作用

对于大学新生而言，在大学中有许多需要学习和发展的内容，其中最为重要的一项是开始个人的职业生涯规划。斯坦福大学的首任校长乔丹曾

在开学典礼上这样对学生讲："生活归根到底是指向实用的，你们到此应该是为了给自己谋求一个有用的职业，这必须包含着创新、进取的愿望，良好的设计和最终使之实现的努力。"

从起点看终点，成功从职业规划开始。大学是人生的重要阶段，也是很容易迷失自我的阶段。对于大多数新生而言，在经历了刚进大学的喜悦和兴奋之后，大学初期的迷茫在所难免。常言道："凡事预则立，不预则废"。预，指预测、准备、规划。人生的美好愿望要得以实现，就需要我们好好规划。

1. 大学新生首先要明白，成功属于做好规划的人

美国哈佛商学院曾经做过一项抽样调查，问学生"十年后希望成为什么样的人?"100%的人选择在商场上拥有财富、成就和影响力。但是，他们中只有10%的人写下目标并作了规划。10年后，调查小组追踪发现，那10%为自己订下目标、做好规划的人，他们所拥有的财富是全部受访者的96%。

专家分析认为：世界上一般只有3%的人有自己的目标和计划，并且将它明确地写出来；还有10%的人有目标和计划，但却将它留在自己脑子里；剩余的87%的人都在随波逐流。

著名管理学家彼得·杜拉克认为："越来越多的职场人，需要学习'经营、管理自己'，他们要懂得将自己放在最能有所贡献的地方，并努力发挥自己的特长。"无疑，提高生涯规划本领能让你更具有独特眼光、远见和洞察力，能够发现问题、正视问题，并采取积极有效的方法解决问题，从而不断改善自己的处境。提高规划本领能让你掌握自己的优势并超越你的竞争者。总之，成功属于那些作好规划的人。

2. 大学生要学会辨析学业、职业和事业的关系

学业是我们获取职业和事业发展的准备。进入大学后，以下问题不容新生回避："到大学来干什么?"，"在大学学习什么?"，"学习又为了什么?"毫无疑问，学生在大学最主要的任务是学习。然而，说到底，无论如何学习，最终还是要去成就一番事业。学习绝不是为了学而学，而是为了生活得更有价值和意义，因而也就应该包括为了获得未来工作所需的职业素质和职业能力。

3. 大学生要知道职业是我们生存和提升价值的平台

作为一名大学生，作为一个渴望独立的青年，一直梦想能够通过自己的努力来实现人生价值，希望看到家人因我们的努力而露出欣慰的笑容。

而这些都需要一个能展示才华的职业平台。

通过工作，个人才能更好地实现自己的社会价值。凡是被人们所记住的历史人物往往都是在某一行业里创造了价值的人。有了职业，才会有获取社会资源的能力。

事业是我们实现理想的道路。古人云："取法乎上。"入学之际，大学生需要高扬理想的旗帜，方能有所作为。理想，是人们向往和选择的未来目标。职业理想则是在事业上将达到何种成就的期望和追求。可以说，一旦我们确定了人生的职业理想，我们的学业、职业就将转变为事业。理想的实现需要有一个实现理想的平台作为依托，事业则是我们通向理想的道路，没有事业这个平台理想就只是幻想。作为大学新生，不仅要善于把现实的学业观转化为将来的职业观，还要善于把"为了生活而学习工作"的职业观，转化为"为了学习工作而生活"的事业观。

因此，可以说做好职业规划对大学生具有极其重要的作用。

(1) 做好职业规划，可以分析自我，以既有的成就为基础，确立人生的方向，做出奋斗的策略。

(2) 通过职业规划，可以重新安排自己的学习生活，突破世俗的束缚线，塑造清新充实的自我。

(3) 通过职业规划可以准确定位职业方向。

(4) 通过职业规划可以评估个人目标和现实的差距，为前进提供动力。

(5) 通过职业规划，个人可以准确评价自己的特点和强项，在职业竞争中发挥个人优势。

(6) 职业规划通常建立在个体的人生规划上，因此，做好职业规划，将个人生活、事业与家庭联系起来，让生活充实而有条理。

(7) 通过职业规划，全面了解自己，增强职业竞争力，发现新的职业机遇。

(8) 通过职业规划重新认识自身的价值并使其增值。

三、职业规划的基本原则

大学生职业规划设计应该遵循如下准则：

1. 择己所爱。从事一项你所喜欢的工作，工作本身就能给你一种满足感，你的职业生涯也会从此变得妙趣横生。兴趣是最好的老师，是成功之母。调查表明：兴趣与成功机率有着明显的正相关性。在设计自己的职业生涯时，务必注意：考虑自己的特点，珍惜自己的兴趣，择己所爱，选择

自己所喜欢的职业。

2. 择己所长。任何职业都要求从业者掌握一定的技能，具备一定的能力条件。而一个人一生中不能将所有技能都全部掌握。所以你必须在进行职业选择时择己所长，从而有利于发挥自己的优势。运用比较优势原理充分分析别人与自己，尽量选择冲突较少的优势行业。

3. 择世所需。社会的需求不断演化着，旧的需求不断消失，新的需求不断产生。新的职业也不断产生。所以在设计你自己的职业生涯时，一定要分析社会需求，择世所需。最重要的是，目光要长远，能够准确预测未来行业或者职业发展方向，再做出选择。不仅仅符合社会需求，并且这个需求要长久。

4. 择己所利。职业是个人谋生的手段，其目的在于追求个人幸福。所以你在择业时，首先考虑的是自己的预期收益——个人幸福最大化。明智的选择是在由收入、社会地位、成就感和工作付出等变量组成的函数中找出一个最大值。这就是选择职业生涯中的收益最大化原则。

四、职业规划的阶段和步骤

（一）职业规划的三个阶段

第一阶段　确定方向目标

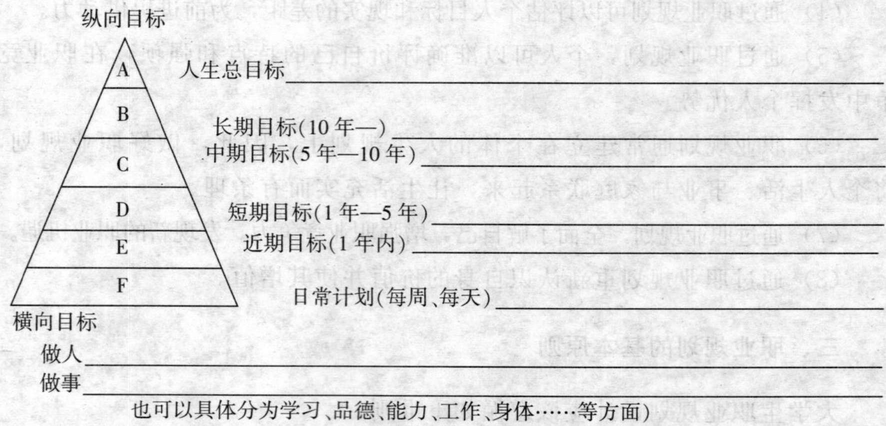

全面审视自己，正确地对自己评价，知道自己的兴趣、能力、价值观和理想，优势和劣势。在大学期间挖掘出真正令自己感兴趣的领域，从而确定自己的职业方向。了解自己的价值观，有助于搞清自己以什么样的心情看待周围的世界和以什么样的方式生活。

第二阶段　根据目标设计方案

为自己的规划目标设计几种方案、研究每个方案所需要的能力和条件。当然任何一个方案，都应该根据自己的专业特点来设计，因此如何基于自己的专业选择职业，正是每个大一新生就应该认真思考的问题，了解专业特点以及各专业主要面向的职业领域，是规划目标设计的前提。在明确自己想干、能干的专业领域的同时，依据社会需求确定最佳方案。

第三阶段　调整和执行

了解各个职业目标的具体要求，然后具体执行计划，并根据社会需求调整方案和计划，以适应职业发展的需要。参加与自己的职业目标相关的实习，增强自己的能力，培养自己对职业规划的直观了解。这里要特别指出的是，无论你的职业规划如何，有些能力是必备的，这也是大学中出现考证热的原因。通常认为有些是属于必考之证：英语四、六级证；全国计算机等级考试；公务员资格考试；会计专业技术资格考试；教师资格考试等。

第四阶段　参加实践，增强适应性

多了解社会，参加实践，努力做到全面发展。从高分考生到高层次，高素质的人才，有很长的路要走。有些学生把考进大学作为自己的最终目标，上大学后，整天沉溺于电脑游戏、上网聊天或谈恋爱之中，将学业完全置之不顾，到了期末考试时一路红灯，结果被学校劝退，这是极严重的教训。大学新生，一定要懂得珍惜来之不易的深造机会，要自立自强。

(二) 职业规划的步骤

1. 职业规划的简单步骤

面试时主考官常常会问这样一个问题：如果你获得这个职位，你将如何开展工作？这就是你必须回答的一个简单的职业规划内容。面对日益激烈的职场竞争，每个人都不得不面对这样的问题：我未来的路在哪？如何找到我满意的工作？所以每个人其实都有潜移默化的在心里想过自己的职业规划。也许这只是一个很模糊的意识。只要通过问自己以下几个问题，职业规划过程就明确了。

(1) What you are? 首先问自己，你是什么样的人？这是自我分析过程。分析的内容包括个人的兴趣爱好、性格倾向、身体状况、教育背景、专长、过往经历和思维能力。这样会对自己有个全面的了解。

(2) What you want? 你想要什么？这是目标展望过程。包括职业目标、收入目标、学习目标、名望、期望和成就感。特别要注意的是学习目

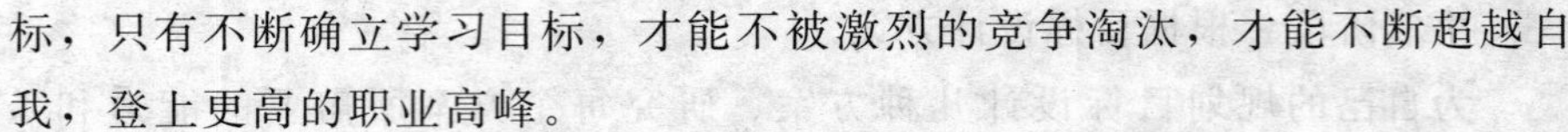

标，只有不断确立学习目标，才能不被激烈的竞争淘汰，才能不断超越自我，登上更高的职业高峰。

(3) What you can do? 你能做什么？自己专业技能何在？最好能学以致用，发挥自己的专长，在学习过程中积累自己的专业相关知识技能。同时个人工作经历也是一个重要的经验积累。判断你能够做什么。

(4) What can support you? 什么是你的职业支撑点？你具有哪些职业竞争能力？以及你的各种资源和社会关系。个人、家庭、学校、社会的种种关系，也许都能够影响你的职业选择。

(5) What fit you most? 什么是最适合你的？行业和职位众多，哪个才是适合你的呢？待遇、名望、成就感和工作压力及劳累程度都不一样，看个人的选择了。选择最好的不一定是合适的，选择合适的才是最好的。这就要根据前四个问题再回答这个问题。

(6) What you can choose in the end? 最后你能够选择什么？通过前面的过程，你就能够做出一个简单的职业规划了。机会偏爱有准备的人，你做好了你的职业规划，为未来的职业做出了准备，当然比没有做准备的人机会更多。

通过以上的简单步骤和原则，个人就可以设计职业规划了。根据不同的情况，个人可以制订一个整体生涯规划，作为一个纲领性长期规划；或者制订一个3～5年的生涯规划，作为一种发展的中期规划；或者制订一个1年的生涯规划，作为一个可操作性强，变化较小的短期规划。有了规划生活就有了目标，不会迷失前进的方向。尤其要注意的是，职业规划是人生规划的主体部分，是同个人、家庭和社会生活结合在一起的，是和个人追求幸福生活密不可分的。所以制定职业规划，要和个人人生目标结合起来，要把职业生涯和家庭、社会生活结合起来。

2. 职业规划的具体步骤（大一新生个人职业规划13步）

步骤1：先开始编织美梦，包括你想拥有的，你想做的，你想成为的，你想体验的四个方面。我要问你一个问题："如果你知道不可能失败，你想要得到什么；如果你百分之百相信会成功，你会采取什么行动？"现在，请坐下来，拿一张纸和一支笔，动手写下你的心愿。在你写的时候，不必管那些目标该用什么方式去达成，就是尽量写。

步骤2：审视你所写的，预期希望达成的时限。你希望何时达成呢？有实现时限的才可能叫目标，没时限的只能叫梦想。

步骤 3：核对你所列的四个目标，是否与形成结果的五大规则相符。A、用肯定的语气来预期你的结果，说出你希望的而非不希望的；B、结果要尽可能具体，还要明确订出完成的期限与项目；C、事情完成时你要能知道完成了；D、要能抓住主动权，而非任人左右；E、要对社会有利。

步骤 4：列出你已经拥有的各种重要的资源。当你进行一个计划，就得知道该使用哪些工具。列出一张你所拥有资源的清单，里面包括自己的个性、财物、教育背景、时限、能力、朋友等。这份清单越详尽越好。

步骤 5：当你做完这一切，请你回顾过去，有哪些你所列的资源会运用得很纯熟。回顾过去找出你认为最成功的两三次经验，仔细想想是做了什么特别的事，才造成事业、健康、财务、人际关系等方面的成功，请记下这个特别的原因。

步骤 6：当你做完前面的步骤后，现在请你写下要达成目标本身所具有的条件。

步骤 7：写下你不能马上达成目标的原因。首先你得从剖析自己的个性开始，是什么原因妨碍你的前进？要达成目标，你得采取什么做法呢？如果你不确定，可以想想有哪位成功者值得你去学习。你得从最终的成就倒算，往你目前的地位一步步列出所需的做法。就你在第七条中找出的资料为你设计未来计划做参考。

步骤 8：现在请你针对自己那四个重要目标，订出实现它们的每一个步骤。别忘了，从你的目标往回订步骤，并且自问，我第一步该如何做，才会成功？是什么妨碍了我，我该如何改变自己呢？一定要记得你的计划得包含今天你可以做的，千万不要好高骛远。

步骤 9：为自己找一些值得效仿的模范。从你周围或从名人当中找出三五位在你目标领域中有杰出成就的人，简单地写下他们成功的特质和事迹。在你做完这件事后，请你闭上眼睛想一想，仿佛他们每一个人都会向你提供一些能达成目标的建议，记下他们每一位建议的方法，如同他们与你私谈一样，在每句重点下记下他的名字。回想过去曾有过的重大成功事迹。用置换技术将它与你新目标的图像置换。

步骤 10：使目标多样化且有整体意义。

步骤 11：为自己创造一个适当的环境。

步骤 12：经常反省所做的结果。

步骤 13：列一张表，写下过去曾是你的目标而目前已实现的一些事。

你要从其中看看自己学到了些什么，这期间有哪些值得感谢的人，你有哪些特别的成就。有许多人常常只看到未来，却不知珍惜和善用已经拥有的。所以我要告诉你，成功的要素之一就是要存一颗感恩的心，时时对自己的现状心存感激。

我与学生面对面

一、你认为当前大学新生职业规划的现状怎样？为什么会这样？

答：坦白地说，时下大多数的大学新生都没有很明确的职业生涯发展目标，更不要说有具体的职业规划了。导致这样的主要因素在于：

第一，中国的典型教育在高中以前都以应试教育为主，以高考为指挥棒，所以很少有学生会在上大学前思考自己的职业生涯问题。

第二，当代的父母们很“负责任”的包办了他们儿女们的人生大事，包括他们的学习与未来的职业。有一次，我在新生教育课里问我们刚报到的新生，报考高考志愿时全由父母做主的有多少人，我看到将近七成的人举起了手。

第三，不少高校对新生的教育比较注重专业思想教育而忽略他们的职业规划指导，这也是导致大学新生缺乏职业规划的因素之一。

二、大学新生的职业规划通常会存在哪些问题？

答：大学新生在做职业规划时通常会有这几个问题：

1. 有的同学不知道如何去做；

2. 有的同学觉地做职业规划太麻烦；

3. 有的同学对自己确立的目标和计划没有信心；

4. 有的同学会将自己的目标定得过于长远或不切实际，最后导致他们会丧失执行的勇气。

第二节　职业规划要从入学开始

进入大学，意味着选择了职业方向，迈入了人生的一个崭新时期——职业准备时期，从基础教育转向到专业教育。职业定向，使大学生的学习更具有社会性，开始结合未来的职业进行现实的人生设计。因而，在大学阶段决不能满足于老师教的书本知识，要加强自己动手动脑能力，多参加社会实践，同时要利用图书馆等便利条件，扩大自己的知识面，使自己能够适应将来工作的需要。

刚步入大学的新生，面对着丰富多彩的精神生活领域，可能感到惊讶，甚至茫然不知所措，所以大学生应注意培养自己各方面的能力，包括一般意义上的分析问题和解决问题的能力；阅读能力、写作能力、口头表达能力、外语能力、使用工具书能力、实践操作能力等；还包括从未来职业角度提出的经营管理能力、实际操作能力、宣传鼓动能力等。通过这些能力的培养，增强自己对社会的适应性，从而使自己各方面都有所发展。

大学的生活和学习，显现着自主和自律。入学之初就安排和规划好四年的学习以及未来的职业定位，将对大家度过一个充实的大学生活有重要的意义！

一、职业生涯的最佳规划时间

每一个人在人生的旅途中都要做一个职业规划，这个规划从读书时就已开始设计。当今，大学生的职业规划是个时髦的话题，许多大学开设了相关的课程或是专题报告，网络上也大肆炒作，一时间职业规划成了大学生最为关注的热点和最时尚的话题。同学见面，第一句话就是：你做职业规划了吗？如果回答是 No，就会引来一片惋惜和督促声。

当然，学生时代的目标规划更接近理想化，此后在各个时期，都在阶段性地做出目标和规划，并且一段比一段更与理想拉开距离，更加接近社会需求和职场实际，因为这时的规划在不断向现实和可行修正。正确分析自己所追求的目标及价值，与职场的现状及要求同步接轨，这一行为，就是职业规划。有人将职业生涯比做一次旅行，而职业生涯设计是旅行中最不可缺少的工具——地图，也就是前进的指南，旅途的航标。

那么，什么时间做职业规划最合适？

职业生涯活动将伴随我们的大半生，拥有成功的职业生涯才能实现完美人生。因此，为了让你的人生更精彩，最合适的规划时间应是高中时代，因为这时人的个性已基本形成，马上面临的高考是决定一生职业的重要因素，高考实际上就是对未来职业的第一次定位，在职业定位之前，进行相关的测评，然后以此为据，做出职业规划，再根据规划选定高考专业，这是最佳方案。这个方案可使人的一生职业生涯顺风顺水，沿着这条路走下去，走到某个驿站，回过头来，就会发现，自己所走的职业轨迹是一条直线。否则高考之后再做，就容易在高考时搭错车、跑错路。但是我们国家在职业规划方面起步略晚，所以许多人到了大学才做规划。

有关教育专家指出，大学生应该尽早确立“职业生涯”的概念，进校就想出门事，就业难就早下手，让职业规划从大学入校的第一天就开始，与大学学习生活同步。一年级了解自我，二年级锁定感兴趣的职业，三、四年级有目的地提升职业修养，初步完成学生到职业者的角色转换。这样做才能清楚地知道自己的优势和劣势，到了大学毕业才不会“临时抱佛脚”，出现就业恐慌。特别是面对当前的就业形势，不早下手，就要晚就业。

这种提议的直接原因来自市场即用人单位的压力。2009 年 5 月《中国第二次青年就业状况调查报告》显示，青年失业率为 10%，高于社会平均水平的 8.1%，有人称这种现象为“20、30 新失业现象”。

职业规划做得越早今后毕业找工作就会越主动，谁的规划做的早，谁毕业时就先拿到第一桶金。如果不做职业规划就闯入职场，东撞一头，西撞一头，撞来撞去，而立之年，难成大业，回头去看，走的是一条弯来弯去的曲线。有的人甚至走了一个圆圈，绕来绕去又回到 20 岁时的起步点。

安徽高校毕业生就业指导中心有关负责人提醒大一新生，从大一开始就要对今后的职业方向有初步定位和规划，这是基本要求。首先要确立自己的职业方向，并与现实挂钩，知道自己需要什么、社会需要什么，结合自己的兴趣、特长、技能、经历等进行客观的自我评估，对职业环境和社会环境进行分析，确立务实、可行的职业方向。同时，要根据自己的爱好、实际能力和社会需求制定有效的实施步骤，比如某个年龄段该做什么、某个时间段自己达到什么目标等，不断总结并完善，对职业生涯中的不和谐之处进行矫正。

二、职业规划中10种愚蠢的想法

1. 总觉得自己不够好。这种人虽然聪明、有经验，但是一旦被提拔，反而毫无自信，觉得自己不能胜任。此外，他没有往上爬的决心，总觉得自己的职位已经很高。这种自我破坏与自我限制的行为，有时候是无意识的。但是，假若身为企业中的高级主管，这种无意识的行为却会让企业付出很大的代价。

2. 非黑即白看世界。这种人眼中的世界非黑即白。他们相信，一切事物都应该像有标准答案的考试一样，客观地评定优劣。他们总是觉得自己在捍卫信念、坚持原则。其实，这些原则别人可能完全不以为意。结果，这种人总是孤军奋战，常打败仗。

3. 无止境地追求卓越。这种人要求自己是英雄，也严格要求别人达到他的水准。在工作上，他们对自己的要求与对部属的要求一样。结果部属被拖得精疲力竭，离职率节节升高，造成企业的负担。这种人适合独立工作，如果当主管，必须雇用一位专门人员，当他对部属要求太多时，大胆不讳地提醒他。

4. 无条件地回避冲突。这种人会不惜一切代价，避免冲突。假若是一位本来应当为部属据理力争的主管，为了回避冲突而不去争辩，可能会被部属或其他部门看扁。为了维持和平，他们压抑感情，使他们严重缺乏面对冲突、解决冲突的能力。

5. 天生喜欢引人侧目。这种人为了某种理想，奋斗不懈，在稳定的社会或企业中，他们总是很快表明立场，觉得妥协就是屈辱，如果没有人注意他，他们就会很张狂，直到有人注意为止。

6. 过度自信。这种人过度自信。他们不切实际，在找工作时，不是龙头企业则免谈，进入大企业工作，他们大多自告奋勇，要求负责超过自己能力的工作。结果任务未完成，仍不会停止好高骛远，反而想用更高的功绩来弥补之前的承诺，结果成了常败将军。这种人大多是心理上缺乏肯定，必须找出心理根源，才能停止好高骛远的行为。

7. 被困难绳捆索绑。他是典型的悲观论者，喜欢杞人忧天。采取行动之前，他会想象一切负面的结果。这种人担任主管，会遇事拖延，按兵不动。因为太在意羞愧感，甚至担心部属会出情况，让他难堪。这种人必须训练自己，在考虑任何事情时，必须控制心中的恐惧，让自己变得更有行动力。

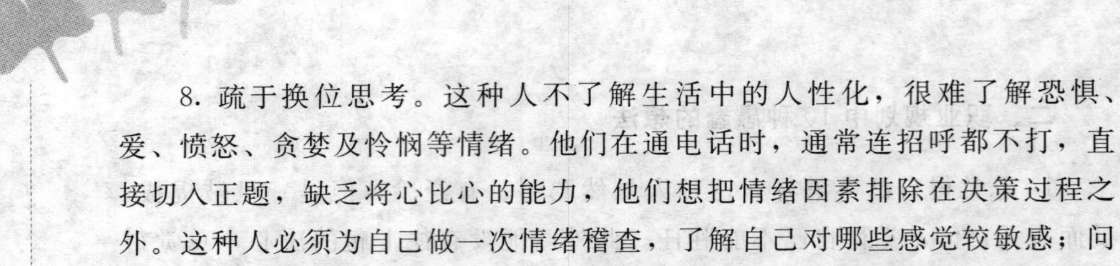

8. 疏于换位思考。这种人不了解生活中的人性化，很难了解恐惧、爱、愤怒、贪婪及怜悯等情绪。他们在通电话时，通常连招呼都不打，直接切入正题，缺乏将心比心的能力，他们想把情绪因素排除在决策过程之外。这种人必须为自己做一次情绪稽查，了解自己对哪些感觉较敏感；问朋友或同事，是否发现你忽略别人的感受，搜集自己行为模式的实际案例，重新演练整个情境，从而重新认识自己，改变行为。

9. 不懂装懂。工作中那种不懂装懂的人，喜欢说这些工作真无聊。但他内心的真正感觉是：我做不好任何工作。他希望年纪轻轻就功成名就，但是又不喜欢学习、求助或征询意见，因为这样会被人以为他不能胜任，所以只好装懂。

10. 我的路到底对不对？这种人总是觉得自己失去了职业生涯的方向。我走的路到底对不对？他总是这样怀疑，觉得自己的角色可有可无，跟不上别人，也没有归属感。

三、做好职业规划，外部和自身因素都重要

许多毕业后的大学生都有过这样的困惑：实际就业与自己职业理想相差甚远，收入也与期望值有较大差距。为什么会有这样的情况出现？上海世博人才培训中心主任严裕民认为，缺少必要的就业前的职业规划，缺少对职场的前瞻，因此造成了很多职场新人刚踏上工作岗位就有了职业失落感。严裕民强调，大学生在学习过程中就应该做好职业规划，为将来的求职做好准备。

(一) 职业规划要考虑的外部因素

职业生涯就是指一个人在其一生中与工作相关的一系列活动、行为、态度、价值观、愿望等的有机整体。那么，如何规划自己的职业生涯呢？严裕民建议大学生首先要考虑好如下4个问题：

第一，冷门还是热门。现在有冷门职业和热门职业，热门职业一般薪酬高，“但我们决不能以此定职业。”严裕民强调：“必须分析自己的能力所长，对已经表露出来的职业兴趣和职业特长要特别珍惜，尽量寻找符合自己特长的职业。”即使一时无法就职自己喜欢的职业，也没有关系，可以在以后工作中逐步调整。

第二，稳定还是不稳定。中国有句老古话：“三十年河东，三十年河西”，以前很红火热门的职业，现在可能一点都不吃香。但是职业稳定的概念却是相对的，计划经济时，所有职业都是稳定的，而现在即使是公务员，也有淘汰机制。“所谓的不稳定，不是职业的不稳定，而是企业、单位的不稳定。作为社会分工的各种职业，在社会上永远都是需要的。”

第三，大公司还是小企业。大公司优点很多，比如有良好的福利、晋升、培训体系，大公司的经历为以后求职带来便利。但是缺点也很明显，因为大企业人才济济和分工过细、过明确，自己的长处就不易被发现，其他能力也可能很难得到锻炼。

相对于大公司，在小公司工作，可能身兼数职，更能展示你的才能，职业发展空间可能会更广阔。

第四，大都市还是小城镇。人才结构呈金字塔形，高端人才少；人才分布呈山地型，有的地方人才多，是高地，有的地方人才少，是平地。

东北振兴、西部开发和中部崛起，这些地区的发展对中高级人才的需求都非常大。严裕民说，东北的辽宁省，沈阳、大连人才占全省总量50%，西部5个城市人才总量不足全省20%。中西部地区，更是对制造业人才求贤若渴，每年都会从发达省市，甚至国外引进优秀人才。

（二）职业生涯设计：定位角色优先

一个人要立足于社会，应该注重培养自己的实践能力，全面提高自己的实践素质，而不应该把精力过多地放在盲目的考证上。现在，“职业生涯设计”渐渐在上班族中流行，许多人正从盲目考证中解脱出来。求职者，应先科学地进行职业生涯设计，然后有选择地考证，进而一步一步地实现自己的职业理想。

据了解，目前，国内有两种人热衷于“考证”。一种是那些刚毕业或者即将毕业的学生，由于面临求职，而现在的招聘大都要求有实际经验，对于学生而言，选择“考证”是“实际经验”的最佳体现；另一种就是忙着出国工作的人，考雅思或GRE，到了国外也好找工作，在办理签证时也能帮上点忙。

近来，大学校园里怀揣驾驶证、会计证、导游证等证书的大学生越来越多。大学生们说，多个“本本”多条路，就业的时候能派上用场。笔者认为，大学生渴求知识的热情是好的，但是这些“本本族”存在的心理问题不容忽视。据了解，除了大学英语四级证、计算机证书是必须拿到的以外，其他证都是自选“消费”的。盲目考证不仅耗费了大量的资金，而且还耽搁了宝贵的光阴。

学生的就业压力大，多拿几个证书无疑扩展了学生的知识面，对就业是有很大帮助的。但有些学生因为忙于考证，荒废了本专业，也得不偿失。有的是对就业的期望值过高，为了达到理想的目标，给自己无限制地加码；有的是对自己信心不足，为了迎合社会上的热门需求，想借考证来减轻对就业的恐惧心理；也有的是盲从，律师热考律师证，开车热就考驾驶证。这其实是一种心理问题，需要通过心理咨询，减轻学生的就业压力，把他们从“本本”的误区中解脱出来。其实，证件并非多多益善。从安徽省人才市场传来消息，目前的招聘呈现出一种聘用“一技之长”的人才态势，有些务实的用人单位并不需要你有多少证件，还是看你在某一方面的实际能力。比如，你考取了一个营销证，但是你没有实际操作经验，你要去应聘外销岗位，肯定不会被公司录取，他们宁愿选择一个有实际经验的人。

我与学生面对面

一、有必要在大一新生就开始职业规划吗？为什么？

答：非常有必要。那是因为：

如果说高中以前的教育是一种基础教育，那么，高校大学教育应该是培养高素质复合型人才的通才教育，是与受教育者将来的就业与成才更为直接的教育。大学生如果不从新生起按照将来所从事的职业提前规划好自己的大学生活，大学毕业时会很难取得圆满的结果。

一方面，大学生活和中小学生活相比有着天壤之别，学习需要自己主动、有计划地安排，经济上需要自主支配。为了提高将来的职业综合素质，同学们需要从参加社团工作、参加社会实践等活动中得到提高。没有明确的目标和切合实际的计划，不可能有一个充实的大学生活。而目标的确立，计划的制订，首先应该从职业生涯的设计开始。

另一方面，随着高等学校招生的逐年扩大，大学毕业生就业的竞争日趋激烈，这使一些刚迈进大学校门的新生背上了心理包袱。就业焦虑取代了高考焦虑，困扰着一些新生。因此，新生必须提前做好准备，从大学一年级开始就做好职业规划，并认真制定实施计划，挖掘自身潜能，不断进步与提升。

二、对于大学新生做好职业规划，您有一些实用的高招吗？

答：高招谈不上，只是自己的一些想法，仅供参考。我认为大学新生在职业生涯规划方面首先要寻找自己兴趣与专业的交点，也就是要读懂自己，读懂自己的专业。如果找准了，职业规划就有了一个好的基石。

通常我会建议我的学生要“一看、二听、三想、四做、五步走”。

一看：

看看大学与高中在学习、生活上到底有哪些不同点。

二听：

1. 听听自己专业前辈和专业导师对专业领域的介绍；

2. 听听学校就业指导中心职业咨询老师或学院辅导员对职业生涯的建议。

三想：

1. 想想自己是怎样一个人，对自己的职业发展的心理趋向有一个审视和检查，对自己的能力与潜力有一个全面的总结；

2. 想想客观环境允许自己做什么，特别要对自己所读的专业领域有一个较深刻的认识；

3. 想想自己的最终职业目标是什么，也就是要准确的定位自己的职业选择和目标。

四做：

1. 做一个职业规划报告（包括自我评估、环境评估、职业定位、计划实施和反馈修正）；

2. 做一个专业技能学习的日程，（包括必修、选修及课程实践的计划）；

3. 做一个提高自我综合职业技能的计划（包括沟通、团队合作、时间管理、诚信及理财能力等）；

4. 做一个学习生活日程表，做好每一天的时间管理。

五步走：

1. 全面审视自己，正确地评价自己，知道自己的兴趣、能力、价值观和理想，优势和劣势。在大学期间挖掘出真正令自己感兴趣的领域，从而

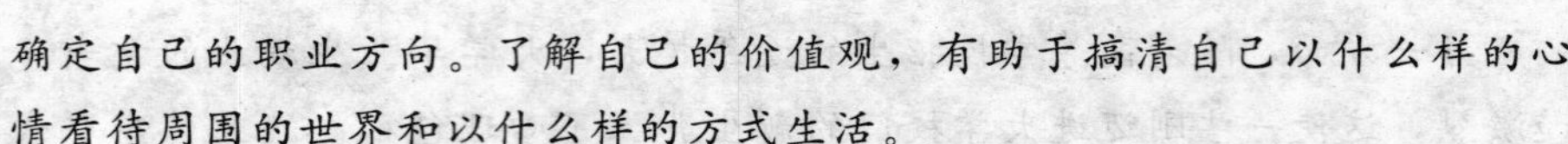

确定自己的职业方向。了解自己的价值观，有助于搞清自己以什么样的心情看待周围的世界和以什么样的方式生活。

2. 为自己的规划目标设计几种方案、研究每个方案所需要的能力和条件。当然任何一个方案，都应该根据自己的专业特点来设计，因此，如何基于自己的专业选择职业，正是每个大一新生就应该认真思考的问题。了解专业特点以及各专业主要面向的职业领域，是规划目标设计的前提。在明确自己想干、能干的专业领域的同时，依据社会需求确定最佳方案。

3. 了解各个职业目标的具体要求，其后具体执行计划，并根据社会需求调整方案和计划，以适应职业发展的需要。参加与自己的职业目标相关的实习，提高自己的能力，培养自己对职业规划的直观了解。这里要特别指出的是，无论你的职业规划如何，有些能力是必备的，这也是大学中出现考证热的原因。通常认为有些是属于必考之证：英语四、六级证；全国计算机等级考试；专业技术资格考试等。

4. 多了解社会，参加实践。从高分考生到高层次，高素质的人才，有很长的路要走。有些学生把考进大学作为自己的最终目标，上大学后，整天沉溺于电脑游戏、上网聊天或谈恋爱之中，将学业完全置之不顾，到了期末考试时一路红灯，结果被学校劝退，这是极严重的教训。大学新生，一定要懂得珍惜来之不易的深造机会，要自立自强，决不能满足于老师教的书本知识，要加强自己动手动脑能力，多参加社会实践，同时要利用图书馆等便利条件，扩大自己的知识面，使自己能够适应将来工作的需要。

5. 努力做到全面发展。刚步入大学的新生，面对着丰富多彩的精神生活领域，可能感到惊讶，甚至茫然不知所措，所以大学生应注意培养自己各方面的能力，包括一般意义上的分析问题和解决问题的能力；阅读能力、写作能力、口头表达能力、外语能力、使用工具书能力、实践操作能力等；还包括从未来职业角度提出的经营管理能力、实际操作能力、宣传鼓动能力等。通过这些能力的培养，增强自己对社会的适应性，从而使自己各方面都有所发展。

第四章

自主学习：奏响青春的主旋律

第一节　学习乐园——迈进大学的殿堂

大学是研究和传授科学的殿堂。在这里，大学生可以自由地学习，可以独立地思考，可以接触各个学科最前沿的理论和思想，这是一种享受，也是大学学习生活的本质之一。

一、大学到底学什么？

学习是人类生活的永恒主题，它贯穿于人的生命的全部过程。大学校园是学生成长、成才的沃土。大学的校园生活是丰富多彩的，有独立的生活环境，深广的学习内容，浓厚的学术氛围，纷繁的校园文化，自由的课余时间，丰富的闲暇活动等等，但学习仍是大学校园生活的基本内容。大学生在学习的过程中，不仅掌握知识、技能和发展智力，而且还形成世界观、道德品质和行为习惯。大学教育的根本是基础知识的学习和人文精神的培养。

在这里，学习的概念不仅仅指课堂里的内容、教科书里的内容，还包括其他方面，如进图书馆、做实验、参加丰富多彩的课外活动及各类竞赛，参与各种集体和社团活动，聆听各类讲座，搞社会调查等。更可以和同学、师长广泛交往，互相切磋，古人云“三人行，必有我师”。学习的

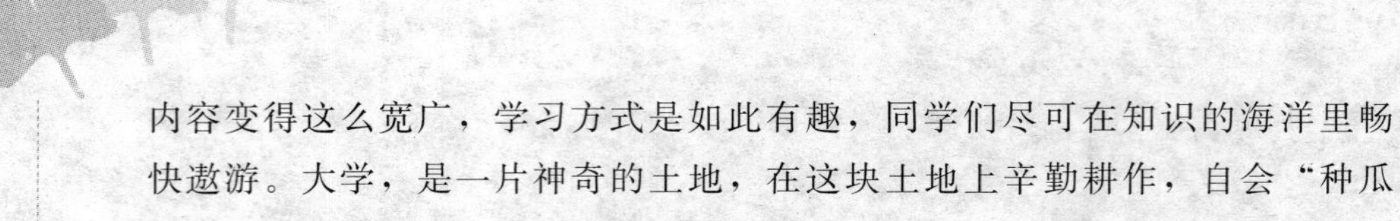

内容变得这么宽广，学习方式是如此有趣，同学们尽可在知识的海洋里畅快遨游。大学，是一片神奇的土地，在这块土地上辛勤耕作，自会“种瓜得瓜，种豆得豆”。

二、大学与中学学习的不同

1. 学习目标不同

大学阶段的学习专业性强，与就业联系较紧密，主要实行学分制，该学什么，如何安排学习时间，可根据个人特点有所侧重。大学的学习方式对学生的自主意识要求很强。因此，大学新生要转变学习方法，了解所学的专业，努力去实现自己的职业规划目标。

2. 学习任务不同

中学的学习任务主要是学习各种科学文化的基础知识。为进一步的升学做准备。大学则是以培养各类高级专门人才为目标，既要学习专业知识，又要掌握专门的技能，学会应用知识去解决问题，这与整个社会需要紧密地结合在一起，使其具有很强的实践性和针对性。

3. 学习内容不同

大学的学习是一个专业性很强的学习过程，所学课程都紧紧围绕一个中心，就是为培养专门人才服务。此外，大学还根据培养专门人才的要求，开设大量的选修课，专题讲座和实验、实习及社会调查等许多反映现代科学技术发展的新知识和新内容的课程。大学里各种各样的讲座很多，要积极参加学校里的文化活动，应多与学者交流，多与同学交流。

4. 学习方法不同

大学课程，老师在课堂上大都只讲重点。新生要养成良好的学习习惯，做到提前预习，通过预习，发现课程重点和难点，了解课程的内在联系，做到心中有数，掌握听课的主动权。大学的学习一定要改变往日应试教育的学习方式，积极参加课外实践和各种兴趣小组，这对于未来的发展十分重要。大学学习充分体现出学生学习的主动性、积极性和自觉性，并不断探索和总结适合自己的有效的学习方法。这主要源于要适应大学教育方式的变化。

变化一：内容多了

中学阶段，我们一般只学习十门左右的课程，而且有两年时间都把精力砸到高考科目上了，老师主要讲授一般性的基础知识。而大学需要学习的课程在20～30门，每一个学期学习的课程都不相同，内容多，学习任务远比中学重得多。大学一、二年级主要学习公共课程和基础课程，大学三年级主要学习专业基础课和部分专业课以及选修课，大学四年级重点学习专业课和进行毕业设计、做毕业论文。

变化二：自习多了

中学里，经常有老师占用自习课，让同学们非常苦恼，大学里这种情况几乎不存在了。因为大学里课堂讲授相对减少，自学时间大量增加。同时，大学为学生学习提供了非常好的环境，大学有藏书丰富的图书馆，有设备先进的实验室，有丰富多彩的课外科研活动。

变化三：老师管得少了

在学习方法上，中学时期，只要跟着老师走就可以了，一切听从老师指挥，老师教学生是“手拉手”领着教，而大学老师则是“老师在前，学生在后跟着走”，提倡学生自主学习，课外时间要自己安排，逐渐地从“要我学”向“我要学”转变，不采用题海战术和死记硬背的方法，提倡生动活泼地学习，提倡勤于思考。

变化四：讲课快了

大学教师讲课有以下四个特点：一是介绍思路多，详细讲解少。主要讲授重点、难点内容，而且许多教师都使用投影机、多媒体授课，实现了授课手段多样化，授课进度比较快，一节课可能要讲授一章或几章的内容。二是抽象理论多，直观内容少。三是课堂讨论多，课外答疑少。四是参考书目多，课外习题少。有的老师一节课讲两、三个章节，听课的同学连翻书的时间都没有。

变化五：没教室了

中学时期，我们有固定的教室、固定的座位、听课的是固定的同学，但是在大学里，每个班没有固定的属于自己独享的教室，有时1、2节课可能在这一栋楼的某个教室学习，但3、4节课又会到另一栋楼去听课，与自己一起上课的可能还会有不同专业的同学，上自习也要自己找教室。

三、大学生学习的特点

大学生学习不仅与中学生的学习有明显的区别，是一种特殊形式的学习，而且具有其自身的一些特点。

(一) 学习的自主性

大学学习与中学学习截然不同的特点是依赖性的减少，代之以主动、自觉地学习。课堂教学往往是提纲挈领式的，教师在课堂上只讲难点、疑点、重点或者是教师最有心得的一部分，其余部分就要由学生自己去攻读、理解和掌握。大部分时间是留给学生自学的。因此，大学学习不能像中学那样完全依赖教师的计划和安排，学生不能只单纯地接受课堂上的教学内容，必须充分发挥主观能动性，发挥自己在学习中的潜力。

自主性的学习方式，将贯穿于大学学习的整个过程，并反映在大学生活的各个方面。如学习的自主安排、学习内容和学习方法的自主选择等等。大学生自学能力的培养，是适应大学学习自主性特点的一个重要方面。当今社会，知识更新越来越快，三年左右的时间人类知识的总量就会翻一番。大学毕业后，不会自学或没养成自学的习惯的同学，将被时代前进的步伐远远抛下。因此，培养和提高自学能力，是大学生必须完成的一项重要任务，也是进行终身学习的基本条件。

大学生学习无论从学习内容、学习时间还是学习方式上都更加强调个体在学习活动中承担角色，强调学习的自觉性与能动性。除了上课之外，约有 45%的时间是可以自由支配的。大学生的很多学习活动是由学生凭借自己的力量独立完成的，体现着学习的独立性和能动性。

大学生学习的能动性表现在两个主要方面：第一，大学生对学习内容具有较大的选择性，特别是随着高等教育改革的深化，大学的课程安排更加科学合理，既有公共必修课，专业基础课，还有辅修课程及大量选修课，学生可以根据自己的兴趣、爱好自由选择。第二，高校更加重视专业知识运用能力的培养。课程设计、毕业设计与毕业论文等都需要学生自己查阅有关资料，自己设计研究方案，独立撰写研究论文和报告，这些都体现着知识的运用能力，也充分体现学生的主观能动性。

在学习方法的选择上，大学生更应发挥主动性。一般来说，大学学习活动的主要形式有四种：按教育大纲规定的课堂学习活动；补充课堂学习的自学活动；独立钻研的创造性活动；相互讨论、相互启发的学习活动。在各种不同的学习形式中，都要发挥学习的主动性，根据自己的情况，选择适合自己的最有效的学习方法。大学的学习，不再是去死记硬背老师所讲的内容，而是根据自己的学习目标和专业要求，选择、吸收、消化有用的知识。这个过程就是学习主动性的体现。

(二）高层次的职业定向性

大多数学生在报考高等学校的时候，就选择了自己的专业，他们在进入高等学校以后也是在相应的院系学习某个专业，这与中学不分专业的学习有明显的不同，以某一专业为主线展开的学习，沿着专业目标指引的方向去学习文化基础课程、专业基础课程、专业技能课程并参加社会实践，为以后形成职业能力服务。因此，大学生既要学习政治理论、体育、心育、外语、计算机等公共课程，还要学习相应专业的基础课程和专业课程，进行必要的专业技能训练，通过几年的专业学习，使自己成为适应社会需要的某一领域的高级专门人才。大学生学习的内容与他们的职业生涯规划有密切的联系，专业化的学习是为学生未来的职业做准备的，因此，大学生的学习具有较高层次的职业定向性。

(三）学习途径更加多样化

大学生的学习途径是多种多样的，课堂教学虽然仍是主要的学习途径，但已不像中学时那样几乎是唯一的途径。大学生的学习活动已广泛地延伸到课堂之外。例如听学校举办的各种学术报告会，参加教师的科研课题研究，参加学生丰富多彩的社团活动，参加暑期社会实践活动等都是很好的课外学习途径。此外，国际互连网络的广泛使用，又为大学生开辟了一条学习的新途径。

(四）更具有研究和探索性

大学生学习更具有研究和探索的性质。大学的课堂教学已从阐述既定结论，逐步转变为介绍各学派理论的争论、最新学术动态等，学生的学习方式和思维方式逐渐从死记硬背、正确再现教学内容向汇集众家之长、确立个人见解的方向转变。大学学习不仅仅在于掌握知识，更在于探究知识的形成过程与科学的研究方法，了解学科发展前沿、存在的问题及解决的思路。当前，各高等学校普遍加强大学生创新能力的培养，在课程设置、课程安排、课程衔接上突出学生的主体地位，提高大学生的创新能力，这无疑更加突出了大学学习的研究与探索性。

我与学生面对面

一、您能谈一谈自己对大学学习的认识吗?

答：对大学学习我的认识很简单，两个字：学风。

一所大学的实力并不只依靠学校的硬件设施，这所学校的校风、学风才是真正的“软黄金”。高校的学风普遍很好，自习教室里非常安静，没有聊天、说话、听音乐的现象，大家都在聚精会神地看书学习，轻轻翻书唯恐影响他人。为什么有些偏远小城市的大学考研率特别高？这与它们的良好学风密切相关。

一个学校、一个班级有自己的学风，一个人也有自己独特的学风，并且从学风方面可以看出一个人的整个精神风貌和各种人格因素。具体地说大学生良好的学风主要有五个方面。

(一) 要有正确的学习态度

Attitude is a little thing makes big difference.（态度是一件小事，却能导致巨大的差别。）有了正确的学习态度，才能克服在学习过程中出现的各种各样的问题，态度明确，注意力专注，学习效率才能提高。当然，正确的学习态度又来源于对大学学习自身重大意义的认识，所以，学习态度是一个人人生观、世界观的具体体现。

出生在胶东半岛的李世鹏曾给很多年轻的学生留下深刻印象。他在 15

岁那年进入中国科技大学，在美国完成了博士学业后回国，在“数据压缩”和“数据传输”领域里做出的杰出贡献，使他在全世界计算机领域里享有盛誉。别人都夸他聪明，智商高，而李世鹏自己认为，他主要靠的不是聪明，而是踏实的学习态度。“大学的课程更灵活一些，光努力还不够，还要有方法。但是不论在小学、中学还是大学，有一个东西是共同的，那就是态度。态度可能对最后的结果产生很大影响。”学习的态度，比课本重要，比课堂重要，比分数和名次重要，比学校是否是重点大学更重要。在无法改变现行教育体制的情况下，大学生可以通过改变对教育的看法，从而对学习充满旺盛的激情。

（二）要有强烈的学习责任感

大学生应具有强烈的学习责任感。市场经济的发展和就业市场的压力是最好的老师。市场经济不承认特权，它信奉平等竞争；市场经济不相信眼泪，它需要用自身的实力证明自己的身价。市场经济奉行等价交换的原则。

随着高校的连续扩招，大学录取人数的剧增也决定了就业形势的严峻。由皇帝的女儿不愁嫁到如今的双向选择，自主择业，有喜也有忧。你在拥有选择自由的同时必须具有被选择的自由，是一种令人向往又使人逃避的自由。双向选择，自主择业，就像男婚女嫁，你喜欢的，人家未必中意你；人家中意你的，你又不乐意。凭自己的实力打天下，就要反映出你的真实水平。

（三）摸索适应大学学习的方法

大学是集中系统地学习知识的时期，大学生应该抓住这一难得的机遇，努力成为一个“知识贵族”。自主学习是大学学习活动的核心特征。大学生的学习不单是掌握知识，更重要的是掌握学习知识的方法。方法不等于知识，知识可以遗忘，而方法则忘不掉。犹如一个从小会骑自行车的人，成年后若干年不骑，但一旦接触自行车，仍然马上就会骑着行走，不用重新学。

刚进大学的新生，一般都会有 2 到 3 个月的调适期。在这段时间里，需要完成从高中的应试教育模式到大学的开放式教学的转换。在大学里，学习首先要靠大学生自己支配课下时间，通过大量的课外阅读去整理、消化课内的知识。其次，大学生应不急不躁地摸索自己的学习方法，逐渐调整状态，达到平衡。客观地说，最好的学习方法每个人都有一套，那就是最适合你的那一套。这套方法是在取人之长的基础上结合自己实际不断探索得来的，照抄照搬是不行的。为此，大学生要在借鉴前人经验的同时，

积极探索和造就适合自己的学习方法。

（四）正确处理学习知识与培养能力的关系

成功离不开能力，也离不开知识，两者都不能偏废。但在大学校园里，片面强调能力的培养，忽视专业知识的学习成为一个突出问题。在不耽误功课的前提下参与一些社团活动也未尝不可，但是一定要把握好“度”。

离开专业知识的学习，要获得这些素质是不可能的。从我们国家领导人的简历中，可以发现一个有趣的现象：理工科出身的大学生走上高层工作岗位的多。他们无一例外地认为，在求学时培养起来的严谨态度和作风对他们的人生起了决定性作用。这也从一个侧面说明，对于想拥有更好的发展前景的人而言，学业优秀与锻炼能力一样重要。

我们强调学习知识的重要性，并不是要大学生都不要参加学生工作，都去做书本知识的奴隶，这同样是偏颇的想法。应该摆正学业和培养能力的关系，只要处理得当，“鱼”与“熊掌”可以兼得。

一位大学生说得多好：“四年前，我们带着行李来到这里。四年后，不可避免的我们会离开母校。而我希望我们走时与来时相比行李重了许多，重了什么？就是你的知识和能力。当你离开母校时，你所有的成绩和荣耀都将成为过去，你带走的只能是你的知识和能力。”

（五）用智慧驾驭知识

以新的视角来看待知识与方法的关系，是知识经济时代培养创新人才最根本的问题。诺贝尔奖获得者李政道在《物理的挑战》报告中指出，创新人才不能仅仅依靠课堂讲授、课堂教育，也不能完全依靠因特网等高科技工具，因特网只能提供信息，但信息不是理解。

数据资料不加以分析不成其为信息，信息不加以理解不成其为知识，知识不通过智慧加以运用不成其为力量。当今世界的竞争不是与社会生活无关的知识竞争，而是人的视野、能力、水平的竞争。美国著名的管理学家德鲁克把人类处理知识的方式划分为三个时代：人类早期是知识启蒙的时代、工业化时期是知识应用的时代、工业化之后是智慧时代。所谓智慧时代，就是要求根据自己的发展目标去检索知识、积累知识、处理知识。

最近，美国一批现代心理学家的研究成果表明：知识少而创新能力强和知识多而创新能力差都属于正常现象。爱因斯坦、牛顿等一大批科学家，都是在二十多岁左右做出了划时代的科学成果。当时，他们的知识储量和他们

同时代的科学前辈相比，可能要少得多。那么为什么他们取得了巨大的科学成就呢？主要是科学方法。知识是学不完的，要用智慧驾驭知识。

第二节　自主学习：不能弱化的主流

知识经济时代的一个重要特征就是知识的更新比以往任何时候都要来得迅速，新的知识不断地产生，旧的知识不断地被替换。掌握正确的学习方法，建构适应社会发展的知识和能力，是现代大学生面临的重要课题。只有努力自主学习，才能具备良好的适应性。

知识经济时代是相信“知识就是财富”的时代。四川联合大学皮革工程专业的女硕士林炜向重庆农药化工集团公司转让了她的一项研究成果，转让费高达700万元。知识经济时代的竞争，不仅是知识的竞争，还是能力和综合素质的竞争。不管是综合素质的提高，还是综合能力的培养，都是以学习为基础的，是从最起码的知识开始的。青年大学生只有不断提高自己的知识水平，才能适应知识经济时代的发展，铺就成功之路。当今时代，不会自主学习的大学生不能算是合格的大学生。

一、大学生自主学习的方向

国际21世纪教育委员会向联合国教科文组织提交的经典报告《学习——内在的财富》中指出：21世纪的教育应围绕四种学习加以安排，即学会求知——掌握认识世界的工具；学会做事——学会在一定的环境中工作；学会共处——培养在人类活动中的参与和合作精神；学会做人——以适应和改变自己所处的环境。

（1）学会学习

大学生应把“学会学习”也就是前述“学会求知”作为成才道路上的重要一环。学会学习有两方面含义：一方面，善于将老师传授的知识融会贯通，高效率地掌握知识；另一方面，具备独立吸收知识、获取信息的能力。未来的文盲不是不识字，而是不会学习、获取新知识能力差的人。在知识经济时代，知识和技术的更新速度越来越快，每个人都会有落伍的危险。因此，当代大学生必须确立“终身学习”的观念。

研究表明，一个科技人员应用的知识的总量大约只有20%是在传统的学校学习中获得的，其余的80%是在工作和学习中为适应需要而获得的。如果不处于经常学习状态，人们的知识结构很快就会落后于实践的要求。因此，时代要求大学生树立终身学习观念，使自己能紧跟知识和技术发展的步伐。

（2）投身社会实践

现在大学毕业生的自荐书几乎千篇一律，大多数人都有这样那样的荣誉证书，用人单位很难据此判断应聘者的能力。许多大学生精心制作的厚达十几页甚至几十页的自荐书，招聘单位大多只是一翻而过。相对于学生的荣誉证书，他们更偏爱有实际能力的人。某信息公司前后接待了两名应聘学生，前者拿了许多荣誉证书复印件，而后者递交了十几份已被采用的广告平面设计作品，招聘人员在简单询问后很快就跟后面这位同学签订了用人意向。该公司负责人说：“我觉得几件作品远比厚厚的几沓证书更能证明学生的能力。”

（3）学以致用

学以致用是一项非常重要的教育思想。学习的知识如果不能运用到实践中去发挥作用，那就是读死书、死读书，这样的大学生在当今的知识经济背景下是没有什么前途和出路的。外企招聘人员对外语的要求一向很高。由于外企有不少外国专家，如果口语不行，肯定会影响工作，可应聘学生尽管不少都有外语四、六级证书，但让他们张嘴说却很难。

（4）提高人文素质

所谓人文素质，是指学生经过学习人文社会科学知识而形成的内在素养和品质，主要指文化素养和艺术修养。当代大学生普遍缺乏人文知识。据报载，浙江某工科院校在校内推行汉语水平测试，主要考查语言运用能力和文学基本常识，内容比较简单，可是首次测试结果却出人意料，参加测试的700多名学生，实际通过率仅为36%。有的学生不知道《四书》是哪四本儒家典籍，有的写一份简单的请柬，在格式、用语上也出错。不难推测，严重缺乏人文知识、人文素质较差的大学生绝不在少数。

就人文知识而言，它可以内化为做人处世的能力，可以积淀为内在的文化素养。作为一名大学生，如果没有一定的文化素养和做人处世的能力是很难在社会上站住脚的，更不要说有大的发展了。

（5）学会创新

创新是一种精神状态，更是一种科学方法。创新素质的培养一定要强调科学方法。有了科学方法，才有能力创新。

变不可能为可能，是创新型人才的必备潜质。莫扎特还是海顿的学生时，曾经和老师打过一个赌。莫扎特说，他能写一段曲子，老师肯定弹奏不了。世界上竟会有这种怪事？在音乐殿堂奋斗了多年早已功成名就的海顿对此岂能轻易相信。莫扎特将曲谱交给了老师。海顿来不及细看便满不在乎地坐在钢琴前弹奏起来。仅一会儿的工夫，海顿就惊呼起来："我两只手分别弹响钢琴两端时，怎么会有一个音符出现在键盘的中间位置呢?"接下来海顿以他那精湛的技巧又试弹了几次，还是不成，最后无奈地说："真是活见鬼了，看样子任何人也弹奏不了这样的曲子。"显然，海顿这里讲的"任何人"中也包括莫扎特。只见莫扎特接过乐谱，微笑着坐在琴凳上，胸有成竹地弹奏起来，当遇到那个特别的音符时，他不慌不忙地向前弯下身子，用鼻子点弹而就。海顿禁不住对自己的高徒赞叹不已。"世界上没有不能弹奏的曲子。"这是创新学推崇的一条座右铭。

学会创新是获取成功的通行证。对于大学生来说，创新素质的重要性至少可以从近期和远期两方面论述。近期而言，具有创新素质的大学生在就业市场具有更强的竞争力。微软公司全球技术中心的总经理唐骏也表示，潜力比专业经验和在校成绩都重要，微软公司最需要的人才是具有潜力的人才，潜力包括聪明才智，更包括创造力和创新素质。微软公司有一套自己的方法，比如给你"3388"四个数字，看你能不能在最短时间内通过加减乘除得出24。还有一些问题，更是"刁钻古怪"，比如会问你"上海有多少个加油站"、"上海的出租车产业占上海经济中的多少比例"。这些问题当然不是考查你的记忆力和常识，事实上也没有什么标准答案。关键是考察你分析问题的能力，如何找到一个恰当的切入点。

（6）学会做人

学会做人是一笔终身财富。学会"做人"，具有高度的责任感、社会

公德意识，是一种珍贵资源。

1996 年 11 月，美国哈佛大学文理研究生院和翰林教育基金会联合举办了“21 世纪的高等教育”研讨会。与会的不少国家在高等教育发展理论探讨中都表示感受到强烈的危机，有人称之为“高教危机说”。那么危机来自哪里呢？危机主要来自于高等教育没能有效的提高大学生的道德水平，即高等教育没有教会大学生怎样做人。

现任微软公司全球副总裁李开复在 CCTV《对话》中讲的一番话发人深省：“管理经验和沟通能力是可以在日后的工作中学习的，而一颗正直的心是不可改变的。”他曾经面试过一位求职者，在技术、管理、经验等方面相当出色，公司对他非常满意。但是，在谈话之余，他向公司表示，如果录取他，他可以把在原来公司做的一项发明带过来。稍后，他又补充了一句：这是我在业余时间做的，公司不知道。李开复说，不论这个人的能力和工作水平怎样优秀，都不能录取他。原因是他缺乏最基本的处世原则和最起码的职业道德——诚信。如果雇佣这样一个人，谁能保证他不会在这里工作一段时间后，把这里的成果变成向其他公司献媚的“贡品”呢？李开复强调，在微软的企业文化中最重要的就是员工的道德素质。

中国有句谚语：一两重的真诚等于一吨重的聪明。一个人品不完善的人不可能成为一个真正有所作为的人。没有做人的成功，就没有真正的成功。做人与做事是完美结合的。有人这样描述两者的紧密关系：“一切彻底的成功都是做人的成功，一切彻底的失败都是做人的失败。”

二、大学生自主学习的途径

课堂教学虽然仍是大学生主要的学习途径，但已不像中学时那样几乎是唯一的途径。大学生的学习活动已广泛地延伸到课堂之外。

(一) 努力转变学习方式

“大一的时候，不知道自己不知道什么；大二的时候，不知道自己知道什么；大三的时候，知道自己不知道什么；大四的时候，知道自己知道什么。”这段在大学校园里广泛流传的话概括了大学期间的学习过程。大学的教学方式、教学理念及手段完全不同于以往，进入大学，必须以最快的速度适应大学的学习方式。

大学的学习不再是老师追着学生，而是学生主动求教老师；大量的时间需要自己安排，而不再是被老师占用；同时要学会研究性学习，善于发现和

提出问题。对此，许多“前辈”的经验是：学会主动。学习并非仅仅是听课和读教科书，和老师、同学讨论问题，阅读参考书、听学术讲座，都是学习，关键是你能否充分利用这些资源，并将学到的知识很好地整合。

一些考生因为各种原因没能进入自己的理想专业，面对自己不熟悉甚至不喜欢的领域，如何学习？一些高年级学生的经验是，除非你有特别明确的目标，一般情况下，不要转专业。大学的自我管理体制决定了学习以兴趣为主导，但兴趣是靠培养的。因此，首先要了解自己所学的专业。

了解学校、尽快适应大学生活的最好途径就是多向学长们请教。许多高年级学生都说，一定要留下入学时负责接待你的那个学长的联系方式，不懂的问题随时咨询。向他讨教学习方法，了解哪些课程该重点学，哪些课程该选修，怎样评选奖学金，考试时如何整理复习资料，你一定会受益匪浅。学长是很好的老师！

大学课多，所学东西也多，有的大课几百人一起上，师生互动少，一些“前辈”传经：“听课功夫其实在课外”，一定要提前预习，尤其是理工科；不能仅靠上课听讲，下课后还应认真整理笔记，再好好消化，学习关键靠自觉，老师布置的书目、论文，课下一定要下工夫认真读；另外，老师的板书也应该记。

（二）利用互联网

据最新的统计资料表明，中国的网民已超过三亿。正如民谣所说：“不到北京，不知道自己官小；不到广州，不知道自己钱少；不上互联网，不知道自己懂得少。”大学生作为上网比例最高的群体，上网已成为其生活的重要组成部分。在大学校园里，朋友见面不是问“你吃饭了没有”，而是改作“你上网了吗”。高校普遍看到了互联网的重要功能，建设数字校园几乎成为所有高校的目标。每所高校都设有制作精美的校园网页，印证了海子的一句诗，“面朝大海，春暖花开”。

（三）充分利用图书馆

教师队伍、实验设备和图书馆被称为高校的“三驾马车”。可见大学图书馆在高校中所占有的重要地位。大学是集中系统地学习知识的宝贵时期，大学生应该抓住这个难得的机遇，努力成为一个知识贵族。要想在本学科、本领域有所发展，必须开采图书馆这座知识财富的金矿。图书馆对大学生的专业学习、课外自学和健康成长都有至关重要的意义。经常听到即将毕业的大学生感慨的话语：“大学生活离不开图书馆。”因为他充分了

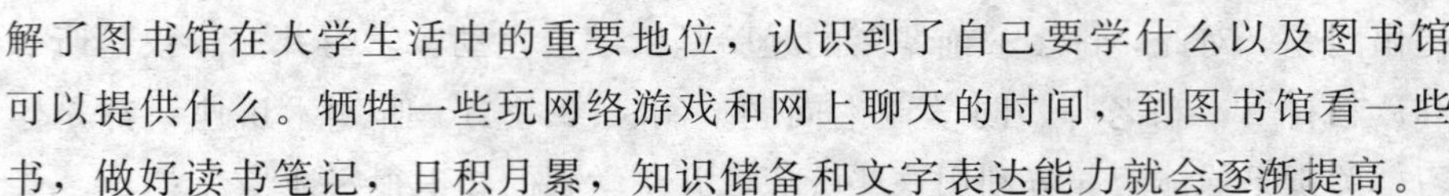

解了图书馆在大学生活中的重要地位，认识到了自己要学什么以及图书馆可以提供什么。牺牲一些玩网络游戏和网上聊天的时间，到图书馆看一些书，做好读书笔记，日积月累，知识储备和文字表达能力就会逐渐提高。

（四）认真聆听专家讲座

没有讲座的高校是不可思议的。讲座是大学生获取知识的一个重要途径。学术讲座成为大学生关注学科前沿、透视社会热点的重要窗口，不可以不听。高质量的学术讲座增强了高校的知识“辐射”功能，可以使大学生聆听大师级人物讲解某一方面的学术前沿问题。平日里要是哪间教室被挤得里三层、外三层，那多半就是有热门讲座了。讲座最吸引学生的地方，就是能直接感受专家、学者们的思想火花。在传媒高度发达的今天，大学学术讲座往往成为社会瞩目的焦点。比如香港凤凰卫视的“世纪大讲堂”，吸引了许多大学生的目光，就连中央电视台也办起了“百家讲坛”。

（五）参加学校和社会组织的实践活动

参加学生丰富多彩的社团活动，参加教师的科研课题研究，参加暑期社会实践活动等都是很好的课外学习途径。只学习专业知识的大学生犹如“走钢丝”。在当今多元化的社会中，仅仅局限于专业知识的学习，不过是拥有未来人才竞争的入场券而已，不能算是合格的人才。

一名持有高级口译证书的女大学生顺利通过了英语口试，但最后总分却不如人意。因为在综合能力考试的考官面前，她评价口试的考官水平不过如此，“我可是标准的美式发音”，从而暴露了她的人格缺陷。因此主考官认为“一个员工若是有诚信、踏实的品质，将会发展得更稳健。”这也是接受单位对应聘者考察的重点。因此，不参与学校和社会的各种活动，不注意发挥自己的特长，不注重锤炼自己的素质，犹如“走钢丝”，不可能成为合格的新世纪人才。

我与学生面对面

一、如何对待专业课、公共课和选修课？

答：对于大学的课程，专业课、公共课和选修课要分别对待。

（一）专业课：学习目标要明确

不同专业的大学生有不同的专业课，但不同专业的大学生对待本专业课程的学习态度应该是一致的：那就是不管喜欢与否，都要尽力学好。在学习专业课时，学习目标要明确具体，以不断提高学习动机和学习兴趣，主动克服各种学习困难，做到直接学习兴趣和间接学习兴趣的结合。

（二）公共课：认识到其实用价值

大学生对公共课的学习积极性普遍不如专业课，有相当一部分学生持消极应付的态度，学习兴趣主要看老师的教学水平，如果老师的课讲得生动活泼，他们愿意听，有兴趣学。但这种兴趣主要是直接学习兴趣，而且大多停留在较低水平上，只限于上课认真听讲，把听课当成了一种享受或是对专业课的调剂。

大学新生要充分认识到公共课的实用价值及对自己的意义，要把部分实用性强的公共课（例如外语）当成专业课来学习。

（三）选修课：杜绝“捞取学分”

大学生对待选修课的学习一般说来兴致较高，认为选修课可以开眼界、长见识，扩大自己的知识面。而且选修课的学习要求不严，大学生较少产生逆反心理。但选修课在大学生心目中的地位和分量毕竟不如专业课和公共课。要杜绝为了捞取学分才选修某些课程、“选而不修”的不正常现象。

二、我不喜欢现在所学的专业怎么办？

答：如果你现在不喜欢所学的专业，首先要分析原因，然后再作决定。

（一）某些专业，尤其是冷门学科的学生，多是高考后调剂志愿分来的，而不是他自己的志愿，毕竟考上大学不容易，大多数人哪怕是调剂志愿也要上自己所选择的高校。这种选择是对的，因为不同的大学有自己的教育思路，即使是本学科不是那么出色，但是如果大学本身非常优秀的话，你所学的学科早晚也会越来越好，所以不必灰心，打下扎实的功底比什么都重要。

（二）如果你确实不喜欢所学专业，或者清楚自己根本不适合自己的学科，或者觉得自己的学科没什么太大的前途，而你又有条件的话，那么就考虑转系或转专业吧。现在的大学越来越开放了，在大一主要开设一些公共课，大一第二学期末可以递交转专业申请，只要通过考试就可以。至于条件么，当然是大一的学习成绩要好啦，对于学习不肯努力的人，你心仪的系也是不欢迎的。

（三）我们对专业的理解是随着年龄的增长而不断丰富的，在你不了解它或者只是对它有一些公众知识层面上的了解的时候，你并不能为自己是否适合这个专业而做出准确的判断。等到你进入这个专业比较精深的领域，水平达到一定程度以后，只怕你已经爱上这个专业了；或者更加清楚这个专业再离开，那也不迟啊。

三、如何管理好学习时间，更高效地学习？

答：要管理好学习时间，实现高效地学习可以从以下几方面着手。

1. 抓住每天的最佳的学习时间段。大脑活动的效率在一天中的不同时间段是不同的，学习时间的最佳选择应该是一天中大脑最清醒的时候。

小提示：人一天之内的4个学习的高效期：

清晨起床后，大脑经过一夜的休息，消除了前一天的疲劳，脑神经处于活动状态，没有新的记忆干扰，此刻认知、记忆印象都会很清晰，学习一些难记忆而必须记忆的东西，较为适宜，如语言、定律、事件等的记忆和储存。

上午八点至十点是第二个学习高效期，体内肾上腺等激素分泌旺盛，精力充沛，大脑具有严谨而周密的思考能力、认知能力和处理能力，此刻是攻克难题的大好时机。

第三个学习高效期是下午六点至八点，这是用脑的最佳时刻，不少人利用这段时间来回顾、复习全天学过的东西，加深印象，分门别类，归纳整理。也是整理笔记的黄金时机。

入睡前一小时是学习与记忆的第四个高潮期，利用这段时间来加深印象，特别对一些难以记忆的东西加以复习，则不易遗忘。

2. 劳逸结合。休息几分钟可让你恢复精力，1+1>2，休息是为了更好地学习。

3. 控制时间长度。大学生一次学习最好介于60～90分钟之间，时间过长或过短，效率都不高。

4. 交叉学习效果好。大脑长久接受同一类信息刺激，就容易产生疲劳，降低学习效率。应及时转换学习内容，注意各门学科交替进行，特别是文理交替。学习之余，可做一些文体活动提高学习效率。

5. 尽可能每天在固定的时间进行学习。这样形成规律，学习在心理和生理上产生适应性，到固定时间效率会有所提高。

第五章

课余生活：炫出青春的色彩

第一节　学会选择——让生活更多姿

大学校园课余生活丰富多彩。除了日常的教学活动之外，还有各种各样的讲座、讨论会、学术报告、文娱活动、社团活动等等。这些活动对于大学新生来说，令人眼花缭乱，那么，如何安排课余时间呢？

一、课余活动心中要有谱

大学新生对课余生活的安排常常心中没谱。如果完全按照兴趣，随意性太大，很难有效地利用高校的有利环境和资源。

要合理地安排课余时间，首先必须对自己在近期内的活动有一个理智的分析。看看自己近期内要达到哪些目标，长远目标是什么，自己最迫切需要的是什么，各种活动对自己发展的意义又有多大等等。然后做出最好的时间安排，并且在执行计划中不断地修正和发展。

另外，最好能专门制订一份休闲计划，对一些较重大的节假日和休闲项目做出妥当的安排，这样能使你的休闲和学习有条不紊地交叉进行，使身心得到有效的放松和调适。而且，一旦制订出了既愉快又切实可行的休闲计划，那么在这一时间尚未到来之前，你的心情会是愉快而充实的，能精神振奋地投入学习和工作之中。

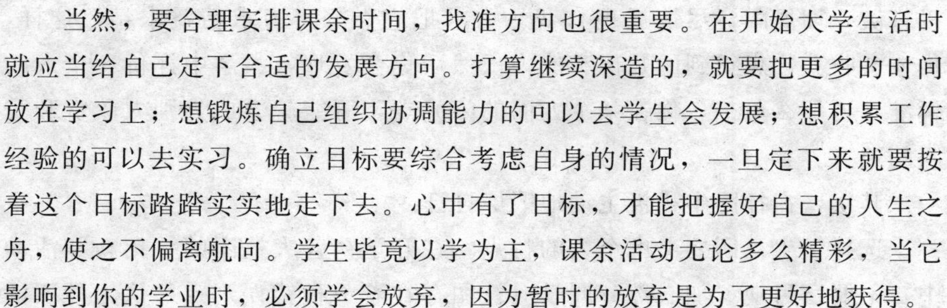

当然，要合理安排课余时间，找准方向也很重要。在开始大学生活时就应当给自己定下合适的发展方向。打算继续深造的，就要把更多的时间放在学习上；想锻炼自己组织协调能力的可以去学生会发展；想积累工作经验的可以去实习。确立目标要综合考虑自身的情况，一旦定下来就要按着这个目标踏踏实实地走下去。心中有了目标，才能把握好自己的人生之舟，使之不偏离航向。学生毕竟以学为主，课余活动无论多么精彩，当它影响到你的学业时，必须学会放弃，因为暂时的放弃是为了更好地获得。

二、选择适合自己的学生社团

社团这个词，对于大学新生来说是新鲜的，它是大学校园中一抹靓丽的风景，作为继承、传播文化的一个载体，社团举办各项活动丰富了我们的课余生活。

大学的社团、协会数不胜数，从学期初的“百团大战”就可以看出它们的规模和气势。它们覆盖了人文、学术、实践、艺术、体育五大方面。学生社团活跃了校园文化，有力地配合了学校学生素质拓展规划的实施，为广大学生健康成长创造了良好的条件和氛围。

适度合理地参加学生社团，可以锻炼自己，展现自己的才华，还可以结识更多的朋友，寻觅知音。有相同情趣爱好的人最容易成为朋友，所以你会发现社团里的同学更容易接触。但是并不提倡你们参加过多的社团，这样做不仅会把自己弄得精疲力竭，而且会影响学习这个主业。大学生的时间和精力是有限的，所以一定要选择自己有兴趣、有特长的社团去参加，参与社团活动关键在于质量而不是数量。

首先，社团的选择不宜过多过杂，尽量只选择适合自己的组织或团体。

在校园里，团委学生会、学生社团、校内媒体、班干，可能算得上是四大“公干”。它们可以锻炼你的能力，给你提供社会实践机会，为你搭建社交平台。通过它们，你可以轻而易举地认识许多来自其他学院的同学，接触到社会上的不少人和事。但是，在这四大“公干”里，你选择哪一个，所带来的结果可能是不一样的。比如，你做班干，你的眼光只会局限在自己的班级和学院的特定的活动范围，而做校园记者等媒体工作，你就会了解整个学校的所有活动。这两种工作的工作方式和思维方式是不一样的。所以，选择加入的社团，最好是符合自己的兴趣与追求，这样你可

以打破一切局限，尽情展现自我，力求把它做好，力求精益求精，这样，你才会收获你想得到的知识和能力。然后你会发现，大学中评价一个人的标准不再那么单一，你在某个方面的闪光点，可能就会成为别人欣赏和赞叹的地方。

其次，在社团中积极主动地锻炼自己。

选择学生社团要考虑个人的特点。在开学初各大社团的“招新”活动中，不要盲目地参加。部分同学对社团存在着一种错误观点，认为社团活动不过是一种娱乐而已，想到的时候就去参加，凑个热闹；没心情就不去，反正是玩。这其实是将自己置于非常被动的地位，违背了社团活动的宗旨，对自己、对社团都是一种不负责任的行为。

任何选择都不该是盲目的，选择了，就应该负责，就应该积极主动地去做一些事情。首先尽量争取承担社团内的一些工作，比如组织社团活动，这对个人组织能力、交际能力的提高大有裨益。但是，组织者并不是人人都可以做的，当好一名尽职尽责的“小兵”也很重要，职位再小也不要忘记自己是社团的一员，有义务和责任搞好社团活动。因此，首先要学会服从纪律安排，提高自身组织性、纪律性，另外还可以在适当的时候给组织者提一些建设性意见。

大学生活只有四年，转瞬即逝，应好好珍惜，选择一个感兴趣的社团好好锻炼自己，是每一位同学都应该考虑的。通过参与社团，可以积累我们需要的知识，从中得到锻炼和提高。这些经历对于我们以后走上工作岗位，是一笔巨大的财富。在某种程度上，社团教会了我们为人处世，教会了我们奋斗拼搏，也教会了我们体味成长。

有了社团的打磨，我们从高中带来的年轻气盛的棱角渐渐圆润，我们懂得姿态放低一些，会让自己飞得更高。而协调各方面的人际关系，充分展示个人魅力，学会包容，学会乐观地看待困难，则是另一种收获。

三、听讲座和读好书

“讲座名称××，主讲：××教授，时间××，地点××”，在大学校园里，经常能看到类似的宣传海报，相信任何读过或正在读大学的人都不会对讲座陌生。讲座是大学生活不可或缺的一部分，少了它，你的大学生活一定不能算是完美的。在大学里听讲座，也是一件极有意义的事情。请来讲座的往往是大家名流，内容十分精彩。他们或以学理深厚见长，或以

激情昂扬著称，无不使人深受启发，能听到他们的思想碰撞本身就是种福气，不管最后你是听过他们的讲座就忘了，还是长存于心中，都是智慧和思想的传递。因此，珍惜机会，多听好的讲座，对你的人生将不无裨益。当然，讲座还可以通过网络在线收听。

除了听讲座，在大学多读好书是非常明智的选择，诚如《劝学诗》中所描绘：富家不用买良田，书中自有千钟粟；安房不用架高梁，书中自有黄金屋；娶妻莫愁无良媒，书中自有颜如玉；出门莫愁无随人，书中车马多如簇；男儿欲遂平生志，六经勤向窗前读。要读书，必须得读好书，那么什么书是好书？

好书是坚固厚实的砖，无数的先哲用它筑起了一条宏伟的“长城”，将文明与野蛮分割；好书是人类进步的阶梯，人类就像顽皮的婴儿，一点点爬上阶梯的顶端，向着无垠的宇宙招手；好书是巴格达宝库，孕育着未来的希望，等着人去开启；好书更是一个品德高尚的人，而读一本好书，就像在和一个品德高尚的人谈话。

多读好书能开阔视野，增长见识。从《红楼梦》到《人间喜剧》，从《随想录》到《苦难与风流》，从《文化苦旅》到《上下五千年》，一本好书包含了政治、经济、历史、哲学、文化以及科学技术。难怪有人说：“书籍是当代真正的大学。”

古谚说得好：“读万卷书，行万里路。”进入社会后，你会发现好书真的对你很重要，甚至重要到你每做一件事情都会想到它们，无论成功、失败，然而这时，你已经完全没有时间和精力去读它们了。有位从监狱出来的人后来成就了一番大事，当别人问他最感谢什么时，他说最感谢在监狱的那段岁月，在那期间，他才有空去读很多好书，并不断思考、体会，如果不是那段岁月，他绝不会有现在的成就。我们无意夸张什么，只是想真诚地劝慰大学新生，抓紧时间，多读几本好书，对我们自身素养和内涵的提高是大有裨益的。

四、休闲娱乐

大学新生不仅要学会适应大学的生活、学习方式，也要学会休闲娱乐，懂得放松自己，劳逸结合，但适时适度是必须注意的。

大学生活是丰富多彩的。学习之余，我们有了许多可供自己支配的空闲时间。充实地度过这些时间，将使我们精力更充沛，心情更愉快。大学

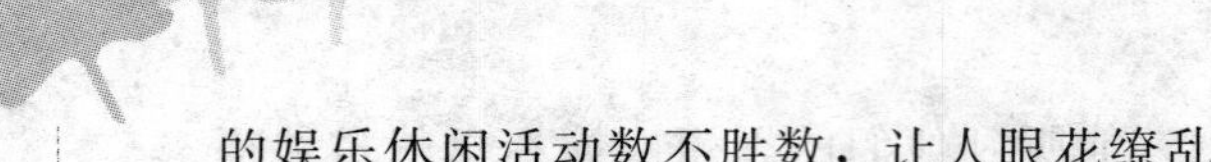

的娱乐休闲活动数不胜数，让人眼花缭乱。

KTV是喜欢唱歌同学的最爱，约三五好友，开一个包间，唱出所有的快乐和悲伤；喜欢跳舞的同学可以去舞厅，在这里除了跳舞，还能认识很多帅哥美女，但有的舞厅比较乱，注意不要受不良风气的影响；和朋友一起看电影、看戏剧，当然有女（男）朋友的话看电影更是一件浪漫的事；听演唱会，和偶像面对面，叫我如何不疯狂？看球赛，CBA，CUBA，各种联赛，是身为运动迷的你的最佳选择；参加各种体育运动，足球、篮球、排球、乒乓球、羽毛球、保龄球、滑板、滑冰……

有条件的同学还可以去攀岩、登山、划船、蹦极，想怎么玩，就怎么玩，但是要注意安全；游乐可以去大型游乐场或者嘉年华；上街购物也是让自己很开心的事情。

放松之余，一定要把握好度。不要让放松变成了放纵，那样对学习和生活都不好，违背了休闲的本意。自由的你，拥有一颗自由的心。放飞这颗心，去享受精彩的大学休闲生活吧！

其实，大学生还应该不失时机地走出校园，到外面的世界去看看，领略象牙塔外的精彩与多元，不仅能带来许多别样的感受，还能增长见识，锻炼各种能力，如交际、战胜困难、勇于挑战、培养毅力等，必定受益匪浅。一般来说，大学生出门旅游主要是四大类：班级集体旅游，寒暑假旅游，黄金周旅游，周末旅游。不同的时间与不同的人出游有不同特点。

班级集体出游时，最好不要离学校太远，安全是重要的考虑因素。并且选择适合大家聚在一起的地点，这样便于交流。班级集体出游的首要目的是促进同学间的交流，而不是纯粹意义上的旅游。毕竟大学不再像中学一样整天都能在一起接触，下课后同学们各自处理自己的事情，交流很少。并且，大学校园一般面积较大，活动场所也多，平时在校内如果不上课，见面机会都不多，更不用说交谈。当然旅游是仅次于交流的第二目的，一般出行的目的地会综合财力、安全、多数人意见等因素确定。

寒暑假旅游对于大学生来说是很好的选择。首先，时间优势。除了学校，其他单位没有寒暑假之说，至多也就是短短一周的假期。不少景点为吸引更多学生游客，专门在寒暑假推出门票等项目的优惠。其次，支持优势。家长也越来越意识到，孩子在学校也很辛苦，在假期来临之际，希望孩子出去透透气，长长见识，舒缓紧张心理，为更好地投入下一阶段的学习调整好状态。

建议大学生从经济、安全、文化底蕴、个人喜好等方面来综合考虑，选择适合自己的旅游方式和目的地，这对大学生本身也是一种很好的锻炼。在选择好出游地点后，对行程应有简单的策划，将需要的物品统计在出行本上，还可以先从书上或网上了解相关信息，当然也有人喜欢没有预测的惊喜，视个人情况而定，不一而足。

五、大学生兼职

大学生在课余时间做兼职，除了经济上的原因外，现在的社会环境也迫使大学生早早就有了就业压力，很多人希望通过兼职取得一定社会经验，为以后找工作做准备。大学生从事兼职，积累一些工作经验，有利于提高自身的应变能力，锻炼心理承受能力，改善人际关系，进而丰富人生阅历，同时增加自己就业的砝码。

（一）在校大学生的五大时髦兼职

No. 1：家教

适合某一门或几门学科功底扎实，善于沟通，讲解能力较好的同学。随着近几年小语种学习热潮迭起，各小语种专业的同学找家教会有很大优势。

优点：工作时间固定，工作环境相对安静轻松，且待遇不菲；既可用到自己的知识储备又可接触社会，锻炼口头表达、思维和应变能力。

缺点：单纯重复以前的知识，对专业学习和动手能力的提高没有太大作用。

工资薪额：没有固定标准，20～50元/小时不等。

应聘途径：通过学校勤工俭学中心介绍，或到学校周边的家教中心寻找工作信息，中介费一般为50元一条信息。交中介费之前同学们一定要注意该家教中心是否有管理部门颁发的营业执照和许可证，街边的小广告不可盲目相信。

No. 2：促销员

优点：各企业多利用周末和假日进行产品促销，一般不与学习时间冲突；与人沟通的能力和耐力都能得到很好的锻炼；由于短期促销以在校大学生为主，所以可以结识很多同龄人朋友。

缺点：有的促销劳动强度较大，需从早站到晚，要有一定耐力和体力。

工资薪额：一般采用底薪加提成的方式支付，底薪多为每天50～80元。

应聘途径：到信誉良好，具有一定规模的大学生兼职中心。

No. 3：礼仪

优点：薪酬较高、接触高层社会，在一定程度上会激发人的上进心；工作前一般要接受严格的形体培训，对自身形象塑造大有益处。

缺点：越光鲜的舞台，背后的风险和付出的代价就越大。如果没有足够的安全保障，一定要谨慎。

工资薪额：酒楼、餐馆或小型活动的礼仪小姐基本工资不低于 20 元/小时，大型活动或车展礼仪小姐的工资 80 元/小时左右。

No. 4：服务生

优点：必胜客、KFC、麦当劳等快餐店品牌形象良好，是认识社会的一个好窗口；工作需要你时刻保持招牌式微笑，身心自然变开朗；对反应能力、记忆能力的提高都有帮助。

缺点：薪水不高，一般为 15 元/小时。连续工作达 4 小时会供应一顿免费午餐。劳动强度较大，需“马不停蹄”地工作，如果不小心与顾客发生冲突则会被重罚。

应聘途径：必胜客、KFC 招计时工一般都会在店外贴招聘启事，如有这方面意向可以留意周围相关快餐店，也可以登录 KFC 等的专门网站寻找招聘信息。

No. 5：实习

大学生在掌握一定的专业知识后便可以积极“推销自己”，到与专业相关的单位实习。“纸上得来终觉浅，绝知此事要躬行。”毕竟上大学的目的之一就是要找一个好工作。实习就是为这一最终目的添砖加瓦。如果所学的是新闻、计算机等需要较强实践能力的专业，实习的重要性更是不言而喻。在实践中学习，学以致用，知识会掌握得更牢固。不过，顶岗实习要看企业，有的单位会给一定的报酬，有的单位不给工资，有时车费、餐费也要自理。

（二）对兼职要有正确的认识

首先，我们要明白知识就是力量。大学生在校期间做兼职作为一种社会实践，必须建立在具备一定的人文科学文化素质的基础之上，否则作为兼职的实践就会变成“无源之水，无本之木”。

其次，明确兼职是辅、学习是主。在兼职的选择过程中，尽量选择那些可以提高自身能力的事情来做，力求在兼职的过程中积累到真正有用的

工作经验。兼职要有一定的技术含量，要想通过兼职真正达到锻炼能力的目的，必须要对自己从事兼职的领域有个明确的认识。如果你想锻炼交际沟通能力，而你却去干了一份资料录入人员的工作，恐怕不但不能让你伶牙俐齿，反而会让你更加不善于表达。或者你毕业以后的目标是做一名优秀的平面设计师，可是你在读书期间却去干了一份散发传单的工作，恐怕这也丝毫无助于提升你对色彩和设计构思的把握。

尽量不要选择从事家教、促销、发传单等对学业并无太大促进的兼职工作。大学生应该珍惜在大学的时间，多积累一些知识，以后施展本领，赚钱的机会很多。而学习机会一旦失去，毕业后就很难再寻找了。有点常识的人都可以计算出利益得失。罗曼·罗兰告诉我们："财富是靠不住的。今日的富翁，说不定是明日的乞丐。唯有本身的学问和才干，才是真实的本钱。"大学期间绝对是一个人一生中最好的读书时光。

最后，你们要明确一点：有些东西你毕业以后将用几十年去学，所以不用急于去学；而有些东西走出校门后就再也没有机会去学了，所以一定要抓紧去学。可以在学习之余从事一份合适的兼职工作，但请不要在工作之余回到校园做一名兼职学生。总的来说，兼职对于学生而言，不仅仅是和全职相对应的概念，也是和学习相对应的。

（三）在兼职中要学会自我保护

绝大多数大学生没有社会经验，一直身处于单纯的校园中。走出校园之后我们必须学会保护自己，社会生活并非我们想象的那样简单。做兼职的大学生会遇到各式各样的陷阱，不少大学生打工时不会保护自己的合法权益，结果造成屡屡受骗。常见欺骗大学生的手段如：中介骗取费用；雇主不给工资；广告诱惑与变相收费等，因此，提高警惕、学会自我保护十分重要。

首先要学会保护自己。一要仔细看清招聘公司的营业执照及相关证件原件，并可先到工商部门查询公司基本信用信息，同时看清广告发布内容与招聘公司实际的名称和招聘内容是否一致；二要事先到招工单位实地了解真实情况；三要索取相关费用的税务发票，以免上当受骗。所谓的就业"抵押金"、"保证金"等有关费用早已被政府部门明令禁止，对此，应聘者有权拒绝交纳。还有，学生暑期打工最好在学校和正规的中介组织的帮助下有序进行，以防受骗。大学生虽然是一个弱势群体，但是在参与社会实践的时候一定要积极地维护自己的权益，不要被人欺负了还忍气吞声。

维护权利不一定会有结果，但是忍气吞声就一定不会有结果。

需要提醒新生的是，刚到新的城市，对周边的环境还不是很熟悉，到校外兼职要注意规避以下陷阱：第一，轻易许诺高工资。尤其是一些在电线杆上张贴的小广告，写着到某某酒店做服务员，月薪一万之类的，通常都是骗人的，而且往往是色情交易。第二，乱发传单。在接这类活的时候，要仔细看看传单内容，有违法违禁的，哪怕是有疑点，也要尽早抽身。第三，警惕地下传销性质的工作。如果一家公司招揽大批人员，管理者嘴里经常冒着“忽悠”人的词，什么一年成百万富翁之类的，一定要小心，八九不离十就是地下传销，要及时报案。

我与学生面对面

一、丰富多彩的大学课余生活令人眼花缭乱，怎样才能安排好自己的课余时间呢？

答：大学校园的课余生活丰富多彩。除了日常的教学活动之外，还有各种各样的讲座、讨论会、学术报告、文娱活动、社团活动等。这些活动对于大学新生来说，的确是令人眼花缭乱，对于如何安排课余时间，大学新生常常心中没谱。如果完全按照兴趣，随意性太大，很难有效的利用高校的有利环境和资源。

要合理地安排课余时间，首先对自己在近期内的活动有一个理智的分析。看看自己近期内要达到哪些目标，长远目标是什么，自己最迫切需要的是什么，各种活动对自己发展的意义又有多大等等。然后做出最好的时间安排，并且在执行计划中不断地修正和发展。

大学的社团名目繁多，每到新学年开学，校园里纳新启事到处贴，传单满天飞，千万要沉住气，先忍一忍再说。找到自己感兴趣的社团，先看看它的性质、以前组织的活动，再找师哥师姐聊聊，看该社团的口碑如何，最后要看它的会费是否合理。如果上述方面你都能满意，那就去报名吧！

另外，最好能专门制订一份休闲计划，对一些较重大的节假日和休闲项目做出妥当的安排，这样能使你的休闲和学习有条不紊地交叉进行，使身心得到有效的放松和调适。而且，一旦你制订出了既愉快又切实可行的休闲计划，那么在这一时间尚未到来之前，你的心情会是愉快而充实的，能精神振奋地投入到学习和工作之中。

要留出足够的时间来进行体育锻炼，最好能根据自己的身体状况和客观条件制订出一个体育锻炼计划，使自己拥有一个健康强壮的身体。要知道，身体是从事一切活动的“本钱”，也是一个人心理健康的物质基础。

大学新生要善于利用课余时间，开展一些有益的文娱活动，如唱歌、跳舞、下棋等；尽量培养自己有多种兴趣爱好，这样可以使你的生活充实丰富、生机勃勃。若能够拥有一项或多项自己有兴趣而又擅长的爱好，那是再好不过的了。有些同学能写得一手好书法，或制精妙的手工艺品，或打得一手好乒乓球，这无疑会给他们的人生增添无穷的乐趣，也有利于建立自信心，增强社会适应能力。

此外，还可以利用课余时间阅读一些自己喜欢的书籍报刊。以读书为乐事，既可以排遣烦忧，愉悦性情，又可以获取知识，增长智慧，对大学新生身心的健康发展非常有利。

第二节　学会调节——让生活更出彩

一、学会独处，学会宽容

一位大学新生入学后，老师对她说的第一句话是："不要把大学想得过于美好，你很快就会感到孤独，所以要先学会独处。"这位同学听了十分奇怪，偌大的校园里到处都是充满活力的年轻生命，在他们中间怎么会感到孤独呢。没过多久她就深切地体会到了老师所说的话的真正含义。当欢闹的迎新活动结束，当好奇与新鲜感慢慢退去，她遇到了许多从未遇到的事情，发现了许多不知如何处理的问题，她无法自己解决，又不好向别人倾诉，因为每个人都有一堆事情需要做，无人有闲暇顾及到她。她知道了繁花的后面是无语的寂寞，喧嚣的背后是难耐的孤独。

这种状态是令人痛苦的，这种生活是无法承受的，因此，有一段时间她心烦意乱，无心做任何事。于是，她开始到处寻找答案。她阅读，她写作，她跑步……一个人的日子里，她找到了一个心灵的居所，她开始了一生当中最长时间的独自思索，慢慢地适应了这种状态，甚至发现独处竟然是一种难得的幸福。

孤独时可以独处，寂寞时也可以独处；但孤独却不是寂寞。独处不是回避，而是一种信念的坚持；独处不是自我封闭，而是一种面对自我的思索。

谈人，生是非；论事，多争执；情浓，有麻烦；曲高，无知音；故人宜独处。心灵有家，生命才有路。学会和大自然独处，和生命独处，和自己独处。学会独处的人，心智才能够成熟；学会独处的人，心胸才能够豁达；学会独处的人，才能领悟到生活的深邃。

繁花落下留在枝头的是果实的胚胎，潮水退却后留在海滩的是斑斓的海贝。当你学会独处并喜欢读书的时候，你会发觉自己正在长大，正在走向成熟。

和独处有异曲同工之妙的词是宽容。

大学里面的人来自五湖四海，大家说着各种方言，做事情各有自己成长的风格，而完全属于个人的习惯更是多种多样。从前大家是在一个地区

读中学，不管怎样，文化认同和生活习惯上的差异都不是很大，现在，环境已经变得混杂，一切都需要重新建立。

建立的基础就是承认差异，相互宽容。

差异总是无处不在的，正因为有差异，我们才会去求同，才会有结成集体的欲望。可是大家在一起的时候，总会有冲突，生活上的差别是最基本的，而最难以调和的则是文化差异与思维观念上的差异。因为大家的成长环境不同，文化差异是不可避免的，这个除了宽容与尊重以外，别无他法。

在大学里，每个学生是在不同的院系接受不同的教育，总会因为思考方式和习惯的差别而各执己见。在生活中，每个同学都会采取各自不同的生活状态，有的人很时尚，有的人很阳光，有的人很另类，显得与众不同，甚至有的与大家格格不入。我们的社会已经进入了多元化，生活的方式也是多姿多彩，只要不影响他人，只要不危害社会，每个人都有选择自己生活方式、选择自己道路的权利。不从众、不盲从、不随波逐流、不人云亦云，正是个性化、多样性的体现，没有必要强求一致，也没有必要得到所有人的认同。

社会学会了宽容，我们也应该学会宽容。对有洁癖的、脾气怪异的同学，对梳长发、扎耳钉的男生，对形形色色的同学，你完全可以对之报以微笑，他们亦是这生活舞台上的亮丽风景，你应该接纳，应该欣赏。

经过大学生活，我们学会了独处与宽容，我们体会了差异的广泛性和生活的多样性，同时，也学会了综合地考虑问题，而不是简单地作出判断。这就是大学送给我们的相当厚重的礼物。

二、学会独立生活

(一) 爱美女生，看过来

生活品位是多方面的综合体现，爱美是人的天性，更是女生的天性。作为大学女生，学会如何让自己更美，不是坏事，相反，是提高生活质量的重要组成部分，不容忽视。

1. 美丽心态：什么是真正的美

女生都有爱美的天性，然而并非每个女生都具有魔鬼身材。对待自己的身体，女生应持一种正确的健康的态度。

(1) 改变心态，而不是改变身材。驱走心中片面追求身材美的恶魔。

接受自己的身材，赞美自己的身材，只有首先在形象上悦纳自己，才能在心理上真正自信和自尊。

（2）不必刻意打造魔鬼身材。当你努力去做一个健康美丽的女子时，你会发现这对你的整个人生更有意义。

（3）运动驾驭身材。真正能使你拥有魔鬼身材的，不是其他，只有规律的作息、适量的运动、健康的饮食和适量的喝水。运动起来，做一些让你的身体能真正出汗的运动，把“我的身材看起来怎么样”转变为“我的身材能做什么”。

（4）把健康放在第一位。为了健康而减肥，但不要因为减肥而失去健康。健康不是天生就有的，它需要你不断付出努力。

（5）保证饮食营养均衡。毫无营养或营养价值极低的垃圾食品（油炸食品和速食食品）还是少吃为妙。

（6）切忌熬夜，你需要充足的睡眠。如果你睡眠不佳，请远离咖啡因。女性的睡眠时间不能过晚，特别是不能超过晚上 11 时，因为从晚上 10 时到第二天早上 5 时，是皮肤修复的最佳时间，而睡眠中的修复才有效。如果入睡时间过了子夜，即使第二天起得再晚，睡得再长，也已经错过了皮肤的最佳保养时间。

2. 美丽付出：每天八件事

（1）早晚各一杯白开水。充足的水分是健康和美容的保障。特别是女性，缺水会使她们的身体过早衰老，皮肤因“缩水”而失去光泽。但由于女人的代谢比男人要慢，消耗也比男人要少，女人往往比男人喝水要少，这就会使身体和皮肤的问题同时出现。女人要做的是，至少早晚各一杯白开水。早上的一杯可以清洁肠道，补充夜间失去的水分，晚上的一杯则能保证一夜之间血液不至于因缺水而过于黏稠。血液黏稠会加快大脑的缺氧、色素的沉积，使衰老提前来临。因此，每晚饮水的作用不能低估。

（2）一片多种维生素复合片。在现代女性中，为了减肥而节食的比比皆是，这就难以保证身体获得充足的营养。因此，每天补充必需的维生素和微量元素是现代女性保健之必需。

（3）一杯醋。女人还是有点“醋意”的好。每日三餐中食用醋可以延缓血管硬化的发生，已经是重复多次的保健常识。对于女人来说，除了饮食之外，在化妆台上加一瓶醋，每次在洗手之后先敷一层醋，保留 20 分钟

后再洗掉，可以使手部的皮肤柔白细嫩。如果你居住地的自来水水质较硬，可以在每天的洗脸水中稍微放一点醋，就能起到养颜的作用。

（4）一杯酸奶、一袋鲜奶。从补钙角度看，女人是最容易缺钙的一个群体，而牛奶的补钙效果优于任何一种食物，特别是酸奶，更容易被人体吸收，所以，女人应每天保证一杯酸奶。至于一袋鲜牛奶则是为美容准备的。

（5）一瓶矿泉水。一定是要名副其实的矿泉水，它含有的微量元素和矿物质是皮肤最需要的。清洗脸部后仰卧，用矿泉水浸湿一块干净的纱布，然后敷在脸上，待纱布变干后再次浸湿，如此反复，就等于给面部做了一次微量元素的营养补充。

（6）一袋茶叶。女人一定要喝茶的，如果胃没有毛病，绿茶和乌龙茶最好。特别是那些想要减肥的女性，茶是最天然、最有效的减肥剂，再没有什么比茶叶更能消除肠道脂肪的了。

（7）一个西红柿。在水果和蔬菜中，西红柿是维生素 C 含量最高的一种，所以每天至少保证一个西红柿，这样可以满足一天所需的维生素 C。

（8）一个简单的面膜。每天晚上临睡前，做一个简单的面膜，其作用是将沉积在面部的脏东西消除出去，并且使皮肤作一次“紧绷运动”，然后涂上护肤品，这样，晚间的皮肤才能得到最科学的修复。

3. 与美有关：平凡女孩怎样成为美女

（1）睡眠要充足。这是千古不变的真理，`再漂亮的女人几天不睡觉也会变丑。

（2）保湿补水也重要。特别是冬天，皮肤不补水就会觉得干，看上去也特别难受。

（3）摘掉有框眼镜，改成隐形。戴隐形眼镜请戴黑色的。黑色的隐形眼镜戴上去之后眼睛变大了，眼睛大离美女就近多了。

（4）发型很重要。找你所在城市最有名的造型师弄头发吧，事实会证明我说的是对的，记住，只找对的，不找贵的，当然一般好的造型师也不便宜。

（5）一定要化妆。好多所谓的美女都是靠妆化出来的，这种话大家应该没少听吧？你可能会说她们天生脸蛋好啊，可是天生漂亮的人能有几个，大多美女都是靠妆化出来的。相信只有懒女人，没有丑女人。

（6）会穿衣服。一般人第一眼看到的都不是你的脸，而是你的衣服。为什么人们会注意到你，也是因为衣服。

(二) 有志男生，走过来

男生多半不大乐意听人说教，尤其是大学男生，处于生命中最有激情、最富有创造性、最想展示自我的年华。因此，在课余生活篇中只是列举简单的建议，希望男生们的大学生活同样是多姿多彩的。

1. 生活方面

(1) 不要觉得大学还是象牙塔，可以逍遥自在，花前月下。university的谐音不是“由你玩四年”，你可以玩转电子游戏，但你未必可以玩转你的大学，玩转这个社会。

(2) 不管现在你对未来多困惑，多迷茫，都不要忘了树立一个目标。一个人过去或现在的情况并不重要，将来想要获得什么成就才最重要。除非你对未来有理想，否则做不出什么大事来。

(3) 大学四年要好好学习专业，不要说什么锻炼能力，发展素质教育最重要。能力是以知识为基础的，大学时间充裕，应该把图书馆作为扩充知识面的一个最佳场所。何况有些书籍还是很值得一看，对我们知识结构的贮备还是有很大帮助的。如果你认为自己学校的图书馆不行，也可以去其他高校找同学朋友借借，或者资金允许的话还应该去书店买一些。

(4) 尽可能少逃课，如果按你一年5000元的学费来算的话，一节课意味着你丢了4.17元钱（一年40周，也就200天课，一天算6节吧，总共就1200节课)。

(5) 找女朋友外表是第一关，但要了解她的品行之后再做打算也不迟。谈一场轰轰烈烈的恋爱，让你能够在这个物欲横流的社会理解什么叫做纯洁！为的是走出学校后能够有这样一种明净单纯的回忆！

(6) 切忌无病呻吟地成天喊“堕落与颓废”，也不要觉得颓废是一种美，没有人会可怜一个堕落、不知上进的人。没有事业心和进取意识的男人只能虚度一生。

(7) 切忌对什么都漠不关心，什么都无所谓。漠视生活的人，也会被生活漠视。注意培养自己某些方面的兴趣和爱好，至少有一样课余爱好，它会让你在无聊的时间里有宣泄的用武之地。

(8) 中国的文化和历史可以做你的镜子。大学毕业了，别连《红楼梦》讲什么都不知道。多看点书，让你相信还有精神的存在，不要搞得自己像个没有灵魂的躯壳。

(9) 当你和朋友为某件小事“斗嘴”或面对别人对你的缺点进行批评

和指责时，一定要学会克制自己的情绪。要知道，愤怒是无知的表现，不能轻易发脾气。

（10）能不抽烟最好不抽，它或许可以帮助你吸引一些女生，但不抽绝不会招来厌烦，表现男子气概的途径有很多，没必要拿健康做赌注。

（11）回家帮父母做点简单家务，陪他们买菜，做饭，逛街，父母并不奢望什么，但他们需要得到你的承认，中国的父母是最苦的，孩子是最幸福的。

（12）不要以为你是个男人，就不需要保养。至少饮食方面不能太随便，多吃西红柿、海产品、韭菜，都是对男性健康有益处的食物。

2. 人际方面

虽然有许多人，高中时便有过住宿经历，但相信还有很多同学，是第一次离开父母，进了大学以后才住宿的。所以，很多人会不适应集体生活，我们不能够改变现实，那就只能去适应它。下一章将详细地讲解如何学会交往。

不可以太自私，其实“与人为善，与己则善”的原则很好。人心都是肉长的，将心比心，别人会记在心头的。

不要将自己在家的一些坏毛病带来，要注意生活细节。凡事往大处想想，不要以自我为中心。俗话说：“一屋不扫，何以扫天下?”同理，一个宿舍就那么几个人，关系都处不融洽，还谈什么人际相处？何况一个宿舍里的兄弟或者姐妹，抬头不见低头见，如果关系不好，心情、学习都会受影响……

大学里的交往，跟高中时的一个最大区别就是，同学们来自五湖四海，而不再都是一个城市或是一个地区的。有缘相聚也来之不易，四年后也许便不再聚首，所以我们应该彼此真诚相待。

如果自己有能力、有兴趣的话，可以去参加一些校园活动，比如学生会、社会团体、艺术团体什么的，据说可以锻炼处世能力。不过，如果真想接触社会，还可以尝试到校外兼职，对你的成长是有帮助的。

3. 习惯方面

（1）不要盲目听信老生对各种问题的看法，要记住自己到大学学习的目的和父母的期望。

（2）早为自己未来的发展做准备。进入大学就意味着自己是一个成年人，要为自己的未来负责。在人生的征途上没有人再会给你打响起跑令，你需要为自己进行人生的规划，是等到毕业的时候再考虑，还是现在就开始做准备，完全取决于你自己。

(3) 注意经济上的规划和节约。未来用钱的地方还很多，现在不比以前，大学毕业就直接进单位。有可能还需要报别的班，学其他的技能，更有可能毕业后，在没有找到工作的那段时间需要自己解决生活问题。

(4) 多跟老师沟通，不要仅限于自己喜欢的。重要的不是拍马屁也不是解决问题，而是学习解决问题的思路。当然别人以为你是拍马屁的时候也不用在意。走自己的路，让别人去说吧！

(5) 多参加讲座，在大学里各类讲座比较多，特别是一些知名人士对于某些问题的探讨。这类讲座对个人成长很有好处，它们可以让你的知识面无论从深度还是广度上都能得到很大的提升。

(6) 多锻炼身体，每个星期一定要抽时间锻炼身体，好处多多。学校里有体育场所和设施，不用实在是浪费。你又有时间，最好不过了，无论你是豆芽菜还是有些肥胖，都可以将自己锻炼得强壮些挺拔些。工作后一般就没这么多时间了，在大学时段怎么锻炼都不过分。

(7) 学习就是一种反反复复的锤炼，坚持不懈地学习，不一定就是要永远不中断，而是在发现自己逐步停顿后，又重新开始恢复原来的热情再接再厉地学下去。

(8) 尊严是很重要的，但是在大学里，要懂得利用这个空间锻炼自己，要让自己的尊严有足够大的承受力，要知道，社会是一个最喜欢打碎人尊严的地方，除了你自己，没人会为你保留它。

(9) 面对不公平的东西，不要抱怨，对你的不公平可能恰恰是对别人的公平。所以，你不如去努力地奋斗，争取你自己最合适的公平。

(10) 应该相信一句话：没有不可能的事情，只有不愿做的事情。

我与学生面对面

一、您能谈谈如何做一个最精彩的自己吗?

答:这个问题非常好,能提这样问题的人,本身就已经了不起了。

有人说,一个人的成功关键看他业余时间在干什么,在做自己想做的事,在做有一定目标的事,他就会成功。每个人都想成为最棒的,最精彩的,只是成功的不多。当一个人在抱怨自己一事无成时,却从来没有想过,今天的境遇是自己一手造成的。我想大半都是因为懒惰,不愿意承担责任,不愿意付出比别人更多的辛劳,而是找理由拒绝有挑战性的东西,以致自身的潜能无法得到发挥。

没有全日制大学的学历,从一名乡村小学教师成为一名县城中学教师,现在又成为一名省城大学教师,这20年的工作历程使我沉淀了一些想法,说出来与大家共勉。

第一,发现自己的优势。美国心理学家加德纳的多元智能理论告诉我们,每个人都有潜在的智能,并且潜在的能力是不相同的。任何人都有优点,同样也避免不了缺点,但如何充分发挥自己的优势,避开自己的短处,却是很多人的盲点。成功其实无大小,自身的潜能得到发挥就是一个人的成功。一个人只有根据自己的特长来设计自己,并根据自己所处的环境、才能、素质、兴趣来确定努力方向,才有可能获得成功。也就是说善于做好职业生涯规划的人,走向成功的机会就会非常大。

第二,顽强的信念和意志。在生活中,我们经常可以看到这样的实例:有人小时候身体孱弱,长大却成了有名的大力士;有人幼年腿脚不好,后来却成了芭蕾舞星;有人患过肺痨,最终却成了歌唱家等等。这些人拼命奋斗,原本只是想要克服他们的弱点,与别人一样,不料结果却培养出超群的能力。这并不是造化在补偿,而是人的意志在发挥作用。

成功的秘诀并不深奥,归结起来就是:“下定决心坚持到底!”在做一件事情时,局面越是棘手,越是要坚持尝试。在面临严重的挫折时,只有坚持下去,加倍努力,才能把事情办成。

第三,要突破常规思维。一般人都喜欢用常规的思考方式,因为它有榜样力量,能使人在思考同类或相似问题的时候省去许多摸索的步骤,能少走弯路,减少时间和精力的耗损,又可以提高做事的成功率。

但是,这样的思维定势往往会使人陷进一种旧的思维模式中,难以进

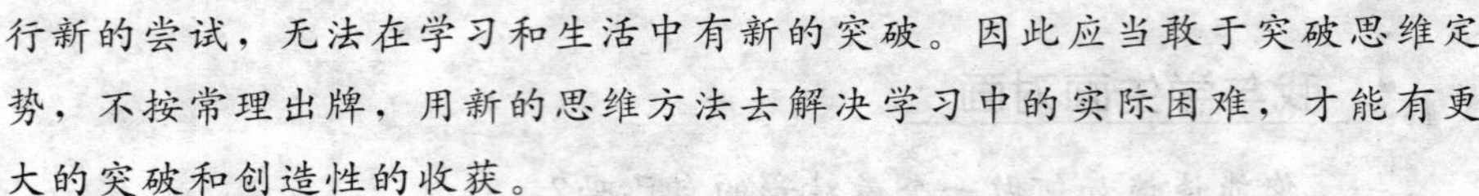

行新的尝试，无法在学习和生活中有新的突破。因此应当敢于突破思维定势，不按常理出牌，用新的思维方法去解决学习中的实际困难，才能有更大的突破和创造性的收获。

模仿不如创新，即使要模仿，也得保持清醒的大脑，懂得什么该模仿，什么该放弃，如果没头没脑的就去模仿，永远也不会优秀。

第四，要有牺牲精神。要想获得成功，就得付出代价。换句话说，也就是成功没有任何捷径，你想得到什么，你就得付出什么。审视有史以来的所有成功者的生活，你将会发现，他们付出了与成就相对等的代价。在达到成功之前，必须花上许多年的努力与准备，这是想要在任何领域取得成就的不变法则。

珍贵的东西总是得来不易。就像我在那年暑假学习初中代数Ⅱ和三角一样，我牺牲的是娱乐和轻松，最终才换来了跟上学习进度，如愿考上中专跳出了“农门”的结果。许多人之所以与成功无缘，正是因为他们不想付出代价。

美国女高音歌唱家席尔丝说：“没有一条捷径会通往值得你去的地方。”如果你渴望成功，就应该知道成功的基础是专注，是付出，是持续的努力。如果你想寻找简易的捷径帮你达到目的，那么无论你的目标是考上名牌大学、获得奖学金还是赢得尊重，你都会大失所望。

当一个人确定自己的目标，也想清楚了你愿意为所定目标付出的代价后，你就得准备，在投资有所回报之前，慷慨而长期地付出你的时间和才智。那些所谓一夜成名的人，在众人肯定他们的成就之前，也曾默默无闻地奋斗过许多年。

第五，培养良好的习惯。心理学家威廉·詹姆斯曾经与朋友们讨论过“习惯律”的问题。他把习惯看得比黄金还要宝贵。他说：“不幸的是，一般人提到习惯这个词时，他们心里想的往往是坏的习惯。”

我们的德行和恶行同样都是习惯的一种。习惯的重要性可以说仅次于天性。任何一种思想和行为方式，只要是不假思索，完全出于自发，它就成为习惯。有什么样的习惯，就会收获什么样的果实。1978 年，75 位诺贝尔奖获得者在巴黎聚会。有记者问其中一位获奖者：“你在哪所大学、哪所实验室里学到了你认为最重要的东西呢？”

这位白发苍苍的学者出人意料地回答说：“是在幼儿园。”

记者接着问道：“在幼儿园里学到了什么呢？”

学者答："把自己的东西分一半给小伙伴们；不是自己的东西不要拿；东西要放整齐；饭前要洗手，午饭后要休息；做了错事要表示歉意；学习要多思考；要仔细观察大自然。从根本上说，我学到的全部东西就是这些。"

这位学者的回答，代表了与会科学家的普遍看法——成功源于良好的习惯。

无独有偶，1998 年 5 月，华盛顿大学请世界巨富沃沦·巴菲特和比尔·盖茨作演讲。

当学生们问到"你们怎么变得比上帝还富有"这一有趣的问题时，巴菲特说："这个问题非常简单，原因不在智商。为什么聪明人会做一些阻碍自己发挥全部功效的事情呢？原因在于习惯。"比尔·盖茨表示赞同，他说："我认为沃伦关于习惯的话完全正确。"

这两位殊途同归的好朋友道出了自己成功的诀窍，即：好的习惯是成功的阶梯。

好习惯实际上是好方法——思想的方法，做事的方法。培养好习惯，就是在寻找成功的方法。

第六，抓住机会表现自己的才能。在生活中，有许多人才华横溢，但他们不事张扬，不被众人所知，却又总是哀叹自己命运不济，怀才不遇。他们就像在寂静无人的深夜里悄无声息地绽放的美丽花朵，遗憾的是没有人欣赏到它的美丽，然后便花落无痕，悄无声迹。

当年电影《飘》已开拍，主角郝斯佳的人选却迟迟没有确定下来。

毕业于英国皇家戏剧学院的女演员费雯丽一心想争取出演主角郝斯佳。但在当时，她还是一名默默无闻的演员，没有什么名气。怎样才能让导演知道"我就是郝斯佳"呢？费雯丽决定毛遂自荐。

一天晚上，刚拍完《飘》的外景，制片人又愁眉不展起来。突然，他看见一男一女走上楼梯，只见那女士竟把自己扮装成了郝斯佳的样子。男主角一见，兴奋地大喊一声："瞧，她就是郝斯佳！"

制片人回头一看，顿时被惊住了，"上帝呀，这不就是活脱脱的一个郝斯佳吗？"

费雯丽就这样被选中了。

一定要敢于表现自己！平庸的人往往只会等待机遇前来敲门，智慧的人则往往敢于坚定地叩响机遇之门。在现实生活中，许多人太想在谦虚谨

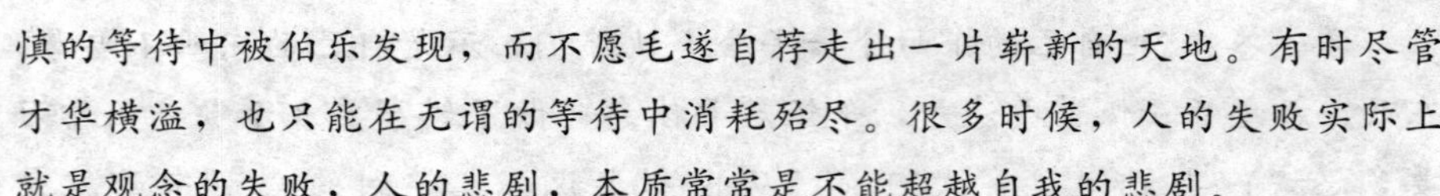

慎的等待中被伯乐发现，而不愿毛遂自荐走出一片崭新的天地。有时尽管才华横溢，也只能在无谓的等待中消耗殆尽。很多时候，人的失败实际上就是观念的失败，人的悲剧，本质常常是不能超越自我的悲剧。

第七，成功并不像你想象的那么难。也许有人认为这是危言耸听，他会说成功哪会那么容易。可事实是，只要你相信，成功真的没有想象的那么难。

我可以讲一个故事：1965 年，一位在剑桥大学主修心理学的韩国学生在喝下午茶的时候，常到学校的咖啡厅或茶座听一些成功人士聊天。这些成功人士包括诺贝尔奖获得者，某些领域的学术权威和一些创造了经济神话的人。这些人幽默风趣，举重若轻，把自己的成功都看得非常自然和顺理成章。时间长了，他发现，在国内，他被一些成功人士欺骗了。那些人为了让正在创业的人知难而退，普遍地把自己的创业艰辛夸大了，也就是说，他们在用自己的成功经历吓唬那些还没有取得成功的人。

想到这里，他认为对韩国成功人士的心态加以研究将是一个不错的课题。不久，他把《成功并不像你想象的那么难》作为毕业论文，提交给现代经济心理学的创始人威尔·布雷登教授。布雷登教授读后，大为惊喜。惊喜之余，他写信给他的剑桥校友——当时正坐在韩国政坛第一把交椅上的人——总统朴正熙。他在信中说，“我不敢说这部著作对你有多大的帮助，但我敢肯定它比你的任何一个政令都能产生震动。”

正如威尔·布雷登所料想的，这本书果然伴随着韩国的经济起飞而红遍天下。后来这本书鼓舞了许多人，因为它从一个新的角度告诉人们，成功与“劳其筋骨，饿其体肤”、“三更灯火五更鸡”、“头悬梁，锥刺股”没有必然的联系。只要你对某一事业感兴趣，长久地坚持下去就会成功，因为上帝赋予你的时间和智能够你圆满做完一件事情。

第八，学会乐观。谁都有感到烦闷无聊的时候，我也毫不例外，对付烦恼的方法，我一般就是听音乐、看书或跑步。要想逃脱烦闷为我们所造的牢笼，就要先研究自己怎样排斥旧思想，然后才能使思想开朗，反省自己怎样处世待人。正如苏格拉底的教导：认识你自己。

静观自己思想的来龙去脉，倾听自己内心的思考，具体的做法就是多阅读。生活在繁忙的现代，很少人有时间博览群书，除非与他们直接有关的书籍。养成阅读的习惯实在受用无穷，往昔的智者们都认为只有知识的

快乐最令人满足而且最能持久。

乐观会引导你踏上一段你从未走过的旅程，使你感到这世界是奇妙的，而你的生活也会因此充实起来。

第六章

学会交往：亲情、友情，伴我青春

第一节　亲情——谁言寸草心，报得三春晖

社会中的人总是处于一定的社会关系之中，大学生同样离不开人际交往。和谐的人际关系既是大学生心理健康不可缺少的条件，也是大学生获得心理健康的重要途径。

大学生人际关系，主要是指在学习、生活的基础上建立起来的与父母、教师以及同学的交往关系。

一、了解和父母感情的不平衡性

大学生同父母的关系是“人际交往的第一关系”。它具有普遍意义，并且这种关系一旦确立，它将始终存在并伴随一生。它也有很高的密切程度：父母子女关系就其自然属性来说，是一种血缘关系，并且它有绝对的稳定性、天然的感情联系和血浓于水的骨肉之情。在大学阶段，这种关系具有一个很重要的特点，就是大学生和父母感情的不平衡，一方的感情明显地偏向于另一方。

从父母方面来说，父母往往把感情的重心放在成为大学生的子女身上。台湾诗人余光中曾经写道：少年时，父母是心目中的太阳；青年时，爱人是心中的太阳；老年时，儿女是心中的太阳。父母的心全部被子女占

据。大学生在异地求学，所在城市的天气状况、治安状况、物价状况、交通状况等都牵动着父母的心弦。

从大学生方面来讲，大学生的家庭离心倾向显著增强。造成这种离心倾向的因素主要有三点。

其一，父母的知识、经验难以给子女以思想上的帮助，大学生同父母之间缺乏共同语言已成为一个普遍现象。大学生放假回家时，与父母聊的时间远远少于与朋友聊的时间。同时，一个不容忽视的现象是：受教育的层次越高，同父母的思想交流就越少。

其二，大学生对社会和人生的看法与父母存在较大的距离。大学生比一般的社会青年对社会、人生的思考更深更广，对社会、人生的看法更为新潮，更为前卫，他们同父母的看法存在较大距离。如在审美方面，有的父母极为反感子女奇装异服、染发的前卫行为，认为不伦不类，毫无美感。子女却认为是新潮，否则就是落伍。一位男生仿效韩国偶像裴勇俊，染了一头黄中带红富有浪漫色彩的头发。寒假回家时，妈妈左端详右审视，心疼地说："孩子，学校的伙食是不是很糟糕，营养跟不上，你的头发怎么发黄变枯了呢?"父母对大学生新潮行为的不理解，是造成大学生对父母离心倾向的一个内在因素。

第三，大学生同父母交往的方式主要是间接方式。进入大学后，一般是异地求学，远离家庭，与父母的联系主要通过书信、电话等间接方式。一般而言，大学生"懒于动手，勤于动口"。即使是电话联系，次数也逐渐减少，只有在发生经济危机时才会想起家庭的温暖。这就使得家庭对大学生的影响进一步受到限制。现将一封大学生的奇特家书公布如下：

爸爸妈妈：

你们好！我最近身体好（）一般（）不好（）；学习累（）一般（）不累（）；有钱（）缺钱（）……

别误会，这不是子女写给父母的信，而是一位母亲替正在读大学的儿子写的家书。信的下面这位母亲加以注释："孩子，好长时间没有收到你的信了。你每天都忙，可能顾不上给家里写信，妈替你写好这封信，你只要根据自己的情况，在括号里画钩寄过来就可以，我和你爸也就放心了。"

还有一位在校大学生，刚入校时还在家信里向父母说说学校里的情况和自己的学习、生活交往情况，信写得也比较长。随着时间的推移，家信

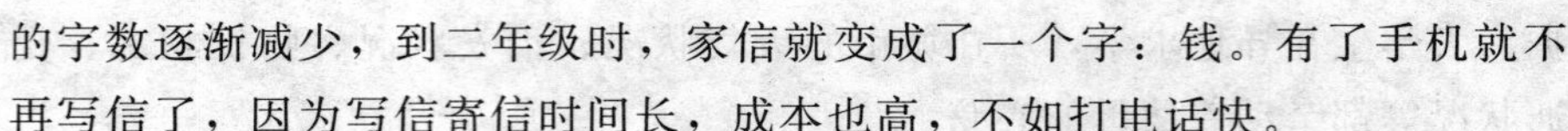

的字数逐渐减少，到二年级时，家信就变成了一个字：钱。有了手机就不再写信了，因为写信寄信时间长，成本也高，不如打电话快。

二、要学习与父母相处之道

随着时代的变迁，作为新新人类的大学生难免会在有些方面与父母一辈格格不入，诸如理解模式、行为模式、生活理想、生活方式、个人发展等等，不一而足，也就是所谓“代沟”。随之，作为子女的大学生就要学习与父母相处之道。

1. 具有与父母求同存异的心理准备。父母是上一代的人，与新生代的大学生难免在有些方面会格格不入，而他们又无一例外的希望自己的子女永远是最棒的，永远拥有最好的，于是不免会做出一些在年少气盛的大学生看来是莫名其妙的事来。求同存异无疑是最好的处理方式。

社会心理学家纽科姆的沟通活动理论，即“A－B－X”模式指出，当A、B两主体对客体X的关系相似或相同时，将产生A与B之间的依恋性。同样，A与B之间沟通的发展，也将导致他们与X关系的相似性。子女与父母的关系也正是如此。再者，父母饱经风霜，经验阅历丰富。大学生应平心静气，多注意学习他们的观察和分析问题的能力，才会少走弯路。

2. 与父母的相处要把握好度。与父母若能坐到亲密无间无话不谈，自然很好，但也不能太过。也就是说，与父母的相处要有个度。“热大嫂”很热情，事无巨细均插上一脚，结果弄巧成拙反弄僵了双方关系。这是发生在现代社会的寓言故事，也许很多人都耳熟能详，可笑过之后又有几人能反省一下自己？心理专家郑重建议：与人相处要保持度。与父母相处之道也异曲同工。父母毕竟是父母，不是我们单纯意义上的朋友。不少人都有同感，有时某句不经意的话父母会放在心里很久，久到我们甚至会怀疑它是否存在过。于是，他们都不敢轻易透露自己的隐私。有时在我们看来，仅是芝麻小事，而事实上也的确如此，但在父母看来却不然。他们不忍心子女再受风雨之苦。

与父母保持适当距离，把握好“度”，既减轻他们的负担，也舒缓自己的压力。

三、要孝敬父母，感恩父母

值得注意的是，在有关大学生价值取向的调查中，大学生高度认同的责任意识是孝顺父母，父母是他们最为牵挂的人。绝大多数大学生把孝敬父母落实在了刻苦学习、掌握技能的实际行动上。

古人说，“父母养育之恩，地无其厚，海无其深”，“谁言寸草心，报得三春晖”。父母生养子女，用爱心呵护他们成长，并不是像银行存款似的为了到期索取利息。养儿防老是中国的传统说法，然而父母在给予儿女的时候并没有想过要索取回报，父母对于孩子的疼爱以及所有的付出是出自天伦。但是作为子女不能因此而推卸报答父母的责任。部分大学生可能以为，孝敬父母就要在上学期间少花父母的钱，让他们的生活更舒适，或者认为，等以后自己走上工作岗位之后，等父母老了之后，再给父母更多的钱花。其实，这只是孝敬父母的一个方面，孝敬父母更多的是要给他们精神上的快乐。作为大学生，该如何向父母表达孝心呢？

首先，尊重父母。不要与父母顶嘴，重要的事要听取父母的意见，要理解父母。由于年龄等关系，父母与子女之间存在代沟是必然的，有些父母可能会固执、唠叨、敏感、多疑、情感承受力差等，这些现象在中年人身上或多或少都有。因此，作为子女，一定要体谅他们，不要因此而不耐烦或说一些刺伤父母的话。遇事要经常与父母交流，切记不可认为父母的观念太陈旧，甚至表现出不屑的态度，这种情形会伤害到父母。大学生在听取父母的意见之后可以部分采纳，但起码的尊敬要做到。

其次，要尽己所能，为父母承担一些责任。有空的时候多与父母进行交流与沟通，也可以在节假日给他们买些小礼物对父母表示慰问。曾经有位大学生说，一次家书中，偶尔写了一句“天凉了，多加衣”，竟引得读信的母亲泪如泉涌。可见我们的父母要求的并不多，只要在与女朋友花前月下之后抽出点时间去关爱我们的父母，他们就已经很知足了。

最后，要懂得回报父母。如果这个世界上只有一种永恒不变的爱，那只能是父母对子女的爱。这种爱永远都无法偿还，我们要做的，只有不断回报他们。当家里出现什么不好的境况或遭遇时，应该体恤父母，并发挥自己的作用帮助解决问题。让父母感觉到已经进入大学的你和之前的高中生相比是有变化的，是在成长的，是能够替父母分忧的。学会独立生活，尽快适应新的生活学习环境，这是大学新生对父母最大的安慰和孝顺。

我与学生面对面

一、作为一名大学生如何跨越与父母的"代沟"?

答:代沟是指两代人因价值观念、思维方式、行为方式、道德标准等方面的不同而带来的思想观念、行为习惯的差异。"代际冲突"即由这一差异而导致的两代人在解决问题方式、评价问题标准等方面产生的分歧和矛盾。

大学生因依附性减弱,独立性增强,从而使亲子两代人在对待事物的认识上产生一定的距离。由于态度的不同及意见分歧,因此出现了一条心理鸿沟,致使大学生认为父母不了解他们,有事宁可与同学商谈,而不愿向家长诉说,甚至以不满、顶撞、反抗等方式试图摆脱父母的束缚,以自己的方式行事,坚持自己的理想和判断是非的标准。

从某种意义上说,代沟是时代进步的标志,但也是困扰交流与沟通的难点,且容易增加形成偏见和歧视的可能性,代沟两侧的人轻则互不理解,重则抱有敌意,所以要通过种种途径,做各种努力来跨越代沟、填平代沟。代沟是一种心理存在,良好的沟通方式可以让代际之间曾经断裂的心理联系接续起来,从而达到交流的顺畅和相处的和谐。如何跨越"代沟"呢?

1. 学会尊重理解父母。大学生开始更多地寻求同龄人的友谊,对父母的崇拜、依恋、顺从逐渐减弱,在家的时间逐渐减少,这被称为"离巢"现象。孩子的骤然长大使父母一下子失落很多,我们要理解父母的这种心情,对待父母态度要温和,即使自己不能接受的观点也要虚心聆听,至少可以给父母一点安慰，正所谓："有则改之，无则加勉。"不要采取偏激的行为方式，比如沉默、逃避、反抗甚至对着干，这样只会激化矛盾，加深代沟。

2. 培养自己的独立能力。有的大学生在家时自己的房间从不整理，办事情丢三落四，不注重礼貌，没有计划随意花钱，上大学还要父母接送……这些行为怎么不让父母担心呢？这不是父母不想放心，而是我们的表现让父母放心不下。我们应该学会自己的事情自己解决，从小事做起培养我们的自立能力。当父母觉得"孩子确实长大了"，自然就不会过多地干涉你的行动了。比如，当你打算放假与朋友外出时，应将你的计划告诉父母，如你将跟谁一起出去，要去什么地方，外出途中如何联系，什么时候回家等。

3. 加强与父母沟通交流。不要认为跟父母谈心是"没长大"，善于沟通正是大学生越来越成熟的表现。其实，父母有几十年的人生经历，看问题要成熟得多。你可以坐下来，和爸爸谈谈你的理想，和妈妈谈谈你遇到的烦恼，父母也会很乐意与我们交流的，你可以从中得到很多有益的启示。况且，在沟通中，说不定父母也会受到你的影响，接受一些年轻人认可的新生事物，那样，岂不是无意中缩小了代沟吗？

我们与父母两代人之间不同的成长背景决定了"代沟"永远不可能缩小到零，但通过我们的努力可以把它的负面影响降到最低。

第二节　友情——相知无远近，万里尚为邻

一、大学生同教师的关系

（一）大学师生关系一般没有中学时期密切

教师与大学生是大学校园里两大基本群体。教师是大学生人际交往的重要对象，师生关系是大学生人际交往的重要内容。

一般说来，人际交往的亲密程度同交往水平成正比。由于大学教学的特点，大学师生关系一般没有中学时期密切，双方交往不多。师生关系的疏密，可以从学生遇到什么问题来寻求老师帮助来得到印证。一般而言，学生只有遇到与学习有关的“功课问题”、“学业问题”，才会主动寻求老师帮助；至于其他个人问题，如情感问题、家庭问题等就很少有人去问老师。同时，由于大学生的独立性更强，他们对老师的信赖也逐渐减弱。在一项“你最信任的人是你的什么人”的调查中，老师只占大学生最信赖者的18.2％。

尽管如此，师生关系仍在大学生人际交往中占重要地位。因为，师生关系的基础是教学过程，师生间的主要交往集中在“教”和“学”这两个既相互渗透又相互独立的过程中。在教学过程中，教师的知识视野及对相关问题的掌握处于优势地位，学生则在思维创新方面更胜一筹。

（二）教师的主导地位，直接影响大学师生关系

师生关系的一个显著特点，就是以知识的传授为媒介。教师传授知识和技能，要学生很好地掌握。而学生接受知识的效果如何，与教师的“传道授业解惑”水平密切相关。这一特点决定了在师生关系中，教师占主导地位。教师的这种主导地位，直接影响大学师生关系。

1. 教师的学识。“学高为师”。学生对那些知识渊博的老师更信任、更敬佩，也更愿意接近。在其他条件基本相同的情况下，知识丰富、学识渊博的老师更容易与学生建立良好的人际关系。

2. 教师的教学艺术。教师的教学艺术是“综合艺术”，是教师的修养、社会阅历、专业知识等的综合反映。因为学生首先是通过教师的授课来了解教师，那些教学艺术高、授课水平高的教师是最受学生欢迎的。在这种

情况下，就比较容易同学生建立良好的人际关系。

3. 教师的人品。“身正为范”，“桃李不言，下自成蹊”。学生不仅从老师那儿学到知识，还从老师那儿学到做人的道理。教师的人格魅力对学生潜移默化的影响往往是铭记永远的。

（三）良好的师生关系只有在师生双方的友好互动中才能形成

虽然教师在大学师生关系中占主导地位，但并不是说学生对这种关系的建立是消极被动、无所作为的。学生的学习态度、学生对老师的理解程度和信任程度等都会对师生关系产生影响。良好的师生关系只有在师生双方的友好互动中才能形成。

在大学生成长的道路上，每逢关键时刻，听从名师的指导、点化，是寻求成功的重要途径。在人才成长史上，这种“名师出高徒”的现象随处可见。

美国有项统计发现，一半以上的诺贝尔奖获得者，都曾经跟随名师学习过，而且跟随高明老师学习的人比跟随一般老师学习的人获奖时间提前7年。著名科学家汤姆逊在《麦克斯韦》一书中说：“要逐步地跟随一个伟大的研究家，沿着不仅由他自己发现的，也沿着由他引起别人发现的道路走下去，那就容易多了。”生物化学家汉斯·克雷布斯在获得诺贝尔奖之后也回忆道：“如果扪心自问，我怎么会有朝一日来到斯德哥尔摩的，我毫不怀疑我之所以有这个幸运的机会得归功于我在科学生涯的关键阶段里有过一位杰出的老师——奥托·沃伯格树立了一个第一流研究的方法和质量的榜样。如果没有他的话，我可以肯定，我永远不会达到作为诺贝尔奖评委会考虑的标准。”

求教于老师，重点是学习老师的治学之道、思维方式，特别是其解决问题的方法、角度。这种学习，并非死守教条，墨守成规，更不是丝毫不差，绝无二致，而是要在继承的前提下走创新之路，做到“青出于蓝而胜于蓝”。

微软副总裁李开复博士在卡内基梅隆大学追随他的导师罗杰·瑞迪研究“语音识别系统”的时候，敬佩和信任自己的导师，但是他仍然对导师的研究方法产生了怀疑。他打算使用统计学的方法另辟新路。于是，一个享誉世界的大师和一个尚未毕业的学生之间出现分歧。导师的第一个反应让学生一辈子都不会忘记。

罗杰·瑞迪说：“我不同意你的看法，但我可以支持你用统计的方法，你如果有信心，就坚持做下去”。

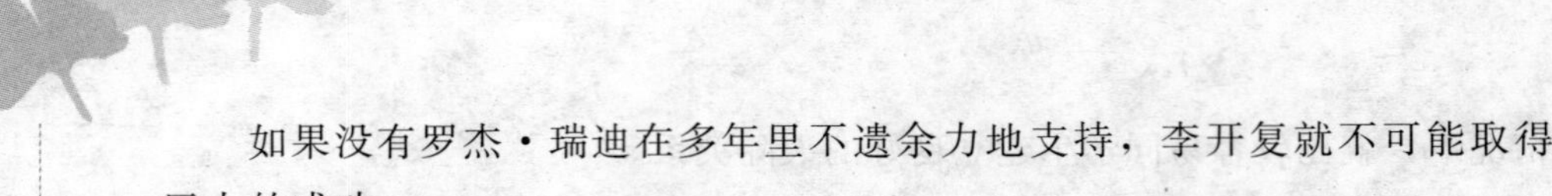

如果没有罗杰·瑞迪在多年里不遗余力地支持，李开复就不可能取得巨大的成功。

“我在自己的道路上历经无数起伏跌宕，唯有1984年和导师的那场对话始终不能忘怀。”每忆起老师，李开复无不动情地说。

二、大学生同学之间的关系

同学是大学生人际交往的主要对象，同学关系是大学生人际交往的主要内容。在大学校园里，常常可以看到三三两两的大学生结伴而行，有的女同学还手挽着手，显得十分亲热。几个同学一起逛街、下馆子吃饭、下棋打牌更是经常的事。大学校园里的同学关系总的来说是和谐的、友好的，即在日常学习、生活中营造出一种亲人般的和谐、稳定关系。

（一）了解大学校园里的学生交往圈

在今天的大学校园里，大学生根据各自的兴趣、爱好，结成一个个或松或紧的交往圈。这种交往圈，大概可以分为学习型、娱乐型、社团型、老乡型等几种类型。

1. 学习圈

这个圈子的同学是实力学习派。每天奔波于教室与自习室之间，全身心投入学习，积极参加各种考试，如英语等级考试、计算机等级考试、国家司法考试、注册会计师考试或其他实用的热门证书考试，增强自身的“含金量”。

2. 娱乐圈

大学生幽默地给这个圈子的同学起了“麻派”（经常打麻将）、“旋派”（经常跳舞）之类的绰号。这个圈子的大学生，都爱好某种娱乐活动，如体育、文艺等。喜欢体育运动的学生，课余时间经常在一起活动，不仅内部“操练”，还经常主动“出击”，寻找别的班级打对抗赛，力求把活动搞得有声有色。喜欢打牌等休闲活动的，总要抽空摆开阵势玩几把，甚至不到深夜不罢休。

3. 社团圈

学生社团是大学校园里一道亮丽的风景线，是校园文化的重要载体。社团有理论类，如邓小平理论研究会；有实践类，如公关协会、广告协会等，涉及各个方面。许多大学生充分利用各种机会参加社团活动，培养能力，增长才干，为进入社会做准备。

4. 老乡圈

我们中国人非常注重“乡土”观念，“老乡见老乡，两眼泪汪汪”是这种心态的真实写照，对初次离开家门的大学生来说，这种心态更为严重。大学校园里“老乡会”具有三大特点：一是以地域上的“同乡”为基础，由来自同一地区的学生组成，大的以省为界，小的以地、市为界，可视规模、人数做灵活的调整。二是具有封闭性，以老乡的感情维持，对内是一种比较亲密的人际关系，对外则具有封闭性和排他性，非本地区者谢绝加入。三是“老乡会”的活动时间相对比较集中，一般集中在9、10月份新生入校期间和5、6月份毕业生离校期间。

（三）熟悉大学生同学交往的基本特点

1. 从交往范围看，大学生交往不仅局限于同班同学，而且已发展到同级、同系甚至是同校可以认识的所有同学。大学与中学阶段不同，不仅同性之间经常进行交往，异性交往也很普遍、频繁。大学生的人际交往虽然比较广泛，但在人际交往中普遍存在“广泛交友，谨慎交心”的现象，交往有广度而没有深度，“点头之交”、“关系朋友”多一些，真心好友却难寻觅。同时，由于现在大学生多是独生子女，自我保护意识较强，同学间交往通常多都小心翼翼。有句话说：“如果一个法国人不喜欢你，两个小时以后你就知道了。如果一个巴西人不喜欢你，却要等上两年你才知道。”大学的同学类似巴西人，很少对你提出实质性的批评和建议，即使有事，也是旁敲侧击。

2. 从交往方式看，以寝室为中心，社团工作和网络社交占主导。大学生虽然追求广泛的人际交往，但由于生活环境、经济条件等方面的限制，交往的主要场所仍然在校园内，学生的寝室是交往中心。BBS和QQ等新兴社交方式正逐渐被大学生接受并渗入到他们的生活中。

3. 平等互助是大学生同学交往的主要特点。平等是指大学生之间的各种交往是在人格平等的基础上进行的；互助是指学习和生活上的互相帮助，是交往的主旋律。学习是同学关系的基础。很多同学就是在共同的学习中加深了对彼此的了解，结下了深厚的友谊。“大学四年，我不仅学到了知识，还学会了生活。生活中最宝贵的就是沉甸甸的同学友谊。”一位毕业生这样说。

4. 同学关系具有浓郁的感情色彩。大学生结交朋友的愿望十分强烈，十分看重同窗友谊。即使个别同学之间出现了矛盾摩擦，大家也能够“着

眼长远、面向未来”，有意去弥补。大学同学很少受到社会等级、阶层的影响，而品格、能力等因素是能否深入交往的关键。俗话说，“物以类聚，人以群分”，了解一个人最重要、最有效的办法是：看一个人的心术，看他的眼神；看一个人的身价，看他的竞争对手；看一个人的底牌，看他的身边好友。

（四）大学生应把握的人际交往艺术

大学新生渴望能够在校园中建立起良好的人际关系，这不仅是一种求得他人认可的心理诉求，而且也在某种程度上决定着其大学生活的质量。

因此，加强人际关系课程的建设，引导大学生进行健康的人际交往，已成为一个必须予以更多关注的课题。如果你在平时的人际交往中注意以下一些方法、技巧，你将会有意想不到的收获。

1. 学会包容别人。很多同学没有住校经历，上大学之前一个人生活自由自在，突然要和几个人共用一个寝室，就必须包容别人的生活方式。如果别人的生活方式有碍于你的生活，就需要委婉地提出意见，并适当地进行自我调整（如调整作息时间）。

2. 学会主动交往。要想处理好同学之间的关系，还要做到对人宽、对己严，切忌以我为中心，在平时的生活中，主动与同学打招呼，主动和同学讲话，主动帮助别人。此外，要主动去做些公共事务，以增加同学们的好感。

3. 讲究交往技巧。在与同学相处时应坦诚相待，但在给同学提意见时，必须动脑筋，讲究方法和技巧。

（1）平易近人。不要给人一种你很难相处的感觉，要尽可能表现得自然，也不要让对方有紧张感，要尽量去做一个平易近人、有亲和力的人。

（2）保守秘密。只要是朋友在私下和你说的话，或者是涉及个人隐私的话，不论对方有没有让你保密，你都应该做到“守口如瓶”。

（3）善解人意。能主动地为别人着想，做到换位思考，站在别人的角度考虑问题，不会让同你相处的人觉得有任何难以接受的情况。

（4）合理倾诉。不把朋友当作“垃圾桶”，把你所有的烦恼都抛给朋友，虽然朋友之间是需要分担的，但这个分担并不是指全部，不能让你的朋友因你的倾诉受影响。

（5）不卑不亢。不论是对待地位或身份比自己高还是不如自己的人，都表现出落落大方的态度，不要因为对方的身份而放弃应有的人格。

(6) 尊重对方。朋友之间相处，要做到尊重对方，时刻注意对方的感受，体谅对方的心情。

(7) 适当赞美。不夸张的、适当地赞美对方，让对方感受到你的心情，了解到你对他的好感，这样才能得到同样的回应。

(8) 自我克制。尽可能地避免和朋友发生冲突，不要因为一个争执破坏朋友之间的感情，要学会自我克制。

(9) 保持联系。不以任何借口和朋友失去联系，用各种方法保持联系，当然最好的办法还是多见面，这样才能更好地保持联系。

(10) 留有空间。给别人空间，也要给自己留空间，不要把自己的时间都分给朋友，适当留一些给自己，这样也可给对方一个喘息的机会。

4. 走出交往误区。

(1) 言语不慎。不要总想着对方是自己的朋友，了解自己，说话就肆无忌惮，完全不在乎对方的感受，伤害到朋友自己还不知道。

(2) 违背约定。轻易地把答应为别人保密的事情说出去，不遵守事先的约定，让朋友觉得你不值得信任，因此产生无形的隔阂。

(3) 过于散漫。不拘小节没什么错误，但不要过分，即使是在朋友面前也要注意言谈举止，不要太过散漫，否则会让人觉得你不值得信赖。

(4) 强人所难。过于依赖朋友，明知道是对方做不到的事情，还用朋友的身份强迫对方，让别人为难，无法与你继续交往。

(5) 喧宾夺主。在公共场合或者在别人家做客的时候不合时宜地显示自己，毫不顾及主人的感受，过分地占用主人的时间。

(6) 用语尖刻。为了炫耀自己，不惜贬低别人，说话虽然没有脏字，却字字句句像刀伤害别人，让对方后悔与你相识。

(7) 斤斤计较。过分计较得失，别人送10元的礼物，你就非要送9.9元的，不肯让自己吃一点亏。

(8) 一意孤行。认为自己很聪明，完全不顾朋友的情分，或者非让朋友按照自己的思路去做事，过于专横武断。

(9) 泛泛而交。朋友有很多，在需要的时候却完全找不到适合帮忙的，朋友圈子虽然大，知心的却没有几个。

(10) 不顾场合。给别人提意见当着众人的面，使对方难堪、丢面子。

5. 改善人际关系。

(1) 客观思考。从客观的角度分析你交友的原因，是为了纯粹的交朋

友，是为了拓展人脉，还是为了建立"关系网"。因为不同的交友目的，决定你的交友态度。

（2）有效沟通。沟通要有技巧，要做到有效地交流，进行有意义的沟通交往。就要求在表达方面注意清楚地、准确地表达，不要引起不必要的误会。

（3）换位思考。能站在别人的角度考虑问题，把自己假想成对方，设身处地为别人着想，才有可能正确地与人沟通。

（4）理性信任。信任朋友，但不盲目地相信对方，要理性地分析，不要因为是朋友就盲目地信任。

（5）创造新意。朋友之间，不论是一般朋友，还是情侣之间都要创造一点新意，要不断注入新的活力才不会让朋友之间的关系变得无味。

（6）认真负责。朋友之间要有责任感，认真负责的人对自己、对他人都有好处，能给人以安全感，让人值得信赖。

（7）独立处事。不要太过于依赖别人，要学会独立，事事依赖别人是会失去朋友的。

（8）善于沟通。把与人沟通当作一门艺术，既能提高自己的修养，又能得到更多志同道合的朋友。

我与学生面对面

一、您能从心理学的角度谈谈我们在人际交往中应该注意些什么吗？

答：好的。从心理学的角度看，人人都希望得到别人的容纳、承认和重视，这是因为人有爱人以及被爱的归属感的需要。如果你在与同学相处时注意提醒自己克服面子心理、冲动心理、封闭心理，常常学习保持宽容心理，你将会发现在人际交往中会出现一些神奇的效果。

1. 面子心理。大学生的许多人际冲突，都是发生在没有什么原则问题的小事情上，往往是一次无意的碰撞、不经意的言语伤害或区区小利等等，本来只要打个招呼、说声道歉，也就没事了，但双方都“赌气”，不打招呼，不道歉，出言不逊，结果争吵起来。更有甚者，一个不让，一个拔拳相向，头破血流，事后懊悔不迭。从心理学角度讲，则是双方都在用不适当的方法维护自尊，即典型的面子心理。仿佛谁先道歉就伤了面子，谁在威胁面前低了头，谁就是孬种，于是冲突层层升级，甚至以悲剧而告终。

2. 冲动心理。大学生处于特定的生理发育期，自制能力尚待加强，遇事容易冲动，或者有些同学认为自己做事爽快，实则也是冲动表现。像骑车相撞以及类似的许多事情，是大家都不愿意发生的，有时也很难断定谁是谁非，双方谦让一下就相安无事了，即使自己有理，也可以忍让一点，好言相对，然而大学生往往一时冲动，气势汹汹，把事情搞糟。

3. 封闭心理。大学生人际和谐的表现之一是乐于与人交往，然而有的大学生由于种种原因形成不同程度的封闭心理，阻碍其正常人际关系的发展。(1) 有的是因为性格内向，情感冲动的强度较弱，外露表现不明显，被人误认为封闭。实际上他们中有些人情感深沉，能帮人就一帮到底；(2) 有的是整天忙忙碌碌，为紧张的工作和繁重的学习所累，始终处于疲倦状态，自然也就很少有高涨的热情，只要紧张气氛松弛了，他们的热情一般能很快调动起来；(3) 有的则是因为心灵上的创伤所致，如过去曾赤诚待人，结果却招致欺骗、暗算，因此对人渐存戒心，不轻易暴露自己的思想感情，或者学业屡屡受挫，世界在其眼中被蒙上了一层灰暗的色彩，自以为是看破红尘，新的事物、新的活动难以再激起他的热情，看不到自己改造世界的力量。

对于心理封闭的同学，最重要的是要努力改变自我，自强不息。大家要以更大的热情关心他们、帮助他们，不能简单予以责备，甚至孤立他们。

4. 宽容心理。同学之间坦诚相待、互通有无，有利于增进彼此友情，减少不必要的摩擦、冲突。但是，如果你和同学交流时遇到意见分歧，或对方有错误时，是选择措辞生硬，直道其详；还是近取诸譬，站到对方的立场上想一想，委婉地让对方接受你的意见？两种方式会产生完全不同的效果。另外，培养幽默也有助于把本来紧张的局面缓和得轻松自如，几句俏皮话能使一个窘迫的场面在笑声中消逝。

二、在大学班级交往中要注意些什么？

答：大学班级不像中小学的班级。没有固定的教室，上课就像打游击，上完一门换一个教室；班内同学来自全国各省市，不再像中学时大家都是同乡或近邻；班主任不会跟前跟后，如果他（她）没有担任你所修读课程的任科老师，你则很难看到他（她）的踪影，可能只是开学班会时见一次，期末班级总结时见一次。

结合大学班级的特点，在班级交往过程中你要努力做到：

1. 重视新生见面会。同学们的自我介绍要用心听，记住每位同学的样子和名字。

2. 积极参加活动。班级旅行、野外郊游、节日聚餐、联谊晚会……班级活动意在让大家尽快熟悉，形成一个团结紧密的班集体。

3. 各司其职。如果你有幸成为班委的一员，一定要联合其他班干部共同做好班级的建设工作。

4. 找准自己的位置。非班委的同学要积极配合班委的工作，做老师、院系和同学之间的传话筒，主动协助管理班级日常学习生活中的各项杂事，组织开展班级活动。

5. 尽心尽力。当需要你为班级出力的时候，一定要挺身而出。例如校运会、班级文艺演出等，千万不要因为怕苦怕累，甚至是不想“抛头露面”的原因而拒绝，作为班级的一员，对班级要有一种责任感。

三、有人说大学生宿舍的人际关系最难相处，也最有价值，您对处理好宿舍人际关系有什么好的建议吗？

答：作为大学新生对宿舍生活既不要有太多幻想，也不必有任何恐慌，当你适应之时，也是成长、收获之时。

现在大多数学生是独生子女，多数人上大学之前没有住过校，没有与多人共居一室交往的经历。宿舍生活中不可避免会产生一些矛盾，但只要我们把宿舍当做家，慢慢就会建立起像兄弟姐妹一样的关系。

首先，要学会换位思考。心理上的角色互换是消除猜疑、嫉妒心理的最好方法。大学生宿舍成员之间种种心理矛盾的产生，实际上多半是因为别人没有满足自己的需要，或觉得别人需要的满足超过了自己而引起的。如果能换个角度，为他人想一想，那么宿舍成员之间的各种偏见和误解都会因此而“烟消云散”。

其次，自我中心主义是集体生活的大忌，必须坚决摒弃。相信有不少

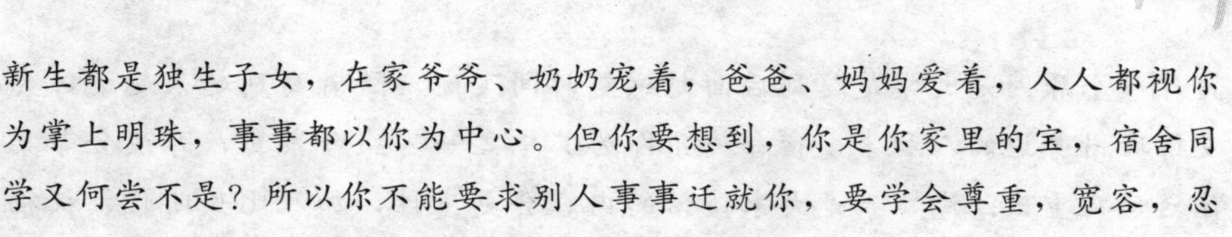

新生都是独生子女，在家爷爷、奶奶宠着，爸爸、妈妈爱着，人人都视你为掌上明珠，事事都以你为中心。但你要想到，你是你家里的宝，宿舍同学又何尝不是？所以你不能要求别人事事迁就你，要学会尊重，宽容，忍让，关心他人，这是你成长必经的一课。

第三，明白大学宿舍交往要经历三个时期。

1. 初识期。几个人刚刚组合到一起，彼此的陌生感会让人行为谨慎，自觉收敛起坏习惯，意在给室友留下好的第一印象。急于被新集体认同和接纳的渴望令大家都表现得十分友善，帮忙打饭打水，买东西什么的都是有求必应。初入校园，社交网络还未打开，宿舍关系是唯一的社交关系，室友是自己最重要的伙伴，会有相互依靠的心理需要，这段时间常常是宿舍集体行动。初识期宿舍相处“相敬如宾”，是蜜月期。

2. 相熟期。俗话说“日久见人心”，随着时间的推移，宿舍成员交往的深入，最初的陌生感渐渐消失，一个个都慢慢“原形毕露”。A 总喜欢顺手拿别人的东西来用，却不事先征得别人同意；B 每天都玩得很晚才回来，本来大家都睡了又被他吵醒……很多问题都会浮出水面，矛盾重重，一不小心就会爆发“世界大战”。经过前一段的相处，每个人都在自己心中给其他室友打出了分数。不少宿舍开始出现分化，形成两人或三人的小团体，小团体内会互诉心事，互通有无，而对于小团体之外的宿舍成员态度就明显冷淡。先前的乐于助人也会被平等观念所取代，不再是有求必应，“我没有时间”，“不顺便，还有其他事情要忙”……相熟了就没有必要再辛苦扮好人，讲的是“我对你好，你也要对我好”甚至是“你要对我好，我才能对你好”，此时你会看到人性最真实的一面。另外班级、社团、院系等的各项学习、工作的开展，大家的社交活动不再仅限于一室之内，会结识很多宿舍以外的同学、朋友，开始有各自的社交圈子，宿舍集体行动变得越来越少。相熟期是一个真正“坦诚相见”的过程，部分宿舍会出现关系紧张的情况，这些都很正常，其实也算一个适应调整期。

3. 平稳期。宿舍内的冷战和暗战，或不了了之，或升级为明战爆发，个别极端的例子会选择另觅宿舍，无论如何，一切最终都会归于平寂。而此时当年的新生已经变成师弟师妹口中的“师兄师姐”，经过生活的洗礼，每个人都在成长和成熟，慢慢地悟出相处之道，不再那么事事较真。况且那么长时间的相处可以说彼此都是知根知底，也习惯并接受了。宿舍此时就进入到平稳期，真正懂得尊重和忍让，气氛有点像回到最初相识之时。

另外一个原因是大学是越到后面越感觉时间飞逝，随着离别越来越近，会变得珍惜身边的人和事，宿舍关系即为其中之一。宿舍聚餐，卧谈会等集体活动又重出江湖，只是大家谈话的内容会更感性，加入比如回忆、祝福之类的内容。

大家不难看出，宿舍关系是一个先热后冷，最后再回温的变化过程。新生不要觉得不耐烦甚至恐惧，要知道很快你就要走入社会，那时才是真正复杂的人际关系，艰深的相处之道，如果你连宿舍关系都处理不好，将来要怎么办呢？

第四，要学会一些宿舍人际交往技巧。

1. 与室友共定作息制度。宿舍的全体成员应当尽量统一起居时间，减小作息差距。早起或者晚睡的成员也应尽量减少声响和灯光对室友们的影响。

2. 不搞“小团体”。在宿舍，应当以平等的态度对待每一个人，不要厚此薄彼，和一部分人打得火热，而对另一部分人疏远不理。有心理互容的心态，即要相互多看对方的优点和长处，多肯定他人，少求全责备，从而和睦共处、相互尊重、相互理解，博采众长，丰富提高自己。

3. 不触犯室友的隐私。对于室友的隐私，我们不要想方设法去探求。尤为注意的是，未经室友同意，切不可擅自乱翻其衣物。不要以为是熟人就忽略了细节。有时偶然知道室友的某些隐私要守口如瓶，否则，触怒室友发生“干戈”也就在所难免。

4. 积极参加集体活动。宿舍的活动不单纯是一个活动，更是室友之间联络感情的重要形式，应该积极参与配合。集体活动不仅是感情投资，也是不可缺少的人生经历。倘若宿舍活动你老是不参加，多多少少会显得你不合群。

5. 给予别人关心，有难要帮，自己有事也要学会请求帮助。良好的人际关系是以互相帮助为前提的，哪怕只是些小事。当室友遇到困难，我们应当主动伸出援助之手，哪怕是一个笑脸，一个体贴的眼神，也会使他人感到温暖，感到安慰。宿舍成员之间互相帮助对于建立起良好的宿舍人际关系具有重要的作用。

6. 不拒绝零食和宴请。不要以为吃别人的难为情而拒绝，因为互酬不仅仅体现在物质上，它更体现在心理上。你接受别人的邀请，从某种意义上说，也是给别人面子。倘若不论零食或宴请，你都一概拒绝，时日一久，别人难免会认为你清高傲慢，就对你“敬而远之”了。

7. 不逞一时口快。在嘴巴上占便宜的人实际上非常愚蠢，给人感觉太好胜，难以合作。你不尊重别人，别人也不会尊重你。你夸夸其谈，想处处表现得比别人聪明，最后也只会引起别人反感，没人说你好。

8. 维护共同的生活环境，完成该做的杂务。宿舍是公共生活的场所，每个人都有自己相应的生活空间，同时也必须遵守大家共同维系的生活规则。许多宿舍都有轮流值日制度，这样每个人都能为共同的卫生环境尽义务，诸如打水扫地倒垃圾。这些既是为别人做也是为自己做。没有哪一个集体会欢迎一个自私、懒惰和邋遢的人。

9. 学会赞美，不吝啬对别人的夸奖。每个人都有长处和短处，生活久了总会发现别人的可爱之处。所以在宿舍生活中不要吝啬对别人的表扬，只要你的夸奖是真诚的。

10. 合理方式解决日常矛盾。宿舍中发生争吵是难免的。纠纷产生后，谁都不愿意承认自己的过错也很常见，这正是考验一个人诚实态度与勇气的时候。如果因为一点小事变为仇人，见面不说话，心生嫉恨，这不仅有碍宿舍的和谐关系，也会对当事人心理健康不利。因此主动与对方表示和好与原谅是最通情达理的做法。一旦在宿舍中形成良好的人文氛围，这对于建立和谐的宿舍人际关系能起到至关重要的作用。

利用大学几年，好好学习与人相处之道，从最基本的宿舍开始。用心“经营”你们的宿舍，让它成为你大学里温暖的家！

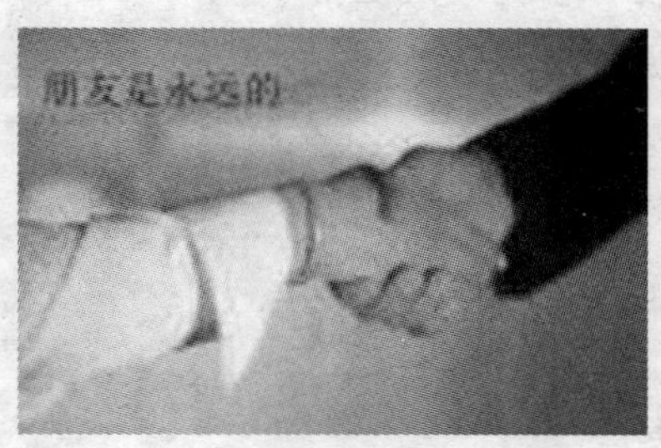

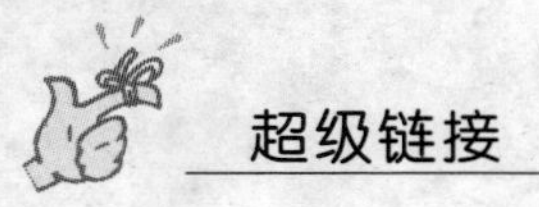

超级链接

大学生人际关系的心理自我诊断

这是一份大学生人际关系行为困扰的诊断量表，一共有28个问题，请你根据自己的实际情况，逐一对每个问题做“是”或“否”的回答。

1. 关于自己的烦恼有口难开

2. 和生人见面感觉不自然

3. 过分地羡慕和忌妒别人

4. 与异性交往太少

5. 对连续不断的会谈感到困难

6. 在社交场合，感到紧张

7. 时常伤害别人

8. 与异性来往感觉不自然

9. 与一大群朋友在一起，常感到孤寂或失落

10. 极易受窘

11. 与别人不能和睦相处

12. 不知道与异性相处如何适可而止

13. 当不熟悉的人对自己倾诉他（她）的生平遭遇以求同情时，自己常感到不自在

14. 担心别人对自己有什么坏印象

15. 总是尽力使别人赏识自己

16. 暗自思慕异性

17. 时常避免表达自己的感受

18. 对自己的仪表（容貌）缺乏信心

19. 讨厌某人或被某人所讨厌

20. 瞧不起异性

21. 不能专注地倾听

22. 自己的烦恼无人可申诉

23. 受别人排斥，让人感到冷漠

24. 被异性瞧不起

25. 不能广泛地听取各种意见和看法

26. 自己常因受伤害而暗自伤心

27. 常被别人谈论、愚弄

28. 与异性交往不知如何更好地相处

计分标准：选择“是”的加 1 分，选择“否”的给 0 分

结果解释：

（1）如果你的总分在 0～8 分之间，那么说明你在与朋友相处上的困扰

较少。你善于交谈，性格比较开朗、主动关心别人。你对周围的朋友都比较好，愿意和他们在一起，他们也都喜欢你，你们相处得不错。而且，你能从与朋友的相处中，得到许多乐趣。你的生活是比较充实而且丰富多彩的，你与异性朋友也相处得很好。一句话，你不存在或较少存在交友方面的困扰，你善于与朋友相处，人缘很好，能获得许多人的好感与赞同。

（2）如果你的总分在 9～14 分之间，那么，你与朋友相处存在一定程度的困扰。你的人缘一般，换句话说，你和朋友的关系并不牢固，时好时坏，经常处在一种起伏之中。

（3）如果你的总分在 15～28 分之间，那就表明你同朋友相处的行为困扰比较严重。分数超过 20 分，则表明你的人际关系行为困扰程度很严重，而且你在心理上出现较为明显的障碍。你可能不善于交谈，也可能是一个性格孤僻的人，不开朗，或者有明显的自高自大、讨人嫌的行为。

第七章

心理贫困：青春不能承受之重

第一节　贫困不是我们的错

随着高校在校生数量的快速增加，家庭经济困难学生的绝对人数也随之不断上升。据权威统计，目前全国大学生中家庭经济困难学生占的比例已超过20%，特困生比例约为10%，而在一些边远地区和山区，家庭经济困难学生和特困生的比例更高。近几年，全社会都在关注和帮助家庭经济困难学生，2010年再次将资助金额上调到生均每年3000元，但关注和帮助主要集中在经济层面。虽然在众多的家庭经济困难大学生中，绝大多数都能够自强不息，刻苦上进，但在大学校园里也存在着一定数量的由于家庭经济困难而导致“心理贫困”的学生。

针对这一新问题，长期关注家庭经济困难学生现象的专家指出，家庭经济困难学生问题是一个结构性的问题，孤立地从经济上给予帮助显然无法根本解决这一问题。社会在帮助家庭经济困难学生解决经济压力的同时，应更多地关注他们的内心，关注“如何让他们成为一个精神独立、人格健全的人”这样一个课题。

一、“心理贫困”成因透视

据中国青年报报道，一份来自宁夏大学的调查报告指出，家庭经济困

难大学生的抑郁状态普遍高于非家庭经济困难学生。报告说，经济上的贫困已成为家庭经济困难学生心理上沉重的负担，从而严重影响了他们的心理健康。调查认为，多种因素导致了家庭经济困难学生的普遍抑郁状态。

首先，经济压力。我国现行的收费上大学的制度，对于家庭经济比较困难的学生来说是不小的负担。目前经济困难学生约占学生总数的20%。另一方面，来自贫困家庭的学生与来自富裕家庭的孩子在消费方式、消费观念方面的攀比，也易使贫困学生产生心理压力和失衡。

其次，家庭经济困难学生在应对方式上的不正确、不完善也导致了他们抑郁心理的产生。家庭经济困难学生的生活要比其他同学更艰难，他们遇到的困难较多，需要通过求助才能得到解决。然而当家庭经济困难学生遇到困难时，多数是向家人和以前的同学朋友求助。这反映出他们求助模式是处于不完善、不理想的状态。调查认为其主要原因是大学生自尊心较强，使他们的心理戒备更重。在大学集体生活中，同学之间的利益冲突较多，使同学间的社会支持产生了障碍。再有，高校师生关系一般较为淡薄，所以学生没有信心去向老师求助，学校的专业咨询机构宣传不够，学生前去求助的也很少。

其三，家庭经济困难学生的人格特质也导致他们抑郁心理的产生。报告说，家庭经济困难学生在人格特质上更多表现为内向、谨慎、情绪不稳定，参与社会的程度较低等特征。如果家庭经济困难学生经常表现出沉默、谨慎、自我封闭、情绪化等特点，则会导致他们产生为一些无谓的事情心烦，总觉得别人厌恶自己，难以集中精力做事等不良心理。

另外，报告还指出，相对于城市学生而言，农村学生更容易出现心理问题。相对于家庭条件好的学生而言，家庭经济困难学生更容易出现心理问题。主要有五方面的原因：

一是家庭经济困难学生多来自农村，文化环境和教育条件相对落后，许多地方的农村学校教育长期以来以应试教育为主，而且受制于经济条件的因素，相当一部分乡村中小学根本谈不上培养学生的特长，音乐、美术、体育课都不能充分开展，外语和计算机等课程的学习条件也较差，素质教育在这些学校中往往只是一句空话，从而导致学生综合素质较差，个性不能全面发展。但在大学里，评判学生的标准是多元的。这样一来，很多家庭经济困难学生进入大学后就感觉自己各方面都很差，从而变得自卑、敏感、脆弱、封闭，容易导致“心理贫困”。

二是随着商品经济的繁荣，高等学府已无法成为世外桃源。伴随着社会分层，校园也在分裂，生活在同一屋檐下的学生之间可能就有很大的贫富差距。这种落差常令一些大学生存在不同程度的自卑心理。当别人接到父母的汇款时，自己却为背负的沉重助学贷款而叹息；当别人穿着时尚服装时，自己却总是担心被别人笑话“土气”；当别人过生日大方地请客时，自己却时常为节省一顿菜钱而精心算计；当别人天南地北侃侃而谈时，自己却因插不上嘴而自怨自艾。同样在一个社会里，同样是一个学校里的学生，为什么命运这么不公平？在一次次比较中，有的人在同学面前不敢抬头，极端自卑；有的人封闭自我，远离他人；有的人十分敏感，总怕被人瞧不起；有的人则暗暗较劲，既然别的方面我比不过你们，就跟你们比学习。于是一头扎进学习中，其他全都不顾。当学习成为唯一支撑自我的支柱时，一旦学习失败，他们就会认为自己毫无价值，对生活失去了希望。

三是社会文化的不良因素加剧了家庭经济困难学生的心理困扰。在市场经济大潮的冲击下，社会文化在一些人的心目中被演化成一种以金钱为唯一目标的亚文化，人际关系变得势利和冷漠，加剧了家庭经济困难学生对金钱的渴望，更加看重物质利益的作用，导致心理失衡。一旦别人讥笑自己穿戴不时髦、经济不宽裕，家庭经济困难学生就很容易产生自卑感和焦虑感。在此种情况下，外界环境是否宽容友善就显得格外重要。

四是高校毕业生分配制度的改革带来就业的压力。当前大学生就业实行“政府调控、市场导向、学校推荐、学生和用人单位双向选择”的政策，在新旧体制转型期，由于社会机制还不够完善，人才市场的择业竞争还存在一些不公正的现象。家庭经济困难学生没有父母可以依赖，自身在风度、言谈、气质等方面也有不足之处，因而面临的就业压力更大。

五是社会上一些善意的动机实施不当，无意中增加了家庭经济困难学生的心理压力。如各种资助工作，本来是件好事，但是由于宣传不够或者教育滞后，使一些学生虽然物质上得到了资助，但精神上却遭受了挫伤，感到是在接受“施舍”，挫伤了自尊心，从而加重了自卑心理。

二、贫穷不是我们的错

为了确保不让一个学生因家庭经济困难而辍学，我国建立起一种比较完善的资助家庭经济困难学生的政策体系。社会各界也心牵寒门学子，想方设法奉献爱心，但由于我国贫困大学生数量太多，有限的资助无疑是杯水车薪。

贫困是社会的一种客观存在，它是由社会原因引起的，不是由个人主观决定的。倘若那些生活在大城市的同学也生活在偏僻的农村，那些家境好的同学也遇到了种种困难和不幸，他们也会同样窘迫。因此，家境贫寒本身并不可悲，而自己在心理上选择了自卑，那才可怕。

贫穷不是过错，把贫困当成不奋斗的借口才是错。我们倡导家庭经济困难学生用自己的双手改变命运，除了国家、社会救助之外，走自强自立的第三条路——不等不要，靠自己！家庭经济困难学生可以通过自己的努力按照社会正常的规则和手段获得财富和地位。这是大学校园里帮困助学的一道亮色，它折射出中国大学生从靠国家、靠家庭上学到靠自己上学的变革历程。虽然这一过程饱含泪水和汗水，但它不能不说是当代大学生开始走向成熟的一个标志，也是我们社会进步的一个标志。

家庭经济困难学生勤工俭学，从自觉自愿到自立自强，这是一种积极人生态度形成的过程，是中华民族自强不息精神的有机组成部分。勇敢地去参与社会实践，靠双手挣得生存权利和尊严，这种精神终将会成为改革年代精神财富的一段华章。而我们的家庭经济困难学生也会用这种独立的人格和精神回报国家、社会的关爱，证明自己的无悔青春。

家庭经济困难学生必须认识到，坚韧的品质是用任何金钱也买不来的。穷，不是自身的弱点，也不是缺点。一个人要成才不仅要在文化知识、科学技术上成才，同时更要成为人格健全、富于理想和勇于创新的人才。

我与学生面对面

一、当前高校家庭经济困难学生可能存在的心理有哪些？他们为什么会产生心理问题？他们又应如何去摆脱这些心理问题呢？

答：（一）当前高校家庭经济困难学生的心理主要表现有两种类型：

一是积极上进的心理。家庭经济困难学生，大部分能采用积极的方式，以坚强、乐观向上的态度，把生活的压力变成学习的动力，把穷困和不幸作为磨砺意志的基石。他们在日常学习生活中主要表现为以下几个特征：

1. 勤俭节约，艰苦朴素。这些积极的影响主要来自他们的长辈，父母的辛劳、苦楚会让年幼的个体产生心理共振，并逐渐体会和理解父母的艰苦处境，从而产生有利于父母的行为。例如生活中行为节俭，帮助父母操持家务，参加生产劳动以减轻父母的负担，并与父母一道安于清贫的生活。个体在人生初期形成的勤俭节约、安于清贫等品德往往十分坚固，以至他们步入大学、社会后依然会保持这些作风，有助于他们维持积极健康的心理状态，促进学业的完成。

2. 吃苦耐劳。物质的贫乏使他们较早地介入家庭生活，在生产劳动中得到充足的锻炼，并形成吃苦耐劳的精神与能力。同时，由于对物质的需求反复受挫，他们便自然地形成了较强的心理承受能力和抗挫折能力。吃苦耐劳与抗挫折能力使得家庭经济困难学生更能适应和承受学习、生活中的艰苦，这对他们的人生大有裨益。

3. 明辨是非。贫困学生由于经受经济上的压力，为形势所迫，必须了解自己，了解自己周围的世界，以调整和提高自己，使自己最终能够成功地立足于社会。在校园生活中，家庭经济困难学生有足够的机会认知、体验到他人的富裕生活，并深刻意识到节俭、朴素等品德的高尚性、正义性，同时产生更成熟的人生观、价值观，如诚实、正义、善良、乐于助人等优良品质。

4. 发愤图强。赵中源等在2010年对湘潭4所高校600名家庭经济困难学生的问卷调查表明：82%的学生敢于直面困难，主动克服；50.7%的同学不在乎自己是否贫困，而看重自己是否优秀。由此可见，多数家庭经济困难学生坚信通过自己不懈的努力是能够改变贫困处境的，因而产生了一些积极和成熟的应对方式：如发奋学习，积极争取奖学金；乐于承担勤

工助学岗位，积极投身到社会实践中去，或做家教、或利用假期打工等。这种应对方法不仅丰富了他们的社会阅历，而且为以后适应社会打下了良好基础。

二是消极悲观的心理。家庭经济困难学生虽有以上积极的心理特点，但也同时存在着诸多消极的心理特征即心理问题。

1. 自卑。自卑是个体由于自我认知偏差等原因所形成的自我轻视和自我否定的情绪体验，他们总是把目光盯着自己的缺点、不足和失误；面对经济贫困、生活困难的现实，他们常常感到自己无能为力，从而丧失战胜困难的勇气和信心，在心理上产生了逃避、退缩的应对方式。

2. 焦虑。焦虑是一种类似担忧的反应或是对自尊心受到潜在威胁的担忧的反应倾向。由于经济困难，他们总会担心有什么不好的事情要发生，或经常为自己和家庭的经济来源担忧，持续长时间的过高焦虑使他们处于高度紧张状态，如果不加以调适，则会导致一定的身心疾病，这一点必须受到足够重视。

3. 抑郁。抑郁是一种精神受到压抑而产生的较持久的、消极的情绪状态，在行为上表现为：情绪低落、思维迟钝、郁郁寡欢、兴趣缺乏、食欲不振、失眠等症状。不少人因害怕被别人看不起而自我封闭，顾影自怜。这种状态常使他们感到生活的无助，因而会对生活丧失希望，甚至产生轻生的念头。

4. 愧疚无奈。面对现实生活中的压力和困难，贫困生大都有着强烈的出人头地和报答父母恩情的想法，但往往为自己不能自立而苦恼，不能为家庭减少压力特别是无法以优良的成绩回报家人而产生强烈的愧疚感。这种无奈与愧疚的不断交错，更加剧了原已过重的心理负担，容易产生自暴自弃和一些突发性事件。

5. 敏感多疑。贫困大学生的心理很敏感。容易把同学交往中的一些正常行为加以误解，或者是把一些小的误会加以放大。由于激烈的竞争、繁重的学习、陌生的社会和文化环境以及各种不同的价值观念的冲击，一些贫困生变得敏感多疑。他们感到自己不被别人接纳，怕别人瞧不起自己，因而封闭自己，在学习和生活中不愿与同学和老师进行交流，也尽量不参加同学们的聚会活动，独来独往，离群索居，甚至在自己的心中筑起一道围墙。

6. 麻木冷漠。面对生活困难带给他们的挫折，他们往往感到无能为力。当对战胜挫折失去信心时，相应地也会表现出失去兴趣、漠不关心的

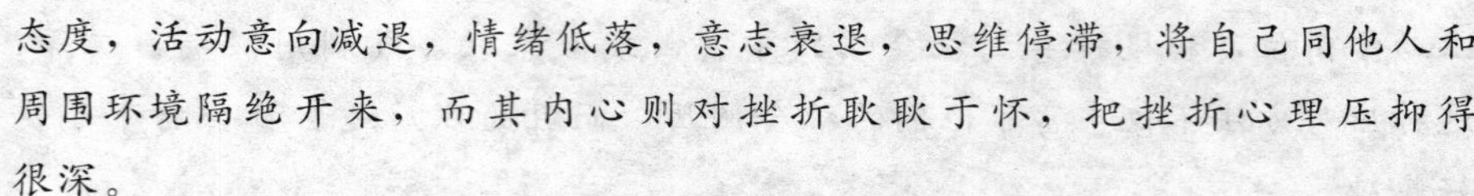

态度，活动意向减退，情绪低落，意志衰退，思维停滞，将自己同他人和周围环境隔绝开来，而其内心则对挫折耿耿于怀，把挫折心理压抑得很深。

7. 逆反偏激。由于现实沉重的经济压力、城乡之间的差别、消费水平的巨大反差、紧张的学习、激烈的竞争、单调封闭的生活、人际交往的不适应、感情上的烦恼、社会生活中存在着的一些不公平现象、就业压力、理想与现实的反差等等问题的存在，部分经济困难学生往往不能正视自己的贫困，把自己的贫困归罪于社会的不公平。有的在思想上走向了极端，表现为对社会和学校的什么现象都看不惯，对社会及当前改革产生悲观否定偏激的看法甚至是极端抵触的态度。有的对一切正面的教育不信任，持怀疑态度，加上一些教师教育方法不当，使他们很容易产生逆反心理。

（二）高校家庭经济困难学生心理问题产生的原因有很多，常见的则有以下几种：

1. 经济贫困带来的压力。迫于家庭经济的窘迫，贫困生需要千方百计地寻找打工机会，必须处理好工作与学习、上课的关系。有时成为廉价劳动力还要受到人格上的侮辱。这一切无疑会成为他们心里沉重的负担，成为他们身心疲惫的原因。

尽管现在很多家庭经济困难学生来到学校后获得了一定的助学贷款，但是贷款的偿还压力将伴随他们走完大学学习的全过程，久而久之也会对他们的心理产生不良影响。

2. 适应新环境的能力差。这种情况多见于大学新生。进入大学后，面对崭新的大学生活和高额的学杂费，大多数高校家庭经济困难学生都是手足无措的。刚入学的目标缺失和对大学中学习方式的不适应，使多数大学生面对“过多的自由时间”都感到很茫然，而这部分学生深知自己的学习机会来之不易，因此当自身出现以上的情况就会产生强烈的自责和负罪感。另外，从生活方面也不能尽快适应集体生活，不能很好地处理学习和生活中遇到的各种实际问题。

3. 理想自我与现实自我之间的差距。高校家庭经济困难学生希望自己是出色的，而在现实生活中，他们又不得不承认要变得出色是多么的不易。由于从小缺乏艺术、体育方面的训练，他们总认为自己的能力不如别人。他们与优秀同学之间差异其实更多的是自信心方面的差距。他们对自己的能力有较多怀疑，容易产生不满、自责、失望的情绪，这种追求上进

却又没有明显进步，不甘放弃又信心不足的矛盾，使他们无所适从。

4. 就业形势严峻带来的压力。双向选择分配制度使很多大学生开始自主择业。高校家庭经济困难学生“考上大学就意味着跳出农门”的梦想破灭，尤其是现在面临的就业形势更加严峻，加之社会机制还不够健全，大学生在择业就业方面还存在许多不公正现象，加大了他们的就业压力。

5. 社会上部分人的歧视。在大学校园里，大多数师生对家庭经济困难学生都会给予真情关爱和帮助，但在社会中以及极个别师生对他们确有奚落、嘲笑和歧视，这使得其中的部分学生对社会中所表现出的“金钱至上”的不良社会现象有一种蔑视甚至憎恶的态度，对其人格的形成及心理健康产生了极为严重的不利影响。

（三）要让高校家庭经济困难学生“心理脱贫”，需要社会、学校、家庭等各方面的共同努力。

1. 社会方面。从实际需要出发，采取有效措施，不断完善资助体系，从物质上解决高校家庭经济困难学生的基本生活问题，这也是解决他们心理问题的基础和前提。要不断完善“奖、贷、助、补、减、免、缓”等助困制度和措施，在竞争机制的框架下进一步扩大对高校家庭经济困难学生的奖学金覆盖面，提高奖学金额度。积极争取社会多方面的支持，建立各种“爱心基金”，设立多种专项奖助学基金和建立定向委培制度。同时，动员社会团体和个人捐款资助经济困难学生，开展对经济困难学生的“一帮一”活动。动员社会各界力量为贫困大学生提供更多的勤工俭学岗位。

2. 学校方面。学校是解决高校家庭经济困难学生心理问题的主阵地，要通过多方面、多渠道的援助，帮助他们树立正确的世界观、人生观、价值观。

首先，积极开展心理健康教育活动，不断健全心理咨询体系。加强心理健康教育工作队伍建设，开展心理健康教育和咨询活动，积极支持大学生成立心理健康教育方面的社团，举办生动活泼、丰富多彩的活动，多渠道、多形式、多层次地宣传普及心理健康知识，让家庭经济困难学生能够在活动中感受温暖，消除恐惧，为在校的学习和生活打下良好的心理基础。

其次，大力优化育人环境。学校要十分注意加强学校、班级、宿舍等育人环境建设。要注意在学校和班集体中培养团结友爱、相互理解、互相帮助的良好风气，同时要充分发挥学生会、社团的作用，积极开展心理互助活动，为家庭经济困难学生消除自卑、孤独等心理障碍，促进心理健康

发展营造良好的环境氛围。让他们感受到社会和学校的温暖，人与人之间的真挚感情，从而消除经济困难给他们带来的精神上的压力。

第三，积极推行学分制、学历浮动制，减轻家庭经济困难学生的学业负担，允许一部分优秀学生提前毕业。

3. 家庭方面。作为家庭经济困难学生的父母，应该在关心子女物质生活的同时，更多地关心其心理的需要，转变教育方式，多与子女沟通，营造和谐融洽的家庭氛围，为子女在心理上提供一个稳固的精神寄托，保障其人格的健康发展。

4. 学生个人方面。首先，要转变消极的认识，培养乐观的人生态度。贫困生所有的不良情绪和不良行为总是与内在的不良认知相联系，所以转变的首要问题就是消极认知的转变。

现在不少家庭经济困难学生抱着“有钱就有一切，没钱就被人看不起”、“打扫卫生之类的工作就是丢人现眼”这一类的错误认知。大学生正处于人生最关键的十字路口上，面临一生中最重要的人生观与价值观的选择。其实高校家庭经济困难学生身上有很多优秀的品质，比如吃苦耐劳、意志坚强、对人真诚、有责任感等等，可是由于长期受不良心理的影响而表现出悲观、消沉、封闭、伤感的情绪。他们应该摆脱精神的枷锁，培养乐观的人生态度，开拓进取、自强不息、顽强拼搏。

其次，积极采取自助方式，减轻经济压力。家庭经济困难学生应积极争取政策性的照顾，克服羞于言贫的观点。申请助学贷款不仅可以减轻父母的压力和自己的负担，还无形中给自己增加了一份动力。通过助学贷款上大学，贫困生的生活压力可以得到暂时的解除，使他们能够集中精力和更轻松地投入大学生活，有利于他们的成才。

第二节　走出“心理贫困”的阴影

一、国家已建立起家庭经济困难学生资助政策体系

我国资助家庭经济困难学生的政策体系已基本建立，目前对家庭经济困难学生采取的资助政策包括国家奖学金、国家助学金、国家生源地助学贷款、勤工助学、特别困难学生补助、学费减免等。并且在各高校入学实行“绿色通道”确保每一位家庭经济困难学生都能入学。

1. 国家奖学金制度。中央继续设立国家奖学金，用于奖励普通本科高校和高等职业学校全日制本专科在校生中特别优秀的学生，每年奖励5万名，奖励标准为每生每年8000元，所需资金由中央负担。

中央与地方共同设立国家励志奖学金，用于奖励资助普通本科高校和高等职业学校全日制本专科在校生中品学兼优的家庭经济困难学生，资助面平均约占全国高校在校生的3%，资助标准为每生每年5000元。国家励志奖学金适当向国家最需要的农、林、水、地、矿、油、核等专业的学生倾斜。

中央部门所属高校国家励志奖学金所需资金由中央负担。地方所属高校国家励志奖学金所需资金根据各地财力及生源状况由中央与地方按比例分担。人口较少民族家庭经济困难学生资助资金全部由中央负担。鼓励各地加大资助力度，超出中央核定总额部分的国家励志奖学金所需资金由中央给予适当补助。省（区、市）以下分担比例由各地根据中央确定的原则自行确定。

2. 国家助学金制度。中央与地方共同设立国家助学金，用于资助普通本科高校、高等职业学校全日制本专科在校生中家庭经济困难学生和中等职业学校所有全日制在校农村学生及城市家庭经济困难学生。

普通本科高校和高等职业学校。国家助学金资助面平均约占全国普通本科高校和高等职业学校在校生总数的20%。财政部、教育部根据生源情况、平均生活费用、院校类别等因素综合确定各省资助面。从2010年起平均资助标准为每生每年3000元，具体标准由各地根据实际情况在每生每年2000～4000元范围内确定，可以分为2～3档。

3. 国家助学贷款政策。生源地信用助学贷款是国家助学贷款的重要组成部分，与国家助学贷款享有同等优惠政策。对普通本科高校和高等职业学校全日制本专科生，在校期间获得国家助学贷款、毕业后应征入伍服义务兵役或自愿到艰苦地区基层单位从事第一线工作且服务达到一定年限的，国家实行学费补偿、国家助学贷款代偿政策。

4. 从2007年起，对教育部直属师范大学新招收的师范生，实行免费教育。

5. 各高等学校按照国家有关规定从事业收入中足额提取一定比例的经费，用于学费减免、国家助学贷款风险补偿、勤工助学、校内无息借款、校内奖助学金和特殊困难补助等。

6. 完善鼓励捐资助学的相关优惠政策措施，充分发挥中国教育发展基金会等非营利组织的作用，积极引导和鼓励地方政府、企业和社会团体等面向各级各类学校设立奖学金、助学金。

二、帮助家庭经济困难大学生走出心理困境

要让部分家庭经济困难学生拥有健全的人格和健康的心理，需要学校、老师、同学同心协力给家庭经济困难学生烹制一道“心灵鸡汤”。

(一) 帮助家庭经济困难学生远离心理问题

学校在帮助家庭经济困难学生解决经济困难的同时，也应以同样高度的责任感去帮助这些同学树立正确的人生观、价值观，远离心理危机。许多高校已经意识到这一问题。

首先，要全面准确掌握这些学生的各方面情况。学生进校后，应对其尽快进行心理普查，建立心理档案。在此基础上，对有自卑、自我封闭、自暴自弃等心理倾向的同学进行个别交流，予以特别关注。

其次，应点面结合，有针对性地进行教育引导。通过专题讲座、主题班会、小型讨论会等形式进行传统道德教育和心理知识教育、典型案例教育，指导他们学会自我调适，帮助他们树立信心，战胜自我。经常性地开展主题活动也是帮助这些“双困生”打开心扉的好办法。

注意帮助家庭经济困难学生的方式。爱只有出于真心才能真实，才容易被接受。家庭经济困难学生们迫切需要经济上的援助，但是他们更需要人们的理解和尊重。在今天的社会里，我们对家庭经济困难学生的理解不能只局限于服饰外表，更重要的是研究“贫困”对他们的心理影响，我们培养的应

该是一代乐观向上、具有开拓精神，能够担负国家建设重任的大学生。

此外，学校还可以组织各类家庭经济困难学生组成社团，成立协会，可以让家庭经济困难学生找到自己的群体，找到一种归属感。在这个群体里更容易营造“贫寒中成长起来的优秀大学生更光荣”的氛围。大家是站在相同的起点，相互之间不会有歧视和被歧视的嫌疑，还可以相互鼓励、相互扶持。

（二）鼓励家庭经济困难学生心理自立

尽管学校、教师、同学的关怀和帮助对消除家庭经济困难学生心理障碍至关重要，但同时有关专家指出，这些帮助只是打开这些同学封闭心扉的外力，真正远离、摆脱心理疾患关键还在于个人。对于家庭经济困难学生而言，与经济自立相比，心理自立更为迫切。

首先，要认识到贫困是社会的一种客观存在，它是由社会原因引起的，不是由个人主观决定的。贫困不是我们的错。

其次，要学会接纳自我，接纳自己的家庭和生活环境。

贫困的条件会给个人的发展带来一些限制，比如，教育条件差，制约着我们外语能力的提高，制约着我们文体活动和多种兴趣的发展，影响着我们的见识等。但同时应当看到，在受到限制的同时，我们还拥有困难带来的种种优势：我们没有富家子弟的“骄娇”二气，少有依赖，能够自立。我们朴实、吃苦耐劳，拥有克服困难的毅力。而这些优秀品质则是巨大的精神财富，它不但能够使我们克服眼前的困难，弥补与别人暂时的差距，还能给予我们成就一切的勇气。任何事物都有利有弊，换一种认识角度，你就是赢家。

第三，走出孤独，学会交往。

要相信你身边的绝大多数同学都是真诚善良的，无论你有什么压力和痛苦，都不要独自一个人承受。大家心理上的关心和实际的帮助，不但能尽快帮你走出困境，而且还会使你体会到人与人之间的友爱和真情。接受别人的帮助并非是接受怜悯和同情，求助也并非是示弱。别人无私的帮助会激励你进取，将来用自己的知识和才干回报社会，去改变贫穷的社会面貌。把自己融入他人之中，才能不断学习他人长处，完善自我。倘若封闭自我、远离他人，不但自己苦闷孤独，而且永远不可能弥补差距。

第四，克服虚荣心理，不盲目攀比。

受当前普遍浮躁的社会心理影响，一些大学生只追求物质享乐，不重

视个人精神上的提升。有的贫困大学生在生活中盲目与他人攀比，为了追逐时尚和流行，从事不正当的活动，有的甚至走上犯罪的道路。

罗曼·罗兰说："清贫，不但是思想的导师，也是风格的导师，它使精神和肉体都知道什么叫淡泊。"是的，在充满物欲的环境中，守住淡泊不容易，但是唯有淡泊，才能紧紧抓住大学时代这一宝贵时间全面发展自己。倘若与别人在生活上盲目攀比，追求一时虚荣，必将耽误自己的前程。无论何时，做一个有真才实学的人远比一个只有虚荣外表的人要好得多。

我与学生面对面

一、我来自农村，在我的心里一直有着"城乡隔膜"，请问如何才能打破它？

答：家庭经济困难大学生多数来自农村，他们进入大学首先要接受的是城市社会化过程。但城市本身和城市学生给了他们疏离感。一位农村学生真诚地说："没钱我可以通过家教来补。但农村和城市巨大的文化差异，始终让我感到孤独。我如何努力也无法融入。"另一位来自农村的学生说："对我们农村人来说，城市是一个完全陌生的环境。我们是在从一个比较低的地方往高处走。这个过程中我常常能感到自己的不足，比如你的普通话讲得不好，不懂音乐和计算机，没有那么多见识。由于经济窘迫，很少参加同学之间的聚会，有些同学讥讽我们是'小家子气'、'不够潇洒'。这些'短'常常折磨着我，使我无法自信起来。"

贫富差距在这个小环境里体现得淋漓尽致。

要打破这种所谓的"城乡隔膜"一定要学会调节自己，提升自己。

第一，消除自卑，树立自信心。要正确地看待环境，看待自己。农村有许多资源是城市无法比的，如风俗人情、自然风光、名优特产、人文史迹等

等，这些是城里人无法真正感知和领悟到的。这也是作为农村人的自豪。

能考上大学，这说明你曾经是个学习优秀的学生，具有上进心。不要总担心不如别人，要自己接纳自己，要善于发挥自己的长处，确立自强、自信、自立的心态，在承认城乡差距的基础上正视差距，贫穷不是我们的错。

第二，要不断磨炼意志，增强对经济贫困的心理承受能力。贫富不均是社会问题，是家庭问题，不是我们的错。再说生活中也没有什么困难克服不了，没有什么“沟坎”跨不过去。你要敢于面对眼前的一切，把困境当成锻炼自己意志的机会，要看到希望，把压力变为动力。当你拥有这些优秀的心理品质时，其实你已经很富有了，其时你也可以坦地然面对眼前的生活，你靠自己的努力也有可能会改变眼前的一切。如果总是消沉，不思进取，混日子，那无非是作茧自缚，永远摆脱不了情不愿，心不甘的境地。

第三，要学习交际，建立良好的人际关系。城乡之间，人在本质上是没有差距的，每个人都希望自己被别人接纳。要提升自己就要不断严格要求自己，说话做事和待人接物，要有适有度；注意克服封闭思想，逐步融洽与同学的关系；对小事不必太敏感，看淡一点。亲密的人际关系能增强人的自信心，满足人的社交需要。实践证明，中国的发展之路离不开改革开放政策。同理，一个人的提升也离不开与朋友之间的交往意识。

第四，要多与父母、老师沟通，取得理解。父母无论在各方面经验都比较多，应多和他们交流，获得他们的帮助和安慰，在心理上找到一个支撑点。另外，有些想不通的问题，可以向老师诉说。俗话说：当局者迷，旁观者清。通过心理咨询能够将心理上的问题及时排解。保持乐观的积极心态，才能把握好自己的命运。

第八章

驾驭网络：想说爱你不容易

第一节　网络世界，魅力难挡

随着计算机的普及，网络在许多方面发挥的作用可以与报纸、广播、电视这三大传统媒体相抗衡，被称之为“第四媒体”。网络这一新生事物已经深刻地影响着人们生活的各个方面。21 世纪的中国已经开始进入了“网络社会”。作为引领潮流的大学生，更是无“网”而不胜，网络对于他们是一个挡不住诱惑的新奇世界。

据一项调查显示的数据：目前，高校里的在校生接触过网络的人数高达 97.2%，其中近 35%的学生经常上网（指平均每周上网 6 小时以上）。网络在大学生闲暇生活中占据了举足轻重的地位，把网络融入自己的生活，这在大学生中已经成为普遍现象。

网络对人类生活，特别是青年大学生生活方式的影响可以说是革命性的。大学生可以实现网上学习、网上交友、网上购物、网上就医、网上搜索……在整个地球的网络社交圈子中，大学生可根据兴趣、爱好、能力等形成不同的身份个体。

一、大学生青睐网络的原因

互联网对大学生具有强烈的吸引力。这种吸引力是与互联网的固有属

性及大学生自身的心理特征紧密相连的。

首先，互联网传播信息的高速性符合当代大学生追求时效的心理。“信息高速公路”冲破了地域、种族、信仰、道德及社会意识形态等界限，只要没有语言的严重障碍，在鼠标的点击中就能了解世界各地的信息。这种超越国界、地域、文化而且快速瞬时的交流正好符合大学生追求时效化的个性特征。大学生活的快节奏迫使大学生们想方设法提高单位时间的利用率，因特网满足了他们的这一要求。

其次，网络的自由性符合大学生强烈追求平等意识的心理。正如因特网的发明者宣称的那样：网络是一个完全自由平等的世界。无论你在现实生活中，身份何等显赫，到了网上你只不过是一个符号而已，同其他人一样无任何特权。与传统的单向信息传播方式不同，网络信息传播是多向的、交互参与的，人们不仅可以主动获取自己所需要的各种信息，而且可以成为信息的发布者、评论员或反馈人，平等参与网上的交流与活动。

第三，上网的时尚性符合大学生追求时尚的心理。当其他人群还在讨论什么是网络时，上网已成为大学生的时尚。眼下，他们见面的第一声问候不再是“你吃了没有?”而是“今天你上网了没有?”当意识到自己没有了解今天的最新消息或焦点新闻时，大学生们的第一反应就是上网去查询、搜索。由于大学生都接受过或正在接受良好的现代教育，有自己的独特的品位，而 Internet 这种既符合时代潮流又有较高的知识含量的新事物，在他们看来，自然是一种高雅的时尚。

第四，网络交往的隐蔽性、广泛性符合大学生渴望真情又怀疑真情的情感心理。网络信息传播技术使人的实践活动转移到“自由”、“虚拟”的电子空间，也把真实世界与虚拟世界的界限模糊了，这就从根本上改变了人的认识方式。有一句话在网络上曾流传很久，“在网上，没有人知道你是一条狗”，用户只要填写一份注册表，就可以获得一个相应身份，并以这个身份在网上进行交往，而且交往的范围异常广泛，可以说交往对象遍布的世界的各个地方，各个角落。人们互相听不到声音，看不到面容，正是这种隐蔽性增强了交往的热情。但这种文字交流多是经过刻意加工的信息，有的完全是虚假的信息。在虚拟的网络世界，所有的人都在有意无意地隐瞒自己的身份和本来面目，或真或假地探听对方虚实，在躲躲闪闪中寻觅快乐。

二、网络世界，魅力难挡

(一) 网络交友，难分难舍

在网络时代，社会互动被赋予新的内涵，随着个人电脑的飞速发展，电子邮件因为具有从容、快速和廉价的特点，成为最主要的人际通信媒介，互联网络将成为社会互动的主要符号，将变成一个交流知识与互助的场所。

在网络时代，大学生结缘于电脑空间，形成“上网族”，通过E－mail（电子邮件）、ICQ（网络寻呼：英语“I seek you”的谐音，即“我找你”的意思）、网上聊天室、BBS（电子公告板）、网络论坛等方式进行人际交往。

网上爱情，就是大家说的网恋。不管你是否相信网恋，网恋已经成为一种时尚。网恋之所以迷人，根本原因在于交往角色的虚拟性。网上恋人一般相距遥远，处在两个城市甚至两个国家。通过电脑屏幕，一个远在天边的陌生人向你倾诉火热的感情，那份新鲜和感动，远不是坐在公园的长凳上可以体验到的。同时，未曾谋面的双方表达爱情时毫无保留，把所有想到的关心、挂念或者自己的烦恼都通过网络传递过去，即使原本羞涩的人也敢于表达自己的感情，从而大大提高了网上爱情的质量。与现实生活中的爱情相比，网上爱情涉及不到房子、收入、家庭背景等具体问题，双方很容易全身心地投入到二人世界中去。

(二) 网络游戏，乐此不疲

在线游戏网站是大学生上网族们的一个好去处。大学生选购电脑时，将娱乐功能放在了电脑配置取舍标准的首位，即很多大学生对网速快不快、能不能玩三维游戏、画面是否清晰、音响效果是否立体，这一连串无关学业的问题成为大学生选购电脑时首先考虑的因素。

与游戏机或游戏光盘相比，在线游戏因其具有交互性，更加显得魅力难挡。尤其像“联众”这样的综合型游戏网站，不管你什么时候去上，总会有许多人在那里。围棋、象棋、军棋、扑克牌、麻将牌等等应有尽有，玩了这个还想玩另一个，不管赢了还是输了都禁不住继续玩下去。有的大学生在游戏网站里一玩就是七八个小时，凭借对网络的无限热爱来抵抗人类的自然欲求——食欲、睡眠，“饭可以不吃，觉可以不睡，网不可以不上”是其典型写照。

（三）网络枪手，方兴未艾

论文是考察一个人掌握知识、运用知识能力的有效形式。在信息时代，高校个别学生在做论文方面耍起了花招：利用互联网，搜索到上千篇相关的文章，然后根据选题需要，进行拷贝、粘贴，很快东拼西凑“组装”成一篇长达一两万字的论文。此外，一些高校还出现了网络“枪手”，公开贴出广告，替人做毕业论文。

大学生从网上查找论文的相关资料是允许的，但如果不经过消化就照搬照抄凑成自己的论文，这无疑是抄袭。这种现象不仅标志着大学生自身的堕落，而且意味着学术精神在大学生群体中的沦丧。中华民族历来是一个既重文品也重人品的文明古国。“做人在先，做学问在后”，至今仍不失为治学训条。重视论文打假，提高道德水平，维护学术纯洁与尊严，是大学生群体面临的一个新挑战。

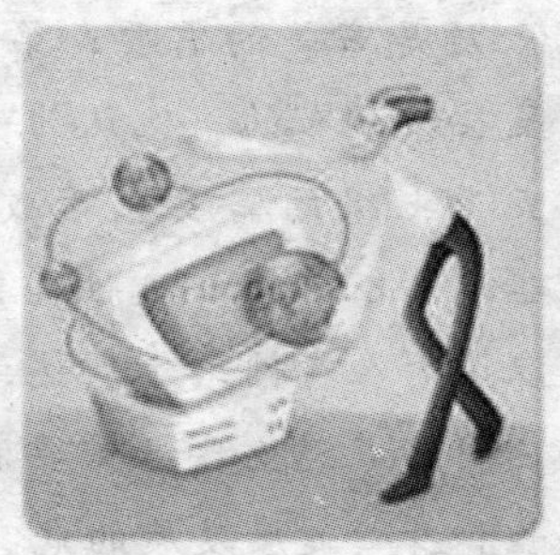

我与学生面对面

一、老师，请问什么是网瘾？网瘾是怎么形成的？

答：（一）根据北京军区总医院制订的《网络成瘾临床诊断标准》中的定义，网络成瘾是指个体反复过度使用网络导致的一种“精神行为障碍”，表现为对网络的再度使用产生强烈的欲望，停止或减少网络使用时出现戒断反应，同时可伴有精神及躯体症状。其具体标准是：

1. 出于非工作学习目的每天上网 6 个小时以上；
2. 这种上网状态持续了 3 个月以上；
3. 社会功能即学习、工作和交往的能力因长期上网而受损；
4. 如果减少或者停止上网时就会出现周身不适、烦躁、易怒、注意力不集中、睡眠障碍等戒断反应。

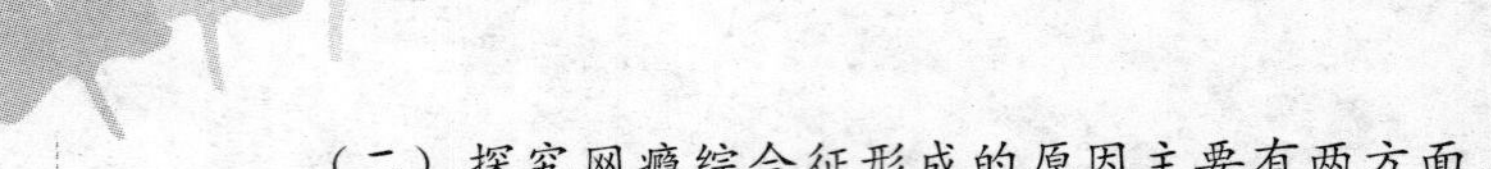

（二）探究网瘾综合征形成的原因主要有两方面。

一是直接的生理原因。由于患者上网持续时间过长，使大脑神经中枢持续处于高度兴奋状态，引起肾上腺素水平异常增高，交感神经过度兴奋，血压升高。这些改变可引起一系列复杂的生理和生物化学变化，尤其是自主神经紊乱，体内激素水平失衡，会使免疫功能降低，诱发种种疾患，如心血管疾病、胃肠神经官能症、紧张性头痛、焦虑、忧郁等。同时由于眼睛长时间注视电脑显示屏，视网膜上的感光物质视紫红质消耗过多，若未能补充其合成物质维生素A和相关蛋白质，就会导致视力下降、眼痛、怕光、暗适应能力降低等。

二是间接的心理原因。我们可以从马斯洛的需要理论来探究大学生网瘾的心理成因。马斯洛将人的需要分为7层，第一层为生理需要；第二层是安全的需要；第三层是爱与归属的需要；第四层是尊严的需要；第五层是求知和理解的需要；第六层是审美的需要；第七层是自我实现的需要。马斯洛相信人类的需要是呈层级分布的。他认为一至四级的需要属于缺失需要（deficiency need），五至七级的需要属于成长需要（growth need）。网络对人的需要的满足无非就是在这些缺失性需要和成长性需要之中，不可能超越其外。所以，可以认为人在网络上所达到满足的需要都是看似合乎人的正常需要的。然而，网络成瘾主要从需要满足的手段及其造成的后续影响上造成了对个体成长和身心健康发展的危害。

1. 大学生年龄基本在17～24岁，处于青春中后期，生理发育已成熟，对性充满好奇，渴望与异性交往。高中阶段由于高考压力，忽略了与异性的交往，大学阶段相对自由，加上思想活跃，受西方文化和多种媒体如电影、电视、书刊等的影响较多，潜意识中对异性的渴求尤为强烈。网络的开放性与匿名性可以为在网上吸引异性的注意力、获取异性的好感、直接对异性表达爱意提供极大的便利。网络上有很多色情内容，网络群体的匿名、开放与便利也为一些大学生满足性的好奇并从中获得某些生理上的满足，提供了十分方便的机会。有些学生由于认知力和自制力较差，无法正确对待这一看似便利实则危险的生理满足方式，而将其经常化甚至沉溺其中。

2. 当代大学生中独生子女居多，不少学生缺乏生活锻炼和独立生活的能力，大学里很多事情都要学会自己做，因而在入学后的一段时间里会遇到许多学习、生活上的困难、挫折。太多的不习惯和生活中的独立性往往会给大一、大二的新生造成不小的压力，难免会产生失落或自卑心理。一些性格内向的学生，刚进入大学时，与新同学不熟悉，遇到困难与挫折时不愿意或不好意思与同学交流，找网友宣泄就可能成为比较理想的方式。长此以往，就形成了对网络的依赖心理，沉湎于虚拟世界，与现实生活产生隔阂，网络世界成了他们精神生活的支柱，正常的认知、情感和心理受到影响。

3. 网络可以相对以比较低的交际成本来满足人们的社会交际的需要。对于一些性格内向、不善现实交际的同学而言，在虚拟世界里，他们可以重新塑造一个形象，一个隐藏自身缺点、增加更多优点、能够吸引他人的形象，可以抛开现实生活中他们对社会交际的焦虑。通过网络聊天、网上交友、组织社团、做论坛版主、博客圈主等人际交往的行为，不仅能够很大程度上满足释放心理压力的要求，而且在精神交流中获得人际交往的快乐。相比较而言，现实生活中在一个人需要倾诉的时候却有很多顾忌，交际成本明显增加。因此很多大学生更愿意在网上表现自我真实的内心世界，寻找感情寄托。如，一个在现实世界的无名小辈可能因为文采或口才卓越而在网上得到更多的尊重，一个现实世界的文弱书生大可能由于在网络游戏中英勇善战而获得虚拟世界的认可和崇拜，一个网游中的高手可能会得到现实世界无法得到的“万人景仰”，从而虚幻地满足了其内心获得尊严的强烈需要。

4. 网络信息资源种类多、数量大、更新快，而且是集文字、声音和图像于一体的立体化传播形态。大学生处于人类的心理断乳期，有强烈的探索欲望，渴望了解书本外的各种知识、信息，了解外部世界。网络的功能齐全、信息丰富、雅俗共赏、自由开放等特性正好可以满足大学生的求知需要。如果过度迷恋，就会导致网络成瘾。

5. 大学生的成长过程正是其自我意识的发展过程。在这个过程中，大学生特别渴望自我价值得到肯定。在现实世界里，大学生自我价值的实现还面临着诸多限制，可是在网络虚拟世界，如网游、社区、论坛，人们可以说自己想说的话，做自己想做的事情，成为自己想成为的人，不仅可以实现现实生活中不能实现的价值追求，得到一种虚拟的价值认可和成就感，甚至于还很容易获得某种短暂的高峰体验，即一种可能是瞬间产生的、压倒一切的敬畏情绪，也可能是转眼即逝的极度强烈的幸福感，甚或是欣喜若狂、如醉如痴、欢乐至极的感觉。强烈的个体价值实现欲望与网络提供的相对容易的价值虚拟实现方式，往往会导致一些大学生对网络产生心理依赖而最终患上网瘾。

网络，这个相对自由的意识流环境可以通过很多途径引发人们各种潜在的欲望和需要，上网时间越长，自我克制的能力越容易丧失。强调个性需要忽略社会责任，强调现时满足忽略道德底线的基本要求，最终导致和现实自我的矛盾冲突，形成内心焦虑，进而出现沟通交流的障碍，最终表现出非常典型的社会疏离等特征。

二、如何辨别自己是否得了网瘾症？

答：如实地测一测，你就知道了。根据你自己的实际情况，对以下问题回答“是”或“否”。

1. 你是否对网络过于关注（如下网还想着它）？

2. 你是否感觉需要不断增加上网时间才能感到满足？

3. 你是否难以减少或控制自己对网络的使用？

4. 你是否对家人或朋友遮掩自己对网络的着迷程度？

5. 你是否将上网作为摆脱烦恼和缓解不良情绪（如紧张、抑郁、无助）的方法？

6. 当你准备下线或停止使用网络的时候，你是否感到烦躁不安、无所适从？

7. 你是否由于上网影响了自己的工作状态或朋友关系？

8. 你是否常常因为上网花很多钱？

9. 你上网的时间是否经常比预期的要长？

10. 你是否下网时常觉得心情不好，一上网就会来劲头？

评分与解释：

答“是”得1分，答“否”得0分，看你的总分是多少。

总分5分以下，说明网瘾不大；

总分5～8分（不含8分），说明你的网瘾很大；

总分8分以上（含8分），说服你有可能患上了IAD，需要作进一步诊断。

第二节　走出网络心理误区

一、网络对大学生来说是一把双刃剑

网络就像一些新技术的运用在给我们带来便利的同时，也会给人们带来伦理道德上的困惑，网络不是洪水猛兽，但它却是一把双刃剑。数字化时代，网络给大学生带来积极影响的同时，也不可避免地给他们造成一些负面影响。

网络在大学生的闲暇生活中发挥了不可或缺的作用。首先，网络作为一种教育手段，丰富了教育内容，拓宽了教育途径，帮助大学生在一个宽广、自由的环境中积累知识，使大学生能方便快捷地了解各种各样的现代科学知识和生活经验，有利于自身综合素质的提高；其次，网络能够使大学生进行多元的互动和交往，促进大学生相互之间的交流，同时也与广阔的社会进行了有效的融合；再次，网络将进一步把地球变小，让全球沟通便利千万倍，有助于大学生全球意识的形成；最后，网络时代，父母与大学生将有更多的思考时间，来修正双方的感情以便更好地表达，有助于新型代际关系的建立。

对大学生而言，网络在带来积极影响的同时，也不可避免地会造成一些负面效应。

1. 对大学生世界观、人生观、价值观的影响

大学阶段是青年学生世界观和人生观形成的关键时期。大学生容易接受新事物、新观点，但由于缺乏经验与鉴别能力，容易良莠不分。

网上说谎可以说是这种冲击的排头兵。据对某高校经常上网的在校生进行的一项调查发现，400 名网民之中有 48.6％承认向网友说过谎，或者用另外一种身份结交过网友。除此之外，网上黄毒泛滥、逆流渗透、黑客袭击等现象，对于人生观、价值观正在形成的大学生来说危害极大。

在互联网上不同国家之间的文化传统、思想道德观念和生活方式大不相同，其冲突十分激烈。西方发达国家依靠其雄厚的资金和先进的技术，对外输出大量信息，其中包括其政治观点和文化理念。一些发达国家在网

上借“民主问题”、“人权问题”、“宗教问题”来攻击我国的政治体制，竭力标榜其政治制度的合理与完善。西方价值观念、腐朽生活方式的影响也无孔不入，造成了大学生价值观念冲突的加剧，甚至导致大学生道德观念的失范。

网络社会提供了独特的“虚拟”环境，造就了无限制道德行为的真空，网络在给大学生展示和提供一个高度开放的自由空间的同时，也对传统的伦理道德准则提出了挑战，同时，现实社会中大家熟悉的、一致认可的某些“游戏规则”也失去了效力，这就可能造成大学生道德意识与道德行为的失控。

2. 对大学生心理健康的影响

网络交流的随意性、隐匿性为大学生提供了交往情境的双重环境和氛围，容易使大学生放任自己逃避现实世界，一旦回到现实就会感到备受束缚和限制，产生一种孤独感。这就有可能会扭曲一些大学生的人格，出现一系列的心理疾病。

网络性心理障碍的典型表现：在日常生活中情绪低落、无愉快感或兴趣丧失，睡眠障碍、生物钟紊乱，食欲下降、体重减轻，容易激动、自我评价降低，严重者社会活动减少，有自杀意念。

(1) 网络依赖。网络世界的虚拟往往会使大学生网民产生一种特别“自由”的感觉和“为所欲为”的冲动，做一些平时明显不恰当的行为，尤其是在心情不好时，有些大学生常常上网发“帖子”，招徕许多网友共发牢骚，还相互安慰一番。久而久之，明明知道靠网络是解决不了实际问题，但还沉溺其中，不能自拔，产生对网络的过分依赖心理。更有甚者，沉溺于网络游戏，从中产生一种强烈的满足感和快感，还能感觉到现实中感觉不到的自信，从而一头扎进这个虚拟的世界中，成为“电子海洛因”的吸食者，因此而荒废了学业。

(2) 网络成瘾。一位学生这样描述自己的“症状”：平日里无精打采，一上网就处于亢奋状态；一天不上网，手指便会发痒，把桌面当键盘敲；每天虽然告诫自己不要泡吧了，可一到傍晚，还是不由自主地走进网吧，一玩就玩到了凌晨，想停也停不下来。刚进大学时成绩还不错，后来“红灯”越挂越多，差点被除名，学校最后同意让我试读一学期。爸妈为了管住我，甚至在学校附近租了房子住下来。类似这样的“网络成瘾症”，目前在高校的“发病率”正不断攀升。

"上网不是病，上多了会得病！"不同的是，网络成瘾症没有明显的生理病兆，只是心理上的依赖。网瘾严重时无法摆脱上网的念头，坐立难安，无法自控。

（3）网络抑郁。聊天室、BBS、电子邮件、网页成为大学生人际交往与思想交流的重要手段，对缓解心理紧张，释放学习、生活上的压力有积极作用。但由于网络的虚拟特征，又使一部分大学生深陷其中不能自拔，使正常的人际交流出现困难。更有甚者，一旦停止上网就会出现急性戒断综合征，甚至采取自残或自杀行为，危害个人和社会安全。

3. 对大学生人际交往的影响

大学阶段是人们人际交往能力和人际关系形成的重要时期，由于网络交往与传统的具有亲和感的人际交往大不相同，往往难以形成真实可信和安全的人际关系。终日与电脑终端打交道，缺乏直接的人际交往，更易使大学生趋向于孤立、自私、冷漠和非社会化，更易使大学生在现实生活中对他人的幸福和社会发展漠不关心。

（1）人际交往的受阻。许多大学生可以与网络中的陌生伙伴侃侃而谈，但当真正见到其人时，却不知所措，这便导致个人心灵更加封闭；还有一些大学生原来社会交往活动比较频繁，现在由于把大部分时间投入到网络聊天中，既减少了结识现实生活中新朋友的机会，也减少了与现有朋友的联系，导致友情淡化，无形中缩小了个人生活的圈子。当他们从热烈火爆的网上交往气氛中退下来，回到平静单调的现实生活时，强烈的心理落差使他们容易产生心理孤独感。

（2）人际交往的错位。网络社会改变了人们情感沟通的方式，使传统的可视性、亲和感的人际交往方式逐渐弱化。特别是当大学生在现实生活中遇到困难的时候，他们会觉得网络交往更容易使人满足。因为，在虚拟的网络世界里，可以消除各种社会暗示和物质表象的干扰，平等地与对方沟通信息、交流思想、表达感情，以求得对方最大程度的理解和帮助。但长此以往就会逐步削弱大学生的实际交往能力，从而造成现实人际交往的矛盾与错位。

（3）人际交往的剥夺。上网时间过多剥夺了正常参加社会活动和人际交往的时间，引起了社会退缩行为，心理健康水平下降。网络有它的局限性，尤其是对外界客观事实的了解，只是片面的。人不能永远沉溺虚拟的世界，终究要回归现实社会。如果长期脱离现实，就失去了人与人之间那

种真实的互动感觉。进入社会后可能无法与人进行正常交往，甚至可能出现社交恐怖，影响正常人格的完善。因此，无休止、无节制地上网而逃避现实生活，阻碍着大学生的独立与心理成熟。

4. 对大学生学习方式的影响

网络代替了图书馆，使自主学习真正成为可能，这是学习方式的重大改变，更是学习观念的重大改变，为大学生知识更新和调整自身的知识结构提供了有利的客观条件。大学生是一个特殊的社会群体，他们的信息来源主要依靠书籍、报纸、网络、电视、广播等媒介。其中，网络以高速快捷的优势，成为大学生获取信息的主要渠道。

但有部分大学生识别能力较低，自制力不够，迷恋网络游戏，通宵达旦地泡在网吧，既不正常上课，也不按时休息，学习成绩直线下降，出现了“上机像条龙，下机像条虫”的现状，以至于学生家长向社会喊出了“救救陷入网络不能自拔的孩子”的呼声。

因此，面对网络对大学生学习方式的冲击，大学生要正确认识和使用网络，养成良好的用“脑”和上网习惯，避免对不健康的、不客观的和不科学的信息“全盘接受”现象的发生。要学会区别纷纭复杂的网络信息，进行判断和筛选，从中找到对自身发展有益的、正确的信息，让网络为我所用。

另外，大学生要用理智的眼光正视网络的负面作用，提高自身抵制污染的能力，自觉养成良好的上网习惯，在时间上自己限制自己，不沉溺于脱离现实的虚拟世界，使自己不仅是计算机网络的使用者，更是计算机网络的建设者和真正的主人。

二、帮助大学生走出网络心理误区

网络，永远是大学生们的热情所在，这是文化、科技、知识的吸引所致。网络心理问题的发生也是大学生们在成长的历程中所遭遇的激流和暗礁之一。正确使用网络工具，走出网络心理误区，是每个大学生所必须解决的问题。这个问题解决得好，大学生才能以健康的心态走进网络，实现真正的冲浪自由。

（一）应对挑战，端正态度

网络的使用者必须客观地把握、评价网络媒体对我们的影响，不过分迷恋网络媒体，这是我们对待网络的正确态度。应该正视这样的事实：大多数大学生对待网络的心态还是正常的、积极的。

网络交流无论如何也达不到面对面直接交流那样亲切和真实的程度。因此，大多数大学生认为网络交往的消遣作用多于实际意义，网络人际交往应当是现实人际交往的适当补充，使人与人之间的联系更加紧密而不是更加疏远。但是，网上的虚假信息太多了，这就造成大学生对各种网络信息的态度多半是“半信半疑”的。如果我们大学生树立了良好的网络使用心态，增强辨别能力，就不至于受到各种非主流思想的影响，就会变得更有判断能力。经验表明，成熟的网民往往在一些固定的网站上停留，不会在网上到处乱“冲浪”，大学生也是如此。所以，随着中国对外交流的日益频繁，特别是加入WTO之后，大学生与网络的联系会更密切。既然无法脱离它，那么大学生就应该以开放的、正常的心态来迎接网络媒体的挑战。

（二）加强预防，防患于未然

面对网络文化的挑战，我们不能因噎废食、关闭网络、断绝交流，而应高度重视，防患于未然。人们可以通过计算机网络通信、购物、阅读、交友等，网络使人们之间的距离越来越近，人们也越来越亲近这个新生的伙伴。但同时，计算机网络像一只无形的魔掌，暗中控制着自制力较弱的大学生。传播学认为，电子媒介本身就具有一种麻醉功能，完全消除不太可能，最实际的办法就是防患于未然，做好预防工作。在自己出现网络心理困扰的征兆时，就积极采取措施，提醒自己正确对待现实生活中的困难、矛盾，敢于正视现实并与其保持正常的接触，对周围事物保持清醒客观的认识。

（三）面对困惑，调整心态

传统媒体信息传播方式是单向的，即传播者将信息主动推给受众，受众处于被动的地位，与法律、道德相悖的内容易于被控制，不使之得以传播。而网络传播则将这种单向传播方式改变为双向传播，受众的主体地位得到体现，他们可以主动地获取自己所需要的信息。而自制力较弱的大学生往往会出于好奇或冲动心理刻意地去寻找一些色情、暴力信息。许多大学生在日常生活中无法接触到这类信息，因此怀有一种猎奇心理，计算机网络消除了传统媒体的“把关人”，大学生点击网址就能看到那些低级庸俗的东西。这种色情信息的影响，对大学生心理成长极为有害。

面对这些困惑，我们应该学会调整自己的心态，尽快摆脱不正常的情绪。当你总是不想从对网络的渴望中走出来，大脑里一直是网络（聊天记录、游戏场面、黄色信息等等）的种种影像时，你就应设法把自己的注意力

从网络这方面转移到自己其他感兴趣的事情上去，如听听音乐、看看电影、跳跳舞、打打球、找同学朋友聚会等等，以冲淡网络对自己的“向心力”。

(四) 遵守网络道德，强化自律

当前，互联网给人们带来文明进步的同时，也有相当的负面效应。垃圾邮件、色情传播、暴力恐怖、网上犯罪不一而足。上网聊天时常有颓废消极不负责任的言论情绪，直接影响大学生的认知、情感、心理。

在无序的网上世界培育健康的网络道德势在必行。道德主要是通过自律来实现的。

首先，大学生应对反动、色情、迷信的信息，自觉地不看，不听，不信。对这些精神“毒品”，不要抱着好奇、试试看的心理，一“吃”就上瘾，一上瘾就难以自拔。与其以后进“戒毒所”，不如一开始就预防它。

一个不懂得抵制的人，总是跟着感觉走、跟着时髦走的人，是不可能实现道德自律的。网上聊天，可帮助我们交流信息和思想。如果认为在那个虚拟的世界里可以不负责任地胡说八道，那就错了。虚拟的世界连着真实的世界，影响着每一个坐在电脑前面的人，一个有正义感、有责任感的人，在生活中会处处（包括上网）以负责任的态度行事，主持正义，反对邪恶。

其次，互联网是开放的，信息庞杂多样，既有大量进步、健康、有益的信息，也有不少反动、迷信、黄色的内容。互联网已成为思想政治工作一个新的重要阵地。国内外敌对势力正竭力利用它同我们党和政府争夺群众，争夺青年。我们要根据其特点，采取有力措施应对这种挑战。对大学生来说，培养网络道德，用道德来自律，尽量抵制负面效应，这有利于大学生健康成长。

(五) 主动积极寻求帮助

在第三届泛亚太地区心理卫生研讨会上，北京大学心理学系钱铭怡教授关于大学生网络成瘾的研究，引起了与会者的广泛关注。钱教授对北京12所高校的近500名本科生进行抽测，结果表明，大学生中存在一定比例的网络成瘾者，在被试者中占到6.4％。钱教授在北京高校的取样发现，被试大学生上网的大部分时间是用于工作学习或与网友聊天，其次是收发电子邮件、游戏及影视音乐等娱乐。很少有人花时间参与网络赌博。被试学生每周使用电脑或网络的时间与其网络成瘾呈正相关趋势，而成瘾与使用电脑或上网的年限等没有必然的联系。

83％的网络成瘾者是开始使用网络一年内出现症状的；网络成瘾者中

78%是使用聊天室、网络游戏和新闻组这类偏重双向沟通的功能，而非成瘾者上网多数出于工作或学习的需要，是将网络视为工具；网络成瘾者普遍认为使用网络对他们的学业、人际关系、经济状况和职业造成中等或严重影响，但又普遍忽视网络成瘾给身体带来的危害。

更危险的是，网络诈骗对大学生的人身安全也具有严重危害。一部分大学生将网恋看成时髦的游戏，欺骗别人的感情，害人终害己，给自己带来麻烦。

当出现“网络成瘾症”、“网络侵害”、“网络诈骗”、“网络骚扰”等网络传播的伴生品对大学生的身心健康产生危害，而大学生自己不能走出心理误区的时候，就应该积极求助于他人，包括老师、家长、心理医生、同学、朋友等等。通过找同学朋友倾诉、向心理老师咨询等手段，释放网络心理压力，缓解痛苦心理，形成健康向上的心理状态；也可以利用电话、网络等进行远程心理咨询，特别是可以向许多比较好的本土心理咨询网站了解有关心理健康方面的知识，同时，还可以进行网上预约，通过网络解决网络心理问题，这些都是我们大学生网民培养良好网络心理的有效途径。

通过求助，大学生还必须最终完成从他助向自助的过渡。通过对网络心理健康的理解和网络心理咨询，形成面对信息泛滥的互联网时能够有良好的心理准备，并通过完成网络心理健康教育与调适，提高自我心理素质，最后达到自己帮助自己走出心理困惑。这就是他助向自助过渡的心理调适过程。这个过程很艰巨，也很漫长，但这是当代大学生心智健康发展的必由之路。

对于大学生而言，网络是一把双刃剑，它既不是虚拟的伊甸园，也不是潘多拉的盒子。点击网络，文明与污染随着鼠标的移动而展现，有灿烂的阳光，也有黑暗的角落。作为大学生，要提高自身的分辨力，自觉规范上网行为，培养良好的网络道德，在挖掘网络深层知识的同时，掌握其实际运用意义，利用网络作为自身腾飞的翅膀，而不是成为它的俘虏。

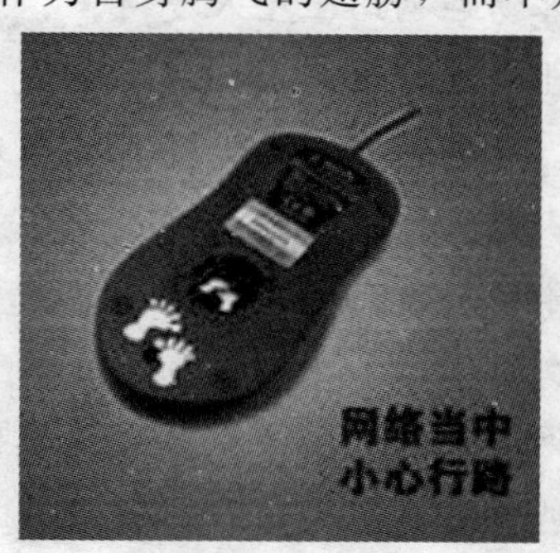

我与学生面对面

一、老师，什么是网恋，大学生可以网恋吗？

答：谈恋爱不仅仅在现实中，在网络虚幻的世界中也同样有，这种通过上网结识异性朋友，导致发生恋情就是网络恋爱简称“网恋”。有人调侃说，所谓“网恋”，就是一根电话线，两颗寂寞心，三更半夜里，四目不相见，十指来传情；就是电脑和电脑诉衷肠，键盘与键盘说情话，鼠标和鼠标谈恋爱。

网络改变了人们的生活，提供了新的交友方式和途径，通过网络结识朋友甚至发展成为恋人，本无可非议。但是，网络并不是爱情的生存空间，它只是提供了建立爱情关系的一种交流手段和可选择的机会，有的大学生对此表现出过分的痴迷，就值得关注了。

通常，人们在网络上的表现与日常表现是不一样的。网络上通常会有以下三种人：第一种人会在网络上突出他的“次要”性格；第二种人会在网络上变成他希望成为的那种人；第三种人会在网络上变成他不可能成为的那种人。

网络恋爱最终还是要回到现实生活中来的，但这时，网上的那个人却不是现实生活中的这个人了，或者说人还是那个人，但他们的表现在“网前网后”却完全不一样了。有网友戏说：“网恋”呀，就是月亮恋着井，飞鸟恋着鱼，一切都可以清晰可见，一切都可以模糊不已。“镜中月，水中花”说的便是如此。

根据网恋者的行为方式，有专家将网恋分为以下五种类型。

（1）幻想型。理想主义者幻想在网络上能够有超越一切的纯爱情。带有此类心态的人往往很容易在网络上坠入爱河。

（2）超脱型。现实生活中爱情与婚姻不可避免的联系，限制了人们对感情、美好生活的向往。而在网上可以爱得死去活来，却不必言婚论嫁。

（3）游戏型。有些人只是想在网络上体验一下交友的感觉，既无意于真诚地爱一个人，也不准备对自己的言行负责。此种人往往比较潇洒，不必担心被爱情这把双刃剑伤着。

（4）现实型。由于网络便捷的特点，很多有意于寻找终身伴侣的人把网络当作获得真实爱情的一种手段。他们往往会主动挑明自己的条件和要

求，因为他们不想浪费时间。

(5) 恶作剧型。有些人以在网络上勾引异性为乐事，当他们成功地勾引到一个异性并使对方爱上自己时，就悄悄地退出。对方越是痴情，他们就越有快感和成就感。

当今大学生网恋现象不仅具有比例高、公开化的特征，而且轻率、速成的速度令人瞠目结舌。有些学生第一次“接触”便敢说“我要娶你”，“我要爱你到明天”，并迅速在网上确立恋爱关系。

心理专家指出，大学生网恋一般很容易上瘾，而一旦上瘾就会沉湎于网络不能自拔，把网上爱情视为生活中的唯一追求，不仅严重影响学习，而且容易使他们减少师生、同学之间的交流，不愿参加集体活动，性格变得孤僻，甚至造成人格分裂。网恋的欺骗性对一些大学生更是一个沉重打击。一些受到打击的学生，由于得不到及时的引导，甚至断送了一生的前程。

亲爱的大学生，你在陷入网恋之前，请问一下自己：爱情真的可以下载吗?

二、老师，现在我已经感到离不开网络了，在这种情况下，您有什么高招帮助我吗?

答：想不想离开是你自己的事，能不能离开也是你自己的事。如果自己的事情都不清楚，谁还能帮得上你的忙呢？你说是吧！

现实是可爱的，而网络的诱惑更启发了我们要有所取舍，不能贪心，该干什么就干什么，先认真干好生活中的事情，然后再视听娱乐，不然你就真成了一只可怜巴巴的“网虫”了。身边可以聊天的人很多，只要我们坦诚相待就不乏朋友。

图书馆的资料很多，其实那里才是真正的知识的海洋。干吗没日没夜地泡在这个虚幻的空间中呢？眼圈黑了，视力渐渐模糊了，背也渐渐驼了，失去的青春也不再回来了。其实这些损失终究是无法向网络索赔的。

你若不想因为上网影响你的生活而真的愿付出行动的话，我这里有几招供你参考：

1. 在生活中应合理地、平衡地使用因特网，上网少一点，与家人、同学交流多一点。

2. 每周做 3～4 次增氧健身运动，每次 20～30 分钟，慢跑、散步和骑自行车效果也不错。

3. 坐在电脑前时，要多吃一些有利于大脑、营养丰富的食品，如苹果、卷心菜、豆制品等。尽量不要饮酒和喝咖啡，可选用一些增加能量、放松情绪的保健饮料。

4. 端正坐姿，使用直背椅子，调整电脑显示器的位置，这样就不会弯着脖子驼着背上网了。

5. 要防止用眼过度，导致视力衰退。要经常到户外走走，或每隔一个小时站在窗前远眺，还可用缓解视力疲劳的眼药水。

6. 若要防止过于沉溺网络，导致学习岌岌可危，那么就要严格自制，及早树立“学习就是学习、玩就是玩”的意识。

7. 若陶醉于网络色情内容，包含色情游戏和淫秽聊天室。那你真的要认真检讨一下自己的所作所为了，及早离开“精神鸦片”，如果传播和下载还会受到法律制裁。为了避免受到诱惑，先把正经事干完再上网，可以每天固定一段时间浏览新闻和博客，或者让宿舍的同学监督，这些都是不错的方法。

8. 从今天开始，慢慢养成习惯，不再受网络的诱惑，做网络真正的主人。

第九章

合理消费：有钱的痛和没钱的乐

第一节　高校消费——在两极中寻找平衡

我国高校在校生的数量逐年递增使“高校商圈”的消费潜力迅速膨胀。有关调查表明，平均每增加一名高校学生，每年将增加7300元左右的消费。大学生是一个比较特殊的中间群体：与社会人士比较他们显然不够成熟，与中学生相比，他们又摆脱了那种幼稚。一方面，有着旺盛的消费需求；另一方面，尚未获得经济上的独立，消费受到很大的制约。其消费的方式、特点，在某种程度上折射出大学生的生活状态和价值取向。因此，深入分析大学生的消费状况及与之相适应的消费理念，将有助于大学新生从经济角度了解大学生活。

一、大学生消费的基本状况

根据家庭经济状况的不同，大学生的消费群体可分为大富之家、小康之家、工薪阶层、困难生、特困生，呈现枣核状，虽然位于两端的人数不多，但如果足够“锋利”，完全可以将人“扎伤”。“一月五百贫困户，千儿八百刚够住，两三千元是扮酷，四千五千真大户!”这是某高校流行的顺口溜。据调查，现在大学校园中，这样的高消费现象已屡见不鲜。虽然所占比例不大，但因为大学在校生不断增加，其绝对数并不算小。

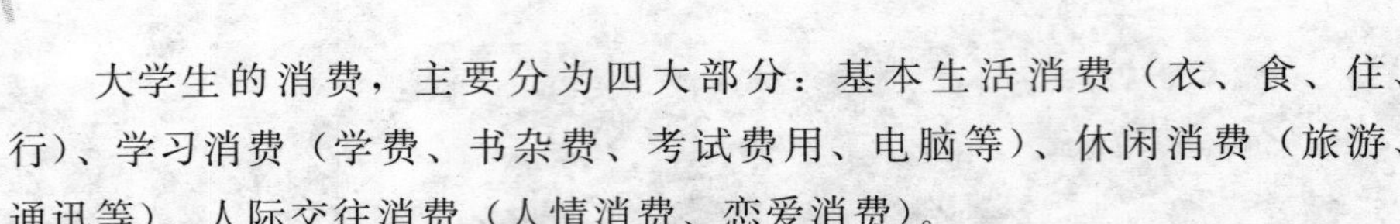

大学生的消费，主要分为四大部分：基本生活消费（衣、食、住、行）、学习消费（学费、书杂费、考试费用、电脑等）、休闲消费（旅游、通讯等）、人际交往消费（人情消费、恋爱消费）。

1. 大学生的基本生活消费

大学生的基本生活消费在静态上可以划分为高、中、低三个档次，在动态上呈逐年递增的趋势，而且由于不同的高校所驻城市经济发展程度不同，消费水平有差异，基本生活的具体数额略有不同。合肥高校的大学生普遍认为，每月800元就可以满足生活需要。

对于许多大学生来说，就餐消费已超越了填饱肚子的范畴。一位大学生认为，与同学一起在外就餐，重要的不是吃什么，而是一种彼此交流的气氛。有数据显示，大多数学生在食堂吃饭的费用一般每月400元左右，约占总支出的50%，其中最低的仅占了生活费的五分之一。

2. 大学生的学习消费

学习消费主要包括学费、书费、考试费用、电脑消费等。

学费——因学校所处的地域、类别、专业等的不同有所区别，收费标准也不尽相同，学费一般在3000～6000元之间。

书杂费——大学生除了购买基本的专业教材外，其他学习消费主要集中在购买教学参考书、应对各种考试的书籍上。如学好英语的关键就是听、说能力的培养，必须要具备英汉大词典、随身听、短波收音机以及各种英语报刊、磁带等。

考试费用——随着就业竞争的日益激烈，“考证热”在各个大学校园里悄然兴起。大学生忙于参加各种考试：计算机等级考试、注册会计师考试、国家司法考试等，名目繁多。上辅导班的费用加上买参考书的费用，加起来已经是一个不小的数目了。

电脑消费——针对大学生“有一定的积蓄后，你最想购买的物品”的调查中，电脑以超过50%的绝对优势胜出，其次为手机，接下来是CD机、随身听、照相机等等。显然，大学生是网络产品最忠诚的消费群体。上网费成为大学生日常消费的一部分，每月上网费平均为50～60元，最高的超过200元。

3. 大学生的休闲消费

（1）旅游消费。前几年，有一首叫《我想去桂林》的歌，歌词是这样的——“我想去桂林呀我想去桂林，可是有时间的时候我却没有钱”。随着家庭生活水平的提高和公共假期的增多，大学生纷纷渴望出去走走，旅

游理所当然地成为见世面的好方式。旅游无限好，但要求的金钱数额也不是所有的学生都能够承受的。旅游花费一般在100元至1000元不等。因费用较高，平均每人一年一次左右而已。

（2）通讯消费。电话拉近了人与人之间的距离，也不知不觉地增加了学生的开支。手机、201卡程控电话、IP电话，给学生打电话提供了方便，但同时也不知不觉地增长了学生们的生活费用。

（3）娱乐消费。大学生的娱乐消费数额相当可观。进迪厅、看电影、滑旱冰、去练歌房、开“派对”……另外，大学生不同程度的追星热潮影响到他们的娱乐消费。

4. 大学生的人情消费

（1）人情消费。名目繁多的“人情往来”是很多大学生日常消费迈不过去的坎。现在高校流行请客吃饭，大家轮流坐庄。聚餐的理由五花八门：老同学来访、当选学生干部、拿奖学金、入党、过生日甚至说笑打赌随便找个借口，都要请大家聚餐。

（2）恋爱消费。谈恋爱在大学校园里已经不算新鲜事，似乎成为了一种大众行为，比比皆是。然而情侣们在卿卿我我寻求浪漫的同时，为此付出的爱情消费账单也在节节攀升。每逢情人节、圣诞节、生日等，都必不可少地送她一些礼物，或是一套她心仪已久的时装，或是带她出去游玩，每次要花200元左右。另外，平时还要逛街、吃零食等，每次少则几十元，多则几百元。

二、大学生消费的特点

大学生消费呈现出如下特点：

1. 实用

当代大学生的价值取向实用化。在实用化价值观念主导下的大学生消费自然显示出一个共同特征，就是大学生的基本消费带有浓厚的实用色彩。

日前，部分高校开展了主题为“大学生，今天你在读什么”的网上问卷调查。结果显示，求实用、讲时效、应考书籍最为流行。

大学生对两种知识的渴求迫切：一是能扩充知识面，提高自身竞争力的专业知识；二是帮助自己合理规划人生、培养自身综合素质的人文知识。

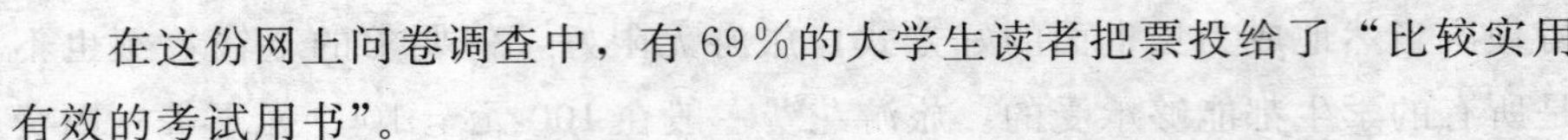

在这份网上问卷调查中，有69%的大学生读者把票投给了“比较实用有效的考试用书”。

更为引人注目的是，在人才招聘现场，大学生人人备有求职三件套：制作精美的个人简历、价值不菲的手机、高贵典雅的文件包，平均花费在两三千元之间。

2. 个性

染发、穿印有歌星图案的T恤、持时尚手机、看英文原版影片、听眼下极为火爆的歌曲、参加户外登山运动……所有这些，都是安徽某学院女生张川生活中不可或缺的内容。“这叫个性化消费！”21岁的她坦然地说。

大学生消费个性化的表现，是新型青年文化运动的显著特点。这种个性化也可以理解为时尚化和风格化，而不仅仅是传统的青年文化对个性和自我的刻意追求和表现。新知识的爆炸式增长、新技术的迅速推广应用和新的信息传播媒介对日常生活的深入影响，使时尚的形成和流行更快捷，同时具有更鲜明的主题和更人性化的表现形式，并因而成为大学生日常生活和社会活动中具有象征性和大众化的色彩和基调，即成为一种风格化的东西。其所反映的是青年大学生的这样一种观念：没有什么东西是不能改变的，没有什么系统是完全封闭的，没有什么事物或道理是不能用形象来表达的。

大学生个性化消费增多是一种必然趋势，当前中国社会、经济飞速发展，各种新的消费品不断增多，流行文化时尚疾速变化，足踏校园与社会两端的大学生对其耳濡目染，深受影响。目前，相当一部分大学生在完成学业的同时，通过当家教、帮人设计软件、到公司兼职等方式，赚些外快，以此来补贴家中汇款的不足。

3. 攀比

大学生群体对先进的消费文化非常敏感，很容易受流行文化的影响，而且大学生与社会人士消费的横向比较必然导致消费观念的转变，其中不乏攀比消费和炫耀消费。

“花明天的钱，做今天的事”是当今有职业、有稳定经济来源群体的流行生活方式。贷款买房、买车将现代人张扬而新锐的消费理念体现得纤毫毕露。然而，没有固定收入来源的现代大学生也潮流般地加入到了“负翁”一族。一些大学生在消费上濒临失控。攀比消费、负债消费的“示范效应”不容忽视，当一部分学生都做同一件事情或处于某种状态时，就会

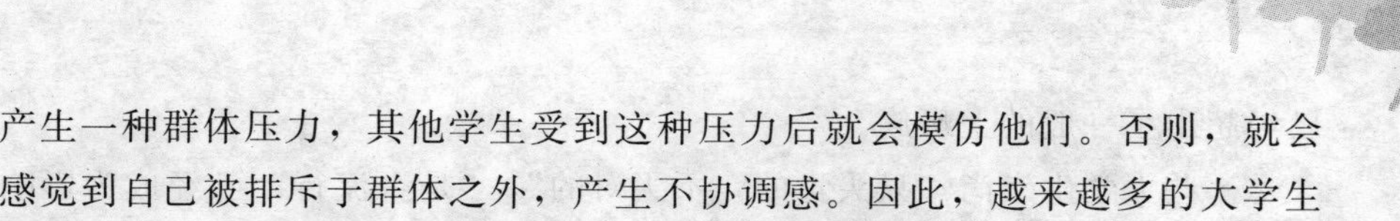

产生一种群体压力，其他学生受到这种压力后就会模仿他们。否则，就会感觉到自己被排斥于群体之外，产生不协调感。因此，越来越多的大学生接受负债消费的生活方式。

大学生敏锐的时尚触角决定了其消费的特殊性：依赖型的经济来源和追求潮流的对抗性。其羞涩的钱包决定了他们的引领潮流必然是以负债消费为前提。对此，我们应明确：大学生需要竞争意识，但并不是所有的事物我们都需要去争、去抢，生活上次于别人并不可耻，没有必要抬不起头来。

西方人崇尚“再富不能富孩子”，孩子 16 岁后父母就不再是他们经济的主要来源，需要自食其力，父母仅仅提供帮助，18 岁后就完全自立。

如果贷款，要连本带息偿还；如果要继续住在家里，房租和生活费要定期支付。这种做法看似残酷、没有人情味，实则大有裨益，对青年学生的独立成长能够产生积极作用。

美国大财阀、著名企业家洛克菲勒认为，没有尝过赚钱的辛苦，却轻易享受金钱带来的满足感，不利于孩子将来独自面对生活。因此，他十分注重培养子女正确的金钱观念，通常只给孩子很少的零用钱，并鼓励孩子自己去打工挣钱，从而让孩子明白：金钱的获得并不是轻而易举的；有价值的财富要靠自身的努力去积累，积累财富的过程或许比财富本身更有价值。

4. 时尚

随着校园生活的丰富多彩和社会时尚的影响，大学生们不再满足传统的吃饱穿暖等要求，而是追求更流行、更时尚的东西。他们站在时代前沿，追新求异，唯恐落后于时代潮流。尽管他们不一定拥有，但却能对许多知名品牌如数家珍。

据有关大学生消费的调查显示，大学生们的饮食和穿戴费用已占到总支出的 60%。“朴素的大一，绚丽的大二，流行的大三，时尚的大四。”从近几年大学生对衣装的购买情况来看，讲究品牌和时尚已是一种趋势。至于名牌产品，当问到“如果经济许可，是否购买名牌产品”时，80%的同学表示肯定。名牌、高品位已成为大学生消费的共同追求。

昔日“风声雨声读书声”的大学校园如今夹杂着“手机声声”。走在校园里，常常可以听到手机的悦耳铃声。如果想了解手机的最新款型，你最先想到的绝对不会是大学校园。但事实却是，几乎一切新款都能在校园见到。还有的大学生拥有几部手机，分别用来和不同的人联系。手机话费已成为大学生日常消费的“大头”，一般都近百元。这样的消费水平甚至

已经超出了一般的上班族。

一些大学生崇尚“只买贵的，不买对的”，“是否流行”已经成为影响大学生是否购买的重要因素。为了追求时尚，一些学生舍弃自己的学习时间，通过家教、到公司兼职等赚外快。女生对潮流的把握就更为准确而熟稔。资生堂的眼霜、美宝莲的睫毛膏、琳琅满目的小饰物是很多女生的必备之物。由此可见，当代大学生更注重个人形象，更急于跟上时代的步伐。

5. 差异

据对山东省5所高校3000名在校大学生的一次有关大学生消费的调查显示，大学生消费差距越来越大，学生中的月最高消费额（1800元）是月最低消费额（120元）的15倍。在关于平均消费一栏调查中，有20%的学生每月生活费仅300元左右，月消费额低于300元的贫困生的比例占到了15.9%，这说明随着社会贫富分化的加剧，家庭经济困难学生的比例有继续增加的可能，这是最令人担忧的。

在手机、电脑等高消费品的拥有率上，家庭经济困难学生与非贫困生差距更为明显。在所调查的家庭经济困难学生中拥有手机的仅有42.8%，非贫困生的手机拥有率则达到了98.9%；家庭经济困难学生中电脑拥有率（包括和别人共有）仅为20.5%，而非贫困生中为60.8%。

在时下的大学校园，每一所学校都有这样一个特殊群体，他们平时要紧张的学习，课余还得为学费、生计去奔波。走进校园，他们是大学生，迈出校园，他们是打工族，他们身上有一般人所不知的酸甜苦辣。为节约伙食费，有很多特困生一天只吃两顿或饥一顿饱一顿。与此同时，每一所学校也都活跃着这样的一个特殊群体，他们的家庭情况一般比较好，喜欢花明天的钱过今天的生活，被称为“超前一族”。

三、不容忽视的潜在问题

生活水平的高低所引发的大学生消费差距，只是反映了大学生现实中的生活现象，不容忽视的是现象背后潜在的问题。消费差距的拉大、消费结构的不合理给大学校园带来了一种不稳定因素。

调查显示，家庭经济困难学生中持内向型性格的占32.4%，持外向型性格的占19.7%，而非贫困生中持内向型性格的仅为16.1%，持外向型性格的则高达22.9%。从社会学角度说，性格的内向是社会化不畅造成的，

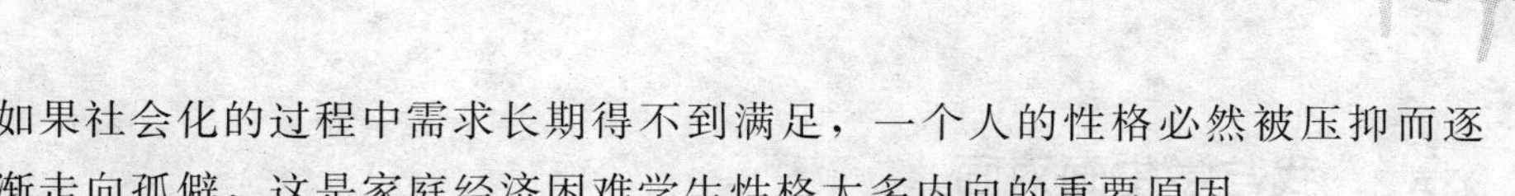

如果社会化的过程中需求长期得不到满足，一个人的性格必然被压抑而逐渐走向孤僻，这是家庭经济困难学生性格大多内向的重要原因。

更为严重的是，有的家庭经济困难学生因为生活状况的不如人意，产生了严重的相对剥夺感，继而产生对社会的不满与愤恨，这种不满和愤恨往往演化为对社会的极端态度，甚至是报复社会的犯罪行为，成为青少年犯罪的重要原因和危害社会安定的重要因素。有的家庭经济困难学生甚至偷窃同学钱物、手机，外出寻欢作乐，满足不良消费。近期因违反校规被开除的也为数不少。并且，经济上的拮据还使家庭经济困难学生承受着巨大的精神压力，他们在生活、就业等方面的压力普遍要比非贫困生大，并由此产生种种精神障碍。

另一方面，还应看到，在追求时尚的大学生消费群体中，存在着无计划、盲目攀比、奢侈浪费等一系列问题。当问及一学期结束后经济情况如何时，大部分同学都坦然承认自己的消费已经超出了计划范围，甚至有些同学还需要向别人借回家的路费。

毋庸讳言，大学生其经济来源主要靠父母，自己兼职挣钱的并不多，许多大学生花钱还是十分谨慎的，力求“花得值”，他们会尽量购买那些价廉物美的商品。

当然，更应看到，许多家庭经济困难大学生并没有被生活的困难吓倒，他们在许多方面表现出了对未来生活的美好预期。在学习、择业和面对事业的竞争上他们表现出了比非贫困生更大的信心，他们大都相信凭借自己的努力，前途是可以改变的，这都源于家庭经济困难学生比非贫困生更为强烈的自尊心。

我与学生面对面

一、老师，您认为当前大学生非理性消费表现在哪些地方？

答：随着社会发展，大学生消费已经成为倍受社会关注的一个热点问题。大学生作为特殊的消费群体，其消费呈现出非理性特点，对于大学生来说，非理性消费就是由于缺乏理性的消费观而产生的大大超出大学生基本的生活费用、学习费用和必要的文化娱乐费用以外的消费行为。大学生非理性消费主要表现有以下形式。

（一）消费不合理，重享受性消费

人的消费主要分为生存性消费、发展性消费和享受性消费。而从当代大学生的消费结构上看，除了吃饭、购买生活用品等最基本的生存性消费，购买学习用品与资料、参加各种辅导班等发展性消费以外，用于旅游、休闲、娱乐等方面的享受性消费已经成为一个较大的支出项目。大学生的消费呈现出注重享受性消费，提前消费的趋势。这种趋势势必使大学生将主要精力从学习、自我发展上面转移到了享乐上面，对于他们的自我设计、自我发展极为不利。

（二）消费无计划，盲目性攀比消费

很多大学生第一次远离父母，独立地支配自己的各种费用。他们的消费往往没有目标、没有计划，而且具有明显的模仿性、攀比性的特征。特别是有些大学生自我认识能力差，自信心较弱，自尊心与虚荣心较强，他们在消费过程中往往表现出明显的盲目性攀比。校园中掀起“生日热”、“旅游热”、“追星热”、“情人节”等等，无不与这种消费中的模仿心态有关。这种趋向在一定程度上也由消费攀比产生，特别是从众心理，即“人有我亦有”的心理。比如在对手机、MP5、电脑的购买行为上，很多大学生发现身边越来越多的同学都拥有这些物品时，他们也急切地想要拥有属于自己的手机、MP5或者电脑，否则就是一件很没有面子的事情。而不是考虑这些物品是否是自己生活的必需品，或者自己的经济状况是否能够承担。

（三）为了获得认同，进行炫耀性消费

炫耀消费指“通过消费让他人明了消费者的金钱力量、权利和身份（消费者的社会经济地位），从而使消费者博得荣誉，获得自我满足的消费行为。即消费的意义已经不仅仅是个人为了满足生理需要而对消费品的耗费，而是包括了个人为了获得社会认可，所进行的非生产性支付”。有的

同学高中时期成绩优秀，而到了大学以后表现平平，由万众瞩目变得默默无闻。他们觉得自己变成群体以外的人，不被大家所注意，往往体验到一种强烈的失落感，为了体现自我价值，得到心理上的慰藉，他们就通过购买名牌服饰，高档娱乐、休闲用品等方式进行炫耀，从大家的羡慕中得到一种心理上的补偿。

（四）人际交往过度消费

现今一些社会上的不良风气已经蔓延到高校当中，如人情消费，同学过生日，获得奖学金、入党、当选学生干部，都要请客。另外，还有一种特殊形式的人际交往即大学生恋爱，在消费中的支出也占了很大的比例。

第二节 健康理财——把钱花在刀刃上

有时有钱
有时没钱
有钱的日子，好过
没钱的日子，一样过
想象着，等咱有了钱
永远不要瞧不起大学里的贫困生，记住，永远……

一、引导大学生树立健康消费观

当代大学生在消费上出现无计划消费、消费结构不合理、攀比奢侈浪费等尴尬问题，与社会大环境的负面影响有关，与家庭、学校教育缺乏正

确引导也不无关系。作为家长和学校，更应该重视引导大学生树立健康的消费观念，让他们学会科学理财，这是他们今后一笔宝贵的人生“财富”。

（一）家庭的正确引导

对于大学生来说，有一部分家境富裕的靠父母就可以“潇洒”埋单，但是这部分贵族学生毕竟是少数。毋庸讳言，大多数大学生的经济来源都是依附于家庭，一般都是由父母、兄弟姐妹供给，只有极少一部分学生通过家教、打工等勤工俭学的方式维持自己的生活。

据了解，目前，大学生除每学期需缴纳几千元的学费之外，每月生活费少则几百元，多则上千元。曾有人形象地把这笔开支比喻为“压在身上的大山”。一个父母两人就职的家庭，应付子女的学杂费、生活费已经压力很大。如果父母年届退休，或逢“下岗”待业，则其艰难程度更是不言而喻。

父母在日常生活消费的原则立场是子女最初的效仿对象。很多亿万富翁都曾有过艰辛的创业历程，有的甚至是白手起家。因此，他们都很注重培养子女的自强自立意识，并且从小教会他们该如何创业、理财。

香港“金利来”公司董事长曾宪梓先生不仅腰缠万贯，而且乐善好施。目前，他在内地的捐款已超过4亿元。曾有记者问曾先生：“辛苦了大半辈子，您最想给家人及孩子们留下些什么？”他不假思索地说：“他们的钱要靠他们自己去赚。坐享其成没有用，要依靠自己的双手去创造。我把钱留给后代，他们不会真正开心，因为他们没有体会到创业的乐趣，更不用说品尝成功的滋味了。只有通过自己的努力、自己的智慧赚来钱的时候，才能体会出‘开心’的真正魅力。”

与此相对，有些父母本身在观念上存在误区。“再穷不能穷孩子。虽然家里的收入不多，但就这么一个孩子，绝不能因为钱的原因而产生自卑感，就是砸锅卖铁也要让孩子在大学里过得舒畅，不影响学习。”不过毕竟一月供得起孩子上千元花销的家庭还在少数，这就出现了“穷家富娃娃”现象。

穷家的富娃娃却不能很好地理解父母的辛苦付出，反而认为父母无能，才使自己活得这么累。出现了乱花钱、充阔绰的现象。让我们悲哀的是，中国有这样的子女，中国有这样的大学生，中国还有这样的父母。

（二）高校教育环境对培养大学生消费观念起着重要影响作用

从表面上看，消费是个人行为，但从更深的意义上说，消费心理、消费意向、消费意识、消费嗜好是一种精神文化现象。大学生的消费行为和心理除了在个人喜好、穿着打扮等方面比较注重突出个性以外，他们对于

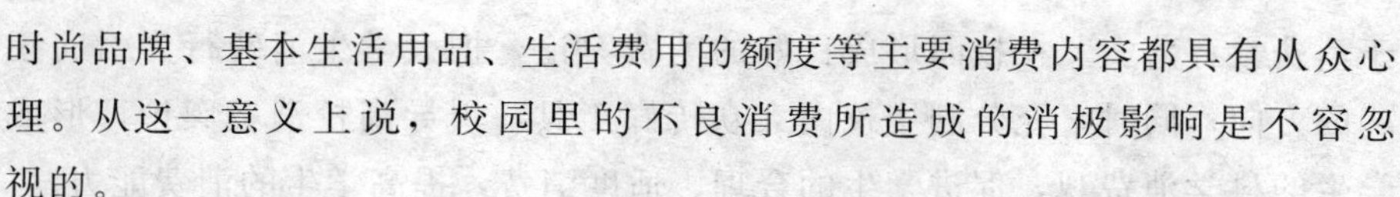

时尚品牌、基本生活用品、生活费用的额度等主要消费内容都具有从众心理。从这一意义上说，校园里的不良消费所造成的消极影响是不容忽视的。

大学里的高消费往往会把一些缺乏定力、爱慕虚荣的大学生逼上梁山——只能变着法子弄钱，不然在学校如何引领时代潮流？由此可知高消费不仅会使大学生丧失学习的大好时机，甚至会使他们丧失做人的最基本的良知、原则和品德，为了挣钱不择手段，被过度膨胀的消费欲望引上歧途。某大学女生，出手阔绰，穿着名牌，一度成为学校的焦点人物，后来才发现她一直以来出入各寝室行窃，以填补自己的消费黑洞。

大学生高消费加重了家长的经济负担，扭曲了校园的人际关系，增加了学校教育管理的难度。最近，在南京大学，不少学生把“追求生活质量”摆在了“勤俭节约”的对立面。在这些观念的引导下，他们毫不犹豫地成了超前消费者，花起父母的钱来心安理得，大有“既然你生了我，就该养我，满足我的一切要求”之气势。

有的大学生认为钱是生不带来死不带去的东西，用完了可以再赚。一个今天花明天钱的人，是一个有胆识的人，一个有能力驾驭自己和驾驭明天的人。当然每个人都有自己的消费观念，不必整齐划一。套用鲁迅先生的一句话：“有钱不用是蠢材，有钱乱用是庸才，没钱胡用是坏才，没钱会用是英才”。“消费”与“炫耀性消费”应该截然分开。消费是为了满足自己学习和发展的需要；而炫耀性消费则是一种单纯以物质享受为目的，为了博取别人的羡慕，满足自己虚荣心的消费，是不足为道的。

因此，在高校中开展消费道德教育刻不容缓。消费道德教育的目的就是帮助学生养成良好的消费道德习惯，自觉遵守消费道德规范，树立科学的消费道德观念。针对大学生年龄和消费行为的特点，消费教育不能是单纯的说教，而应该通过灵活多样的形式，加以引导。比如开设《消费经济学》、《消费常识》等消费教育课程，使学生了解消费观念、消费习惯与方式、消费者技巧技能以及常用消费品的选择、评价、使用、维修与保护等，提高大学生对不科学消费的抵抗能力和适应市场的能力；举办系列消费知识专题讲座，介绍有关消费者权益保障的政策法规，商品标识鉴别；发挥学校社团的重要作用，开展多种有益的消费教育活动，如开展消费问题研讨会、消费知识竞赛或有奖问答、消费品鉴别与鉴赏、消费投诉等实践活动，还可以成立各种节俭组织（如“爱心基金会”等）。这些都有助

于消费教育落实，在校园形成良好的消费舆论，把大学生消费行为引向正确的方向；同时，充分利用校内大众传媒工具，引导高校消费舆论，形成学生的科学消费观，促进学生的合理、适度消费，提高学生的消费能力。

二、大学生应树立健康的消费观

大学生应树立的健康消费观包括：强调“合理与适度”消费，反对过度消费、高消费、超前消费，提倡“量入为出”有计划地消费；强调节约、勤劳俭朴等节俭消费观，反对及时享乐、奢侈腐化、挥霍浪费等消费主义观，不提倡吝啬型消费观；强调理性消费、理性行为，反对非理性的盲目消费，包括盲目攀比、盲目从众的病态消费；强调健康向上的精神文化消费，提倡低碳生活反对不健康或有害的精神文化消费，杜绝非道德、反道德或违法犯罪的“灰色”、“黑色”和“黄色”消费行为，避免消费心理扭曲、道德沦丧；强调绿色消费，反对不利于保护生态环境的消费行为；强调智力性、发展性消费，反对只重视娱乐性、消遣性消费，从而提高消费结构中的文化、教育含量，实现最大的消费效益等等。

对大学生而言，大学时代弹指即逝，为了在激烈竞争的社会中更好地生存和发展，就应该具备独立理财的能力。尤其是家庭经济困难的大学生，生活上次于别人并不可耻，没有必要抬不起头来。其实，消费高与低，本身都无可厚非，关键在于群体中的个人如何调整心理状态，以免受群体压力。

三、大学生应培养消费能力

上大学是第一次独立生活，以前的生活起居都有父母照料，只管好好学习就行了，而现在什么都得自己安排。独立生活，当然少不了要自我理财。收到大学录取通知书后，每个家庭都会根据学生的实际需要与家庭的经济状况按月或按学期给孩子一定的生活费。大学生就要在这个空间里进行理财了。

1. 制订消费计划

第一次自己支配生活费，没有了父母的管制与监督，怎样才能使自己的花费既科学合理又节俭呢？这就要先培养起一种理财意识。对于每个月的花费，在月前先初步订个计划，大致规划出衣食住行等各方面所需。计划中一定要留一部分后备资金，以备不时之需，然后一切按计划行事。细

心的同学甚至将自己花的每一笔钱都记录在案，这样有助于对自己财务状况进行打理。其实只要本着一个原则：不该花的钱尽量少花，花钱要做到物有所值，这样你就能比较恰当地处理自己的财务问题。

详细地记账一个月，到月底检查一下开支结构是否合理，需要作何种调整。这样，以后花钱，就能做到心中有数，合理掌控。千万不能把生活费用得一点不剩！

2. 将钱花在刀刃上

作为大学生，吃要营养均衡，穿要耐穿耐看，住要简单实用，行要省钱方便。应该把钱花在刀刃上，用最少的钱达到最好的效果。不该花的尽量少花，该花的也绝不能省。花在刀刃上的钱有以下几种：

(1) 对身体有好处的。吃饭要注意营养，每顿饭不能饿着，也不能光吃肉，吃零食对身体不好，所以要少吃。

(2) 对学业有帮助的。例如为了在学业上有更大的进步而购买参考书籍，报名参加辅导班或培训班等等。

(3) 对改善人际关系有帮助的。例如给同学送个礼物，一起出去吃饭、唱歌等等的花销，但过多无意义的社交活动不在此列。

(4) 在衣食住行各个方面都有很多节省的办法。衣服可以到服装批发市场上去，全力讨价，也能以低廉的价格成交。出门的时候多骑车少坐车，还能锻炼身体。如果不藏书的话，尽量少买书，俗话说“买书不如租书、租书不如借书、借书不如到图书馆看书”，又说“书非借不能读也”。尽量到书店去白看，一些常用的教科书、工具书就都买旧的。省钱并不是什么丢人的事，勤俭节约是中华民族的传统美德。能把没钱的生活也过得很精彩，才是真正懂得生活的大学生。

3. 开源节流

开源：想办法增加收入。

最好的办法是在保证学习的情况下增加收入。在大学，增加收入的方式大致有以下几种：

奖学金：各个大学都设有不菲的奖学金制度，最普遍的是学习优秀奖学金，一般分一、二、三等。而且比例也比较高，20%左右的同学可以获得这类奖学金。另外许多公司设立的专项奖学金金额更大，一等有的高达万元。所以努力学习，争取获得奖学金也是理财的一个主要方式，毕竟大学时代，学习知识是最主要的。

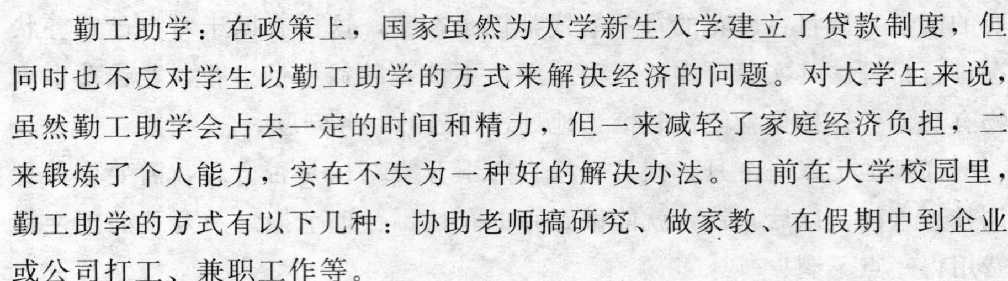

勤工助学：在政策上，国家虽然为大学新生入学建立了贷款制度，但同时也不反对学生以勤工助学的方式来解决经济的问题。对大学生来说，虽然勤工助学会占去一定的时间和精力，但一来减轻了家庭经济负担，二来锻炼了个人能力，实在不失为一种好的解决办法。目前在大学校园里，勤工助学的方式有以下几种：协助老师搞研究、做家教、在假期中到企业或公司打工、兼职工作等。

节流：养成节俭的好习惯

生活中有很多小开支，这里几元，那里几块，看似不起眼，但积少成多就是一个大数目。要学会从小事做起，逐步养成节俭的习惯。勤俭节约似乎是老生常谈的话题，但是这个好的习惯会让大学生终身受益。

多余的钱可以储蓄起来。这不是为了聚财，而是为了形成一个良好的习惯。要做一个精明的消费者，不花冤枉钱。与别人借钱，只是在特殊、紧急的情况下才能这么做，而不能成为惯例，及时、守约还钱更是事关诚信，千万不能当儿戏！

4. 合理使用银行卡

有些家庭生活优越的大学生经常是“寅吃卯粮”，刚刚开学没几天就花完了半学期的生活费。这个时候家长就要采取适当的方法来“约束”一下了。合理利用银行卡，相对可以限制住盲目消费的学生。饮水思源，没有了“源”头，学生们的消费就要自觉学会量力而行了。

大学生最基本的理财应从如何同银行打交道学起，不要以为去银行仅仅是取钱和存钱那么简单，即便是简单的存款，也能从中学到不少理财知识。中学期间，虽然有些学生在银行设有独立户头，但大多数是由父母直接掌控的，对存钱、取钱、银行利息计算等没有什么感性认识。通过和银行打交道，大学生可以了解最基本的金融常识、ATM 机和信用卡的一些服务功能，学习如何独立理财。

随着信用卡的日益普及，大学生可以尝试一下用信用卡来替代现金进行一些支付活动。其实，使用信用卡不仅仅只是体验“用明天的钱”进行消费，信用卡一般都有 50 天的免息期，如何用足这 50 天的时间，力争资金利用最大化，也是一门不小的学问，其中的窍门和经验必须在实际操作后才能有所体会。

需要提醒大家的是，大学生使用信用卡应该量入为出，适可而止，过度消费不仅会加重自身和父母的经济负担，还会对自己将来的消费习惯和

经济状况带来不良的影响，使自己成了不折不扣的“卡奴”。在大学时代养成良好的理财习惯，对于以后走向社会有很大帮助。

我与学生面对面

一、您认为大学生如何消费才算是合理的？

答：合理消费是相对消费误区而言的。目前，大学生普遍存在五种消费误区：什么都不能省，除了吃饭；花明天的钱，圆今天的梦；跟风攀比，别人有的我一定要有；为“偶像”掏干腰包；奢侈浪费，享受高于一切。

怎样避免消费上的误区？大学生活的消费基本上以伙食、日常用品为主。应该坚持基本上在学校食堂就餐，生活用品不要盲目追求高档或者名牌，不要在服饰、化妆品、奢侈品等上面花费过多金钱。一切应该根据自己家庭的财力，量入为出。与父母约定了自己的每月生活费以后，尽量不要超出，因为父母对家庭的总收入也是有所规划的。不少大学生从小就渴望追求名牌，习惯攀比，这实际上是一种“小富即安”的思想，是不思进取，而且也是没有品位的表现，真正的修养从来就不是从衣物牌子上表现出来的。打电话、上网等也要根据自己的经济条件而有所节制。合理消费，学会量入为出，最好的方式是制订预算和做好结算。

（一）制订预算

先来看看大学生生活的必要花销清单（以普遍水平来看）：

1. 日常开支

① 伙食费：早餐 1.5～3 元，午餐 3～6 元，晚餐 3～6 元，加上偶尔的夜宵或改善伙食的情况，一般每月约 300～450 元。

② 通讯费：现在手机已经变成学生的必备品，30～50 元。

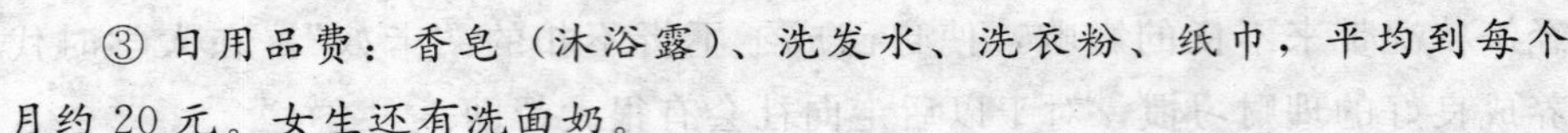

③ 日用品费：香皂（沐浴露）、洗发水、洗衣粉、纸巾，平均到每个月约 20 元。女生还有洗面奶。

④ 交通费：20 元。

⑤ 书籍和学习用品：50 元。

合计约 350～550 元。

2. 其他花销

① 服装费用：衣服、鞋子等，大部分学生一学期都会购买一到两次，花费 350 元左右，平均到每个月是 70 元。

② 交际费：大学经常会有饭局，或是人家请你（自然你也要回请人家），或是大家 AA 制，都是在饭堂或学校周边的小饭馆，价格不会很贵，平均每月约 80 元。

合计约 150 元。

可见每月 500～700 元就能满足需要，一学期以 5 个月计算，则每学期 2500～3500 元就行。新生可以此花销清单为基础，依个人的需要做出适当变更和添补（如女生还需要护理品，男生可能要加上运动器材的花费），制订出符合自己的消费计划。

（二）做好结算

有预算自然就要有结算，平时消费时就要做好记录，可保留账单、购物小票等收费凭据，还可用专门的小账本记下每一笔开支，到月底时就能准确做出结算。

结算要做两方面的工作：一是统计出本月的总花费，看是否超支或结余，对照《消费计划》看看是哪一项超了，又是哪一项节省了；二是算出各类花费占总花费的百分比，看消费是否合理，伙食费、必要生活用品费和购书费占总花费的 70%以上，是比较合理的消费比例。

新生应根据结算的结果对下个月的花销计划做出调整。

（三）学习消费技巧

花钱也是一门学问，花得巧一分钱就能变成两分用。

1. 促销活动。大商场和专卖店逢重要节日都会有促销活动，尤其是电脑、相机、MP5 等贵重物品此时入手，价格会比平时优惠很多，而且常附送赠品。

2. 换季选购。服装类商品在换季时会以低价出售，想买物美价廉的东西，一定要把握这段“过渡时间”，而且有是很多学生钟爱的专卖店品牌。

唯一美中不足的就是你买的衣服要到明年才能穿。

3. 网络购物。网络购物是当下一种流行的购物方式，因其无须店面租金、员工薪酬等支出，故商品的价格常常低于市面上的价格，这也是人们选择它的主要原因。不过网络购物存在一定风险，注意应找诚信度高网友口碑好的网站和网店。

4. 集体购买。一些日用品，如香皂、洗衣粉等购买大剂量装的会比较合算，同宿舍同学可商量一起购买。

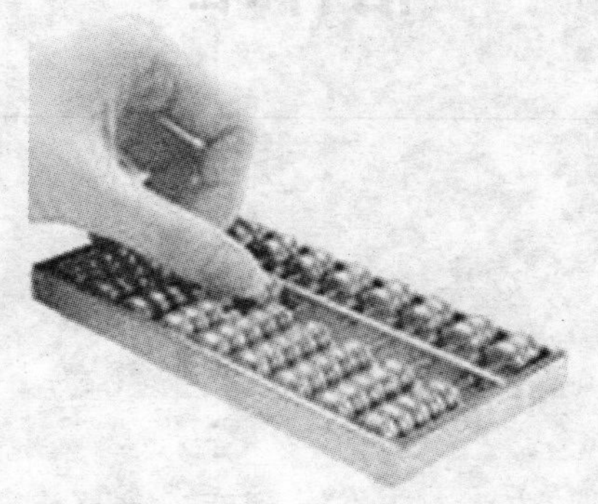

第十章

校园恋情：相爱容易相伴难

第一节 校园爱情——永远“热”点的主题

挥手告别单纯的中学时代，大学生满怀着对理想的追求，对未来的憧憬，来到了菁菁的大学校园。这里有幽静的校园小道，有葱郁的参天大树，有明净的天空和湖水。一切都是那么清新、美丽和自由。

伴随着青春的脚步和心灵的成长，对爱情的渴望便悄悄地在他们的心田萌发。爱情，就成了校园民谣中一个永恒的歌唱主题。

曾经有一位哲人说过：爱情是现实生活和文艺作品的永恒主题。对于文化水平较高、情感体验较为丰富的青年大学生来说，爱情是大学生活中不可缺少的重要内容。漫步大学校园，出双入对的大学生成为一道亮丽动人的风景线。因此，校园爱情很自然地成为大学生关注的热点话题。

一、关于大学生恋爱的话题

在中国大学生校园爱情的变迁中，国家主管部门对大学生恋爱问题的态度，经历了由明文禁止，到“不提倡，不反对”的转折，这是认识大学生恋爱现象演变的重要背景。现在“谈恋爱”逐渐成为高校人人皆知的公

开秘密。高校在政策上也做了相应的调整，对恋爱问题采取了较过去更多元、更客观的宽容态度：既不支持，也不反对。

目前，社会关注的焦点不在于大学生恋爱本身，而在于如何引导大学生处理恋爱与学业的关系。

第一，学习是主业，处于首要地位，恋爱必须服从学业。学习和恋爱都需要精力，但人的精力总是有限的。恋爱用的精力多，学习用的精力自然就少，这是不争的事实。

第二，绝大多数大学生在主观上想把学业放在首要位置，这只是大学生的美好愿望而已。实践表明，真正在客观行为上正确处理好学业与爱情关系的大学生为数不多。更多的是在不知不觉中变得“儿女情长，英雄气短”，爱情逐渐成为生活的唯一追求。有些谈恋爱的大学生决心学习紧张时抓紧时间学习，学习较轻松时谈恋爱，但实际上往往事与愿违，涉足爱河后，就把学业抛到脑后，尤其是在感情出现波折的时候，更是心猿意马，无法集中精力学习。

二、大学校园爱情的特点

随着人们的社会观念和生活方式的变化，恋爱问题已渗透到大学生的学习、生活等各个方面。青年期性功能的成熟与性意识的觉醒，引起了大学生心理上的微妙变化，在大学这个主要由18～23岁的青年人聚集的小社会中，大学生恋爱现象已由过去的“犹抱琵琶半遮面”转化为公开地出双入对，形成如下特点：

（一）女生的恋爱比例高于男生

导致男女恋爱比例差异的主要原因：

1. 女生情感丰富、生性温柔，有较强的依赖性，使她们对“感情港湾”的需求程度强于男生。特别是在刚入大学处于孤独、寂寞时，恰好有一双温柔善良的眼睛默默关注着你、支持着你，如果他的肩膀足够宽阔能够依靠的话，很有可能使她坠入爱河。

2. 女大学生的绝对数小，占在校生的比例低于男生，所以在“对偶式”的爱情世界中，女生总是处于“供不应求”的绝对优势地位。以理工科为主的大学，男女生比例严重失调，漂亮的女生受到男生的普遍青睐，追求者众多，会很容易找到情投意合的男朋友，男生在校园“情场”上则总是很“受伤”。

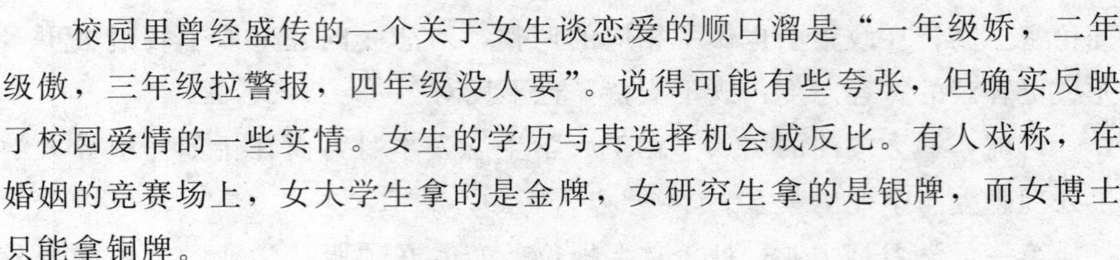

校园里曾经盛传的一个关于女生谈恋爱的顺口溜是“一年级娇，二年级傲，三年级拉警报，四年级没人要”。说得可能有些夸张，但确实反映了校园爱情的一些实情。女生的学历与其选择机会成反比。有人戏称，在婚姻的竞赛场上，女大学生拿的是金牌，女研究生拿的是银牌，而女博士只能拿铜牌。

（二）文科学生恋爱率高于理工科学生

因为专业性质的影响，文科学生平时的课程较松，可以凭考前突击复习应付考试，如果记忆功夫超群，还有可能获取奖学金。所谓“临阵磨枪，不快也光”。平时的日子优哉悠哉，大把的光阴和时间不知如何安排，恋爱恰好可以填补空白，充实业余生活。理工科学生的实验多，功课紧，专业知识的衔接异常紧凑，一节课听不懂，别指望下节课听明白。考前突击不起什么作用，要靠平时下真功夫。所谓“临阵磨枪，不死也伤”在学习压力如此大的状态下，理工科学生的恋爱比例要低些。读研之后，忙着找对象的都是理科生，文科生则大都名花有主，名草有属。

（三）男生主动出击者居多

每年新生入学时，都会有高年级男生主动请缨，包揽接新生的工作，特别积极，特别主动，充分发挥了“不怕苦不怕累”的革命英雄主义精神，当然“醉翁之意不在酒”，在乎情报也。几天下来，大一女生的人力资源也就被先遣部队掌握个八九不离十。相貌超群、气质出众的女生当选为新一届“四大美女”什么的。然后就是选定目标，准备采取追逐行动。在低年级女生看来，高年级男生较之同班男同学相比，更为成熟、稳重，对自己的呵护更为温暖、有力，和他在一起更有安全感。这种格局在校园中应用最广、成功率也最高。

（四）恋爱观念日趋开放

大学生谈恋爱，受到学生身份的限制，因而许多人认为此时的恋爱应该保守一些，但也有人认为，大学生已经是成年人，可以自由选择恋爱方式。有关调查表明，当代大学生的性观念已经日趋开放。

在关于恋爱行为尺度调查中有 5 种恋爱行为，分别是拉手、接吻、爱抚、性行为、同居。半数以上男生认同“同居”这一项，而女生普遍认为接吻或爱抚都是很正常的行为。

同时，另一项“恋爱是否以结婚为前提”的调查中，几乎所有的学生均选择了“不确定”，学生们表示在恋爱中很少考虑结婚的问题，但并不

影响他（她）们谈恋爱。

由此可见，大学生目前对婚姻、恋爱和性问题的价值观念，深受西方文化思想的影响和冲击。与过去相比，当代大学生对感情更加执著、热情、开放、现代和前卫，但缺乏责任感，令人担忧。

（五）受冷的校园婚姻

2003年10月1日，新《婚姻登记条例》施行之后，一些地区出现达到法定婚龄的大学生结婚的事例。社会各界担心，大学校园会不会就此结婚风气盛行呢？根据复旦大学团委调研部就此进行的调查来看，这种情况在高校不大可能发生。调查结果显示虽然有96.9%的被访学生对新条例的出台持肯定态度，但高达99%的被访学生仍明确表示在校期间“不考虑结婚”，另有62.5%的学生认为，虽然在理论上可能出现大学生结婚的现象，但目前的大学生一般不会这样做。

大学生校园婚姻受冷的理由大致如下：

理由之一：学业婚姻冲突

俗语说：“鱼和熊掌不可兼得。”大学生对知识的渴望，对未来的抱负，以及对竞争现实的充分认识，使得他们把大量的时间和精力都放在了学业上，很少会考虑在大学期间结婚。大学婚姻的实现会让他们放弃更多的东西。“对于大学生而言，这有限的四年时间是一生中最宝贵的时光，应该用来学习知识、锻炼能力，家庭琐事难免会分散精力。”

理由之二：经济力量限制

许多大学生对自己的现状有着非常清晰的认识：作为学生，绝大多数是靠父母甚至国家贷款来支付在校的一切开支，很难有自己的经济来源再支撑一个家庭。很多同学几乎异口同声：“如果来自普通家庭，校园婚姻绝对不现实。”即使是家庭较为富裕的同学，大多也不会考虑校园婚姻。一位家庭条件很好的王姓同学说：“家庭的富裕，只能代表着父辈、祖辈们的成就，婚姻是自己的事，要靠自己。”

理由之三：能力有待培养

现在的在校大学生基本都是独生子女，生活自理能力相对比较差，没有真正经历过社会磨炼很难建立强烈的责任心来面对家庭生活。一名女同学笑言：“料理自己一个人的生活都费劲，哪还愿意去料理家务呢？”

理由之四：家庭成员摇头

很多同学认为，即使不考虑自己的前途，自己又有着一定的经济实

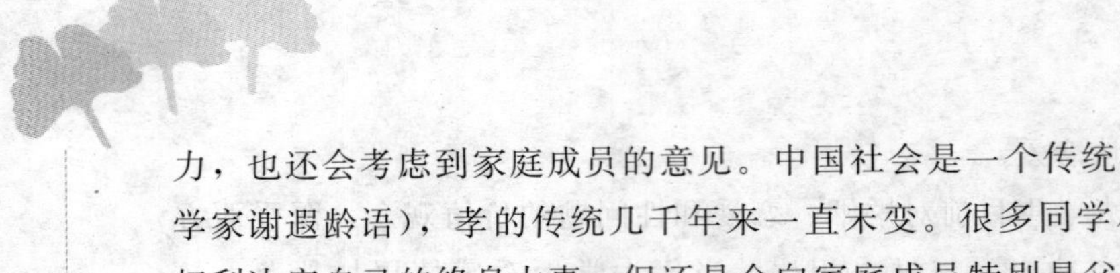

力，也还会考虑到家庭成员的意见。中国社会是一个传统社会（著名社会学家谢遐龄语），孝的传统几千年来一直未变。很多同学尽管明白自己有权利决定自己的终身大事，但还是会向家庭成员特别是父母征询意见。一位大三同学认为："我现在谈恋爱尚且要瞒着我的父母，更别说现在结婚了，我的父母肯定不会同意，而且我也不想让他们为我伤心。所以我根本不会考虑在大学期间结婚。"

理由之五：恋爱已好，何求一证

有极少部分同学认为现在的校园生活环境比较宽松，学校对校园恋爱也没有什么反对意见，恋人可以很容易地在一起，"恋爱已经很好，何需一纸证书？"

据调查，对大学生的婚姻观念影响居于前三位的因素分别是：个人规划（占73%）、家庭传统（占68%）、经济力量（占65%），这是大学生考虑最多的；排在最后一位的是校纪校规（占20%）。这说明一个问题：学校不必因为太担心同学会一拥而上竞相结婚而制定更为严格的规章制度，一方面同学们考虑它的权重是最轻的；另一方面，更为严格的规章制度可能也无法阻止个别非常期待大学婚姻的大学生，反而有可能引起他们的逆反心理。

三、常见的校园恋爱误区

大学生对恋爱原因的认识多种多样。有的是令人难忘的一见钟情，有的是在长期的学习生活中互相了解、互相欣赏以致发展成为恋人，还有的基于感情共鸣而走到了一起。当然，不可否认，也有的人纯粹是为了消磨其空虚的日子，或在紧张的学习、工作之余找个人暂时的放松放松。甚至有的是完全出于功利性的目的，来找那些对自己某些方面有帮助的女（男）朋友。爱情是一个古老而神圣的领地，如此多样的态度必然会导致恋爱误区。

误区之一：重现在，轻将来

大学生在如何看待恋爱的问题上，存在着"重现在，轻将来"的心理误区，"不求天长地久，只求曾经拥有"是其合理注解。与社会青年的恋爱相比，大学生的恋爱往往更看重感觉。因为有感觉，所以恋爱。爱一个人需要理由吗？因此，校园爱情特别浪漫，特别纯洁；另一方面，"没有坚实的土壤，就没有成熟的果实"。常有人说："校园恋情，相爱容易，相伴难。"

大学生毕业后的就业去向问题存在着极大的未知性和不确定性，是影响大学生恋情发展的主要因素，即使相爱，毕业后很可能天各一方，“孔雀东南飞”。“只求曾经拥有”并不是大学生所情愿，他们也是“无可奈何花落去，劳燕分飞泣无声”。因此，很多大学生认为，能投入地爱一次，在情感上有所体验，使他们对人生的理解更为深刻，是除学业之外的最大收获，至于结果要看缘分。但究其实质却反映了某些青年大学生“及时行乐”的功利主义人生观、价值观以及“只享受权利，不承担责任”的逃避思想。

应该着重指出，恋爱的最终目的是组建家庭，携手共度人生。而这种只重过程，不重结果的爱情游戏带给双方当事人的只能是极大的伤害和悔恨。“爱上一个人，只需要一瞬间的工夫；忘记一个人，却需要一生的时间。”一段感情的发生不可能像炉中火说燃就燃，说熄就熄；不可能像一缕轻烟在心灵深处不留下一点痕迹，对今后的生活不产生一丁点影响。大学生们在做出是“将爱情进行到底”，还是“让爱随风”的决定时，一定要慎重。

误区之二：择偶标准的现实化

在大学校园里，恋爱之风盛行的一个非常重要的原因就是大学生们往往容易被对方漂亮的容貌、迷人的风度等外在因素吸引而产生爱慕之心，因此大学生的恋爱非常容易出现“一见钟情”。

首先，由于大学生年纪轻，阅历浅，容易受小说、文艺作品的影响。在他们所接触的古今中外文学艺术经典中，不乏“一见钟情”的故事。正所谓“众里寻他千百度，蓦然回首，那人却在，灯火阑珊处”。一旦现实生活中出现了类似心目中理想爱人的目标，就会不知不觉地把脑海中的影像投射出去，采取实际行动。

其次，大学的文化氛围有较多理想主义的色彩，“一见钟情”正表现了年轻人对生活的意义和本质浪漫主义的深层体验，是对理性主义、功利主义的反叛，符合大学的总体文化氛围。同时，与社会上的生存竞争压力相比，校园环境比较轻松，不需要做太多的现实考虑。

据一份调查资料显示：在当前的大学生中，一部分人将“有钱”当作择偶的必备条件，“傍个有钱人”、“钱是第一位的，只要有钱其他的事情都不重要”、“干得好不如嫁得好”这样的口号越来越多、越来越响亮。一时间，“富翁”、“富婆”“大款”成了改变大学生们命运的一大筹码。

一部分大学生以“四大件”——房子、车子、票子、人样子作为恋爱的第一标准，这种恋爱观往往会埋下祸患的种子。无数事实证明，这种缺乏爱情的物质主义、功利主义的婚姻实质上是一个美丽的陷阱。建立在这种基础上的爱情，是经不起现实风浪考验的，必定要付出代价的，而这种代价实际上要远远大于暂时得到的实惠。

误区之三：重表现，轻修养

大学校园的许多角落都已被恋人们开辟为谈情说爱的阵地。从僻静的花园到人来人往的林荫道，牵手徐行或相拥而行的“二人组合”随处可见。马克思曾说过：“在我看来，真正的爱情是表现在恋人对他的偶像采取含蓄、谦恭甚至羞涩的态度，而绝不是表现在随意流露热情，过早地亲昵。真正的爱情不是以如此外显的行为向别人证明两人爱情的忠贞与长久。只有尊重对方，尊重自己，才能真正体会到爱情的真谛。”

现在校园恋人们的“势力范围”有逐渐蔓延的趋势。餐厅里“你喂我一口，我喂你一口”的就餐方式似乎成为固定曲目。有的学校甚至出台了“校园文明行为规定”一类的硬性措施，规定了一些类似在公开场合不准搂抱、接吻等强制性规定，否则就给予严厉处分。这类措施的出台，在校园里引起波澜，大学生们对此极为反感，认为这是对大学生的极端不尊重。

校园里的大学生，有些人对此种现象已经“修炼”到了“视若无睹”的境地。更多的人采取了“宽以待人，严于律己”的态度。

恋爱本是一件美好的事情，其中一个重要原因就是它包括许多只有恋人间才能明白、才能分享的内容。如果把一些只应该存在于两人世界的浪漫亲昵举动展现在公共场合，无论出于什么原因，有意或者无心，美好的感觉都会大打折扣。向往纯情、真爱的大学生，不该让“禁止喂饭”的字样来提醒自己过于张扬的行为。

误区之四：重爱情，轻友情

从广义上说，恋爱只是异性交往的一个特殊形式，异性交往还应包括异性之间的非恋爱交往，即异性间的友谊。但由于各方面因素的影响，大学生们的异性交往常常只局限于谈情说爱，缺乏友谊互动。

确立了恋爱关系的大学生往往会自觉地关闭异性交往的大门，交往的异性只限于恋人，如果和恋人以外的其他异性稍有交往，就会被冠以“花心大萝卜”的美名。

爱是一炉因为有空间才得以蓬勃的火，得不到空气流通的火，燃得再旺也会很快熄灭。取暖的人需要保持适当的距离，靠得太近，只会灼伤。爱情亦如此理。相爱的双方应记住：要保持爱情的空气流通。如果你爱一个人，那么就给他自由吧，如果他还能够回到你的身边，他就是属于你的；如果他一去不复返，那么你永远得不到他。

在绝大多数大学生的观念中存在着“异性交往就是谈恋爱”、“重爱情，轻友情”的错误思想。在校大学生既要认清自己内心的真实感受，又要摒弃那些旧观念的束缚，不为人言所影响，应该意识到在两性之间存在着比爱情更广阔、更美好的感情——友谊。

四、树立正确的恋爱观

恋爱是以爱情为核心的。能否以对爱情的清楚认识为基础来端正恋爱观不但决定着恋爱的成败，甚至决定着一生的爱情生活是否美满幸福。爱情的悲剧其实是恋爱观的悲剧，一次恋爱失败不会一生失败，但一旦恋爱观失败，一生的恋爱都会失败。

那么，什么是恋爱观呢？恋爱观是指人们在恋爱婚姻问题上所持的根本观点和看法，这是由社会经济制度、婚姻制度和伦理道德观念在恋爱婚姻问题上的折射和反映。男女双方在共同培育美好爱情的过程中必须遵守一定的道德规范，以此来调节和制约恋爱中的行为和各种关系。

（一）大学生恋爱观的主流

改革开放30年，人们的观念发生了很大的变化，大学生的观念更加前卫、开放，对爱情、婚姻都有自己独立的见解。爱上对方并主动表白时，男生并不希望女生“立刻就答应”，更希望对方“考虑一下再说”，甚至“态度傲慢一点”；女生就不一样了，因为女孩如果要主动向对方表白爱情，要么是经过了深思熟虑，要么是陷入情网。无论出于哪种原因，女孩主动迈出这一步要以极大的勇气冲破自己的矜持和羞怯，所以，她们希望对方接受的心理更为迫切。也就是说，当代大学生的恋爱态度在主流上还是传统型的。

尽管大学生在恋爱态度上其主流仍居传统型，但大学生的恋爱观日益坚强、自立。风靡全球的影片《泰坦尼克号》中最为当代大学生奉为经典的镜头：露丝对杰克许下诺言，不再为过去的爱情而忧伤，只要有机会，就要好好地活下去，直到100岁。当她看到救生船带来的光明时，她毅然挣脱了杰克僵死的双手，向生命之光奋力游去。这种不为过去生离死别的情感而忧伤的爱情观念，之所以让青年大学生感动，是因为它抛弃了梁山伯与祝英台式的“宁为玉碎、不为瓦全”，开始新的人生道路：为了爱，要活得更灿烂。

（二）树立正确的恋爱观

第一，应把心灵美好、情操高尚作为恋爱的第一标准。

随着市场经济的发展和完善，大学生的择偶标准发生了深刻的变化。“恋爱实验论”究其根源是一种以维护自我利益为中心的功利主义心理在爱情中占了上风。持此论的恋爱双方必定头脑异常清醒，意志特别坚定：消费 AA 制自不必说，假若对方时常患病定会记住日后恋爱须觅身体强健者；遇到家境贫寒的，势必也会将“贫贱夫妻百事哀，家境宽裕者优先考虑”，铭记在心。爱情一旦堕落到如此地步，恋人之间还有什么真情实意可言呢？爱情的特质是纯洁而高尚的，不是可拿去交易或利用的砝码。对爱情的亵渎，就是对命运的捉弄，如果让爱情沦为功利的婢女，以爱情投机取巧，到头来只会“聪明反被聪明误”。

第二，恋爱态度要严肃认真，更要志同道合。

真正的爱情是限于异性之间的爱慕关系。爱情是神圣的，具有特有的责任和义务，只能存在于恋爱者两人之间，不容许第三者介入，具有专一性和排他性。这就需要双方严肃认真、真诚相待，实事求是地对待自己，也实事求是地对待对方。但近些年来，有极个别的大学生视爱情如游戏，同时与几个人建立恋爱关系，谈起了“三角恋爱”甚至“多角恋爱”。在任何民族和国家中，搞三角恋爱、多角恋爱都是不道德、不光彩的，为人所不齿。

人生之路有平坦大道，也会有崎岖山路，只有志同道合才能使爱情不受客观条件的左右而长保坚贞与幸福。

追随爱情，千里迢迢来到中国的芬妮，中文名“华知萍”，在中国农村生活了 50 年，过生日只能用黄土捏蛋糕、小木棍代蜡烛的艰苦条件下，仍与丈夫相亲相爱，这是只有志同道合才能产生的崇高爱情。根据她的故事改编的电影《芬妮的微笑》感动了亿万观众。

纯净真实的爱情应该是两个人彼此欣赏，相互倾慕，是心有灵犀一点通，是一日不见如隔三秋，是秋风乍起时的“多穿衣服”的叮咛和嘱托，是对方患病时的嘘寒问暖，是对恋人大错不犯小错不断的一笑而过，是为能够长期厮守并肩拼搏的心灵默契。

第三，要正确处理爱情、学业之间的关系。

莎士比亚说：“爱和炭相同，燃起来，得设法让它冷却。若是让炭任意燃下去，就要把一颗心烧焦。”爱情是美好的，但如果把爱情放在学业之上，则是错误的，爱情是生活的重要组成部分，但它绝不是生活的全部，将自己毫无保留地交付出去，不但自己交付不起，对方也担负不起。大学生应该把事业放在首位，摆正爱情与事业的关系，不能把宝贵的时间都用于谈情说爱而放松了学习。因为学业是大学生价值观的主要支柱。

当大学生把爱情视为生命的唯一时，爱情就是一株温室中的花朵，娇弱美丽却经不起任何的打击。当爱情成为一个人唯一的存在价值时，他就会失去人格的独立和魅力，也很容易失去被爱的理由。

大学生在恋爱中，应把主要精力放在事业上，把爱情转变为事业成功的动力和加油站。应切记“两情若是久长时，又岂在朝朝暮暮”。

第四，培养爱的能力与责任。

巴尔扎克指出：爱是一种艺术，更是一种能力。为了有能力爱别人，我们首先要塑造自己，培养迎接爱的能力、拒绝爱的能力、发展爱的能力，然后我们才有能力给人以爱，有资格被人所爱。

迎接爱的能力包括施爱的能力和接受爱的能力。一个人心中有了爱，在理智分析之后，要敢于表达、善于表达，这是一种爱的能力。一个没有爱心的人是个自私自利的人。一个人面对别人的施爱，能及时准确地对爱作出判断，并作出接受、谢绝或再观察的选择，这也是一种爱的能力。缺乏这种能力的人，或是匆忙行事，或是无从把握。大学生要具有迎接爱的能力，就应懂得爱是什么，有健康的恋爱价值观，知道自己喜欢什么，需要什么，适合什么。就应对自己对他人对万事保持敏感和热情，就应主动关心他人，热爱他人。当别人向你表达爱时，能及时准确地对爱的信息作出判断，坦然地作出选择。能承受求爱拒绝或拒绝求爱所引起的心理扰乱。

拒绝爱的能力。自己不愿或不值得接受的爱应有勇气加以拒绝。拒绝爱要注意两个方面：一是在并不希望得到的爱情到来时，要果断，勇敢地说“不”，因为爱情来不得半点勉强和将就。如果优柔寡断或屈服于对方的穷追不舍，发展下去对双方都是不利的。二是要掌握恰当的拒绝方式，虽然每个人都有拒绝爱的权力，但是珍重每一份真挚的感情是对他人的尊重，也是一种自珍，同时是对一个人道德情操的检验。不顾情面，处理方

法简单轻率，甚至恶语相加，结果使对方的感情和自尊心受到伤害，这些做法是很不妥当的。

发展爱的能力，培养爱的责任。发展爱的能力，并不是非要具体到对某一异性的爱，可以是更广泛意义上的爱。我们的亲人、同学、朋友，都值得我们去热爱。发展爱的能力，就是要培养无私的品格和奉献精神，要培养善于处理矛盾的能力，有效地化解消除恋爱和家庭生活中的矛盾纠纷，为恋人负责，为社会负责，才能创造出幸福美满的婚恋。

我与学生面对面

一、老师，您认为大学生可不可以谈恋爱？谈恋爱是利多还是弊多？

答：这是我在心理咨询中经常遇到的问题。

目前在校大学生的年龄一般在18～23岁之间，在性生理上已完全成熟，在性心理发展上，也走过了性疏远期和性接近期，进入了恋爱期，对情感的需求大大增强了，这是大学生生理、心理发展的自然现象。从这个角度讲，大学生的恋爱现象是自然的、正常的、无可指责的。

恋爱在很大程度上能改变着一个人的思想、心理和行为。恋爱越健康，积极的改变就越多，反之，这种改变也可能是消极的。正如有的学者指出的："对青年来说，恋爱更多的是一种涉及生活全貌和人格整体的事情。如果说一个人进入青年期以后，在人格、生活态度以及人生观上发生了很大变化，那么导致这种变化的最大因素，大概莫过于恋爱的影响了。"

现实中，有的恋爱带来勃勃生机，成为促进学习、工作和全面发展的"核动力"，而有的恋爱则使人情结起伏、烦恼不安、成绩滑坡。由此可见，爱情是一把双刃剑，对青年学生的成长有利有弊。

大学生是否可以谈恋爱，以及是利多还是弊多的问题，实际上是一个什么样的大学生具有谈恋爱的资格的问题。从恋爱心理卫生的角度分析，恋爱不是一种纯粹的精神活动，它是个人生理、心理发展的需要，更是一种社会行为，体现了一个人的追求。具有独立人格的人能够正确认识自我，悦纳自己，发展自己，对自己充满信心和勇气。而人格未完全独立的人感情容易飘忽不定，一旦恋爱则陷入激情中难以自拔，倘若失败，便对自己作出负性评价，丧失自信。人格不成熟的大学生匆忙涉足爱情，容易导致不成熟的恋爱，也易产生多种心理问题。

二、大学生如何正确地面对失恋？

答：既然恋爱，就要充分认识到爱情应该是双方的事，“情投意合”自古以来天经地义。如果经过一段时间的接触，发觉彼此不适合，就会出现所谓的失恋。一个人要能从失恋的打击中走出来，是一件十分不容易的事。因为当一个人面临失恋的打击时，一般都会出现情绪低落，心情压抑的情况。所以，正为失恋而痛苦缠身的不幸者必须学会自我调整、自我拯救。

首先，勇敢面对失恋。要做到这一点必须确立的观念是：失恋不等于失败，而是成长过程中必经的测试。作为一个有理想有抱负的大学生，应勇敢地正视失恋的现实，爱情是可遇而不可强求的。恋爱既然有成功，也就可能有失败，那么我们为什么苛求成功而不能正视失败呢？

第二，学会倾吐。失恋者精神遭受打击，被悔恨、遗憾、惆怅、失望、孤独等不良情绪的困扰，应该找一个可以交心的对象，一吐为快，以释放心理的负荷。可以用口头语言，把自己的烦恼和苦闷向知心朋友毫无保留地倾诉出来，并听听他们的劝慰和评说，这样心情会平静一些。也可以用书面文字，如写日记或书信把自己的苦闷记录下来，或给自己看，或寄给朋友看，这样便能释放自己的苦恼，并寻得心理安慰和寄托。

第三，移情。及时适当地把情感转移到失恋对象以外的他人、事或物上。如失恋后，与同性朋友发展更密切的关系，交流思想，倾吐苦闷，求得开导和安慰；积极参加各种娱乐活动，释解苦闷，陶冶性情；投身到大自然中去，把自己融化到大自然的博大胸怀中，从而得到抚慰。当然密切自己与其他异性的交往，也不失为一个合适的途径。

第四，超然的态度非常可取。初恋是艺术家、失恋是哲学家，再恋是科学家。失恋后应唤起对爱的再追求，分析原因，再定标准，改善恋爱方式等。如果是因为自己经验不够或者某方面的不足所致，就应该认真总结.

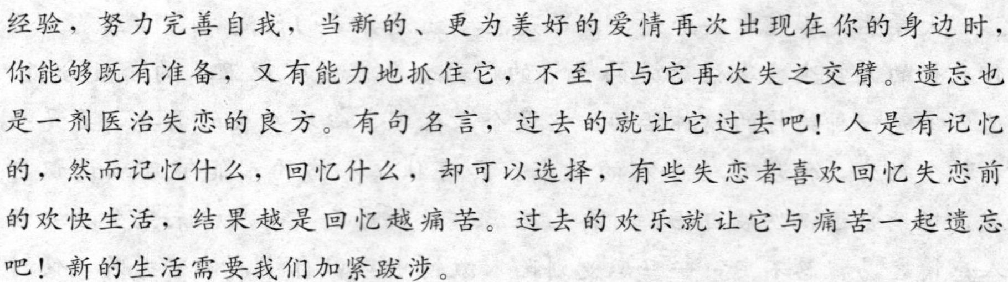

经验，努力完善自我，当新的、更为美好的爱情再次出现在你的身边时，你能够既有准备，又有能力地抓住它，不至于与它再次失之交臂。遗忘也是一剂医治失恋的良方。有句名言，过去的就让它过去吧！人是有记忆的，然而记忆什么，回忆什么，却可以选择，有些失恋者喜欢回忆失恋前的欢快生活，结果越是回忆越痛苦。过去的欢乐就让它与痛苦一起遗忘吧！新的生活需要我们加紧跋涉。

第五，立志。失恋者积极的态度会使“自我”得到更新和升华，全身心地投入到工作中去，许多失恋者因此而创造出了辉煌的成就。像歌德、贝多芬、罗曼·罗兰、诺贝尔、居里夫人、牛顿等历史名人，都曾饱受过失恋的痛苦。他们可谓是用奋斗的办法更新“自我”，积极转移失恋痛苦的楷模。

失恋不是人生的失败，更不能因此而失志。要知道，你没有摘到的，只是春天里的一朵花，整个春天还是你的。

如果是不属于自己的爱情，分手本身就是一种幸运，对双方来说都是一种解脱，一个新的机遇。真正令你难过的，很可能只是那种不甘心与失落感，而不一定是那一个人、那一段恋曲。就像吃东西一样，有人爱肉，有人爱鱼，有人嗜菜，各有偏好。天涯何处无芳草，莫愁前路无知己。正如海伦·凯勒所言：“一扇幸福之门对你关闭的同时，另一扇幸福之门却在你面前打开了。”

人对失恋的应对方式反映了一个人心理成熟水平和恋爱观。一个人能够理智地从失恋中解脱出来，往往会使自己变得成熟起来。

第六，克服“单相思”。爱情应该是双方的事，“哥有情妹有意”，自古以来天经地义。但在恋爱中有时却可能只是一方倾心于另一方，却得不到对方回应的单方面的“爱情”，这种情况称为“单相思”。“单相思”的一方情感热烈、冲动、执著，但在被单相思的一方或外人看来，却是不可能、不现实，有时甚至是滑稽可笑的。单相思者常常陷入极其难堪、苦闷和烦恼的境地，不仅影响学业、事业，而且影响身心健康。那么，如何摆脱单相思的烦恼呢？

首先，理智地分析双方，明确恋爱是男女双方两厢情愿的事。一个人单相思时，任何劝慰，效果都不大，真正能帮助自己的，只有自己，关键在于换一个角度，转一个弯，跳开自我而以他人的眼光，来评估整件事。可以运用“酸葡萄”（列出对方的缺点）和“甜柠檬”（列出自己的优点）两种方法，以求得正确的认识，尽快使自己从爱情的幻想中解脱出来，尽快斩断没有任何意义的感情。俗话说，强扭的瓜不甜。爱情是双方的，不能勉强，不能乞求，更不能去纠缠人家。否则，不仅不能实现自己的爱情，反而会在爱情的痛苦泥潭中遭受感情的折磨，使心灵遭受创伤。

其次，减少接触，实现情感的自我调节。这是克服单相思的根本方法。要跳出单相思的怪圈，就要少接触对方，减少“触景生情”的机会，让分隔时间的延长来冲淡相思之情，以理智的长剑斩断相思的乱麻。同时，设法把自己的注意力转移到其他地方去，以摆脱感情的折磨。可以置身于新的环境，实现情、景、物的转移。如明确学习目标，在学习上给自己压担子，把主要精力引导到学习上去，用勤奋学习驱散单相思的痛苦，或是参加集体活动，尽可能减少或避免与对方的接触，让过去的一切在集体的欢乐中遗忘。

大学校园每天都上演幕幕爱情悲喜剧，这里风物依旧，人物常新，而故事大同小异。经过丰富多彩的校园生活和复杂深刻的情感体验，大学生们就会长大了，成熟了。

第二节　性教育——欲说还“羞”的话题

一、高校性教育，一个欲说还“羞”的话题

目前，高校性教育一直是一个欲说还“羞”的话题。许多高校在开展心理健康教育中，严重存在着两张皮的现象，即学校务虚教育与学生实际行为的背离。

一方面学校在性问题上往往刻意回避或忽视，大部分的高校没有开设性教育课，不少高校的性教育是靠着寥寥几次披着面纱的性教育录像或讲座完成的。所谈的问题是“犹抱琵琶半遮面”，遮遮掩掩说不清楚。一次讲座听众最多也就只能容纳几百人，要求人人必到，老师要挨个点名记考勤，学生被迫坐了一个多小时。

另一方面学生却有着了解性知识的强烈愿望。合肥某学院心理咨询中心曾举办过几次专题讲座，并开设了《性文明与性健康》的选修课，这些活动很受学生欢迎，学生在课堂上表现得比老师还主动，也证明了大学生确实需要这方面的知识引导。西方哲学家罗素早就精辟地指出了青少年性教育的必要性：“主要的生理事实应当在青春期以前当学生们并不激动的时候，简明而自然地教给他们。”而不是等到学生偷尝禁果的时候，才当头棒喝“你这么做是不对的”！高校应该勇于直面现实，光明正大地向学生传播健康的性知识，校方与学生形成良性互动，才有解决问题的希望。

2004 年 1 月 28 日，全国大学生性文明调查结果在成都揭晓，超过 60％的大学生赞成婚前性行为。该调查是由《中国当代大学生性现状及性教育实践探索》课题组实施的，共对全国 26 所院校的大学生进行了调查，是迄今为止全国规模最大的一次大学生性文明调查。

调查显示，表示双方愿意就可以有性行为的占 35％，表示只要基于爱情就可以的占 20％，表示有助于适应未来婚姻生活的占 7％，表示只要能结婚则无妨的占 8％，四项加起来达到了 70％。与 1990 年全国性文明调查的数据比较：大学生认为“会引发社会问题，应受道德谴责”的比例有所下降；认为“双方愿意就可以”的比例上升了 26％。

面对心爱的人提出的性要求，大学生采取的态度依次是：60％的人“晓之以理，帮助克制”；13％的人“冷静地断然拒绝”；18％的人“怕失去他（她）而委身求全”。

在对待婚前性行为问题上，女性更为谨慎：70％的女大学生在对待恋人的性要求时，会从感情出发，既力求维护自己的“性纯洁”，又力求维护双方感情而“晓之以理，帮助克制”；坚决维护自己的“性纯洁”而“冷静地断然拒绝”的比例是男大学生的 3 倍。

同时，调查数据表明：第一次发生性行为时，100％的大学生没有使用安全套，而且在每次发生性行为时，使用安全套的人也只是占少数。还有 15％的大学生并不知道艾滋病可以通过性交发生，有 65％的同学对避孕

的相关知识并不了解或者了解得很少。

我们常常遭遇到问题的时候，对当事者予以指责，却很少反思我们的教育和制度本身。比如前不久，当媒体报道“日租房”受大学生欢迎和青睐的时候，就有不少人感叹大学生的性观念如何如何。而教育对此却总是不肯面对现实，刻意逃避。

二、正确地理解“性”

（一）性的含义

性（sex），从生物学角度理解是有关生物的生殖或性欲，以及雌性和雄性个体差异，同时也包含它们的生殖繁衍。性是人类最基本的生物特征之一，就如人需要呼吸空气、饮食一样，是人一种自然属性。告子云“食色，性也”，这说明食欲和性欲是人的本性。因此，性并没有什么“神秘”的，大可不必谈“性”色变。

随着人类文明的发展，性除了纯生物学的意义外，性还涉及社会学、伦理学、心理学等多方面的意义。因此，“性”的社会含义应概括为：人类的性是指以生物种的繁衍的机能为基础，受特定的社会关系、伦理价值观念的影响以及人的心理因素支配的性意识和性行为。

（二）性欲、性爱、爱情的关系

性欲是对性的一种本能的需求，是对性的生理要求，是男女两性生物学差异产生的必然结果。性爱是以性为基础的对异性的爱慕、亲近的感情、要求和体验。性欲是性爱产生的内驱力。性爱是爱情的生物学基础，是爱情中必不可少的，是爱情的最原始、最基础的动力，但它又不是爱情的绝对动力，更不是爱情的全部。爱情是集各种感情的综合体，如果只承认性爱的绝对作用，就把爱情庸俗化、片面化、简单化了。

爱情和性爱是一体的，不可分割的。既不能贬损性爱、压抑性爱，也不能夸大性爱的作用。贬损性爱是一种文化的扭曲，压抑性爱会产生很多心理疾病。但夸大性爱的作用，把性爱看作是爱情中一切幸福的原动力，又会使爱情变得单薄和缺乏理性。爱情是人类肉体和精神的升华，是性与爱的和谐统一，忽视任何一方，都会使爱情扭曲和变形。

三、性的健康

性健康主要包括三个方面：

（1）性生理健康。没有性器官疾病、性器官发育良好、性功能与生殖功能良好。

（2）性心理健康。在性认知方面，有正常的性态度与性欲望，没有性心理障碍与性行为变态。在性情感方面，具有正常的性爱感情和性人格。在性意志方面，对性需求能恰当满足与控制、能摆正性在人生目标中的位置。

（3）性社会健康。个人的性满足与社会文化和谐统一；性权利与社会责任的统一；能建立社会认可的和谐的性关系；个人的性角色、性行为、性观念与社会文化和谐统一。

因此，性心理健康是指个体具有正常的性欲，能够正确认识和理解与性有关问题，并且具有比较强的性适应能力，能正确处理与异性交往中产生问题，使自身免受性问题困扰，同时还能提高自身的修养和文明程度，促进自身身心的健康发展。

四、性行为的道德问题

应该明白，爱情是性爱和情爱的完美结合。性爱多属于自然属性，而情爱则更多地归于社会属性。性爱几乎是纯感情的，情爱除了强烈的感情因素之外，还蕴涵着相当大的理性成分。所以，爱情不是人的本能的感情的冲动，而是受理智支配的高尚的精神活动。

圣洁的性行为首先应当是道德的。性道德主要有以下四个方面：

（1）自愿。违背自己或对方的意愿发生的性行为都是不道德的。你有权拒绝性行为的发生，同时，只要对方没同意，那就意味着拒绝。是否出于双方意愿的性行为是判断一个人是否违法的标准之一。

（2）相爱。只有因爱而生的性行为才是道德的，才能感受到身与心的交流，体验到性爱所带来的身心愉悦。在性行为之前，必须有爱。

（3）安全。性行为可以带来快乐、幸福，同时也有可能带来身体和心灵上的伤害。这里的伤害既指对自己，也指对他人。如性病的传染等。

（4）责任。性行为可能会导致女方怀孕。所以在发生性行为之前，必须做好为女方和有可能出生的新生命承担一切责任的准备，包括物质上的和精神上的。

只有同时符合以上四个标准的性行为才是道德的性行为。恋爱中的大学生，为了你自己和下一代的身心健康，请学会保护自己、尊重和爱护他人。

我与学生面对面

一、我听一位学兄说，男生恋爱要有“五草精神”您知道吗?，您是如何理解的?

答：关于恋爱的“五草精神”我听说过。最初在厦门的一所大学里，一个男生因为追求一个女生没有成功，便跳楼自杀了。这件事，对该校男同学震动很大，他们组织了一个“五草研究会”，一起总结恋爱的现象和经验，并带有调侃的味道提出了恋爱的“五草精神”：第一，“天涯何处无芳草”——好女到处都有，男子不必太着急，适合的才是最美的；第二，“兔子不吃窝边草”——不能找身边的女生作对象，目标太暴露，失去轻松感；第三，“疾风知劲草”——不要听一些女生灌了几句“迷魂汤”就上当，爱情要经过一段时间的考验；第四，“好马不吃回头草”——恋爱不成就算了，要拿得起，放得下，千万不要强求；第五，“老牛啃嫩草”——男子年龄大一些，才能找到好的女子，不要过早地涉足恋爱。

这些大学生所总结的“五草精神”，听起来难免偏颇，但毕竟说明一点：一些年轻人已经开始有意识地、认真地面对恋爱和选择对象问题了。这也难免令我们汗颜：为什么我们的教育工作者不早一些给予他们正确的引导呢？选择对象，对于年轻人来说，是不可回避的，早晚要考虑的问题。作为年轻人的老师、长辈，我们要有一种责任感，给他们一些必要的指导，也许可以帮助他们少走弯路！

二、谈恋爱有半年了，现在感到对方不适合我，但又不知如何中断我们之间的恋爱关系，请老师帮忙。

答：美国著名诗人惠特曼说：“爱，不是一种单纯的行为，是我们生活中的一种气候，一种需要我们终身学习、发现和不断前进的活动。”

爱情之花是美丽而娇嫩的，人们热切地追寻它，但有时候往往不知如何去呵护它，以至于爱情之花夭折。恋爱中的许多麻烦在于人们以被人爱代替了去爱人，求爱往往是为了摆脱孤独和空虚，建立在这种前提下的情感是短暂的。成熟的爱情以自爱为基础，知道自己需要怎样的爱，并且具有给予爱的能力和拒绝爱的能力。

当你发现对方并非自己理想的爱人时，当然要提出中断恋爱的要求。但即使有足够的理由中断爱情，也应当讲究方式，谈恋爱时要真诚，提出中断恋爱时也要真诚，提出中断爱情的方法主要有以下三种：

1. 面谈。采用此方式需注意：选择适当的地方。如对方性格刚烈、占有欲强，必须在不偏僻的地方，首先肯定对方在恋爱时对自己的爱护与关怀，否则如采取诅咒、漫骂的方法，会激起对方的仇恨，使矛盾激化。切忌优柔寡断，给对方留有幻想，那是对对方的折磨，也会给自己留下隐患，所谓“当断不断，反受其乱”，这一点尤为重要。

2. 通过书信表达态度。此方法有更大的缓冲余地，措词也能更冷静、得体。

3. 寻求中介人的帮助。采用此方式需注意：中介人是对方也认识、了解的，最好是对方信得过又非常尊重的人，可以顺势对其进行开导、安慰。切勿给对方造成的感觉是你在到处损害他的尊严、败坏他的名声。

1. 边玉芳．心理健康．上海：华东师范大学出版社，2006.

2. 时新中．赢在新起点．合肥：合肥工业大学出版社，2008.

3. 编写组．携手青春：高职大学生入学教育．合肥：中国科学技术大学出版社，2008.

4. 胡华北．大学生心理健康指导．合肥：合肥工业大学出版社，2009.

5. 徐冬生．我心飞翔——大学生心理自助手册．合肥：安徽人民出版社，2009.